Die Geschichten der Geretteten
Der Erlösungs-Komplex 1

Gregor Taxacher

Die Geschichten der Geretteten

Heilige und Heiliges in der Legenda aurea

VERLAG FRIEDRICH PUSTET
REGENSBURG

Bibliografische Information der Deutschen Nationalbibliothek
Die Deutsche Nationalbibliothek verzeichnet diese Publikation in der Deutschen Nationalbibliografie; detaillierte bibliografische Daten sind im Internet über http://dnb.dnb.de abrufbar.

Gutenbergstraße 8 | 93051 Regensburg
Tel. 0941/920220 | verlag@pustet.de

ISBN 978-3-7917-3398-2
Umschlaggestaltung: www.martinveicht.de
Umschlagbild: Jean Fouquet, Die hl. Margareta bei den Schafen
Aus dem Stundenbuch des Etienne Chevalier (Louvre, Paris)
Foto: Alamy Stock Foto
Satz: Vollnhals Fotosatz, Neustadt a. d. Donau
Druck und Bindung: Friedrich Pustet, Regensburg
Printed in Germany 2023

eISBN 978-3-7917-7438-1 (pdf)

Unser gesamtes Programm finden Sie unter
www.verlag-pustet.de

„Theologie …,
die heute bekanntlich klein und hässlich ist
und sich ohnehin nicht darf blicken lassen.“

(Walter Benjamin)[1]

Inhalt

Zuvor: Der Erlösungs-Komplex

Allmählich gleicht die Produktionssituation von Theologie dem entzogenen Status ihres Themas. In den Feuilletons findet sie nicht statt. Gott im Titel ist ein Hinderungsgrund, bescheidet eine Verlagslektorin. Gesellschaftlich ist Theologie kein Deutungsfaktor mehr, bestätigt ein Kollege aus anderem Haus. Und in den Gemeinden der Kirchgänger wird Theologisches kaum gelesen. Wenn es gut geht, lesen sich die Kollegen gegenseitig, noch gestützt durch deutsches Staatskirchenrecht.

So erübrigt sich die leidige Frage: Wen willst du noch erreichen? Die Antwort lautet: Flaschenpost[2]. Umso marktfreier kann es heißen: *Was* willst du noch erreichen?

In der Mitte des theologischen Raums steht ein heißer Brei, um den alle herumlaufen wie die sprichwörtlichen Katzen. Das Christentum hat ihn angerichtet. Ich nenne ihn den Erlösungs-Komplex. Christinnen und Christen leben mit und leiden an ihm.

Erlösung sei der Kern ihres Evangeliums. Erlösung wird gefeiert, Weihnachten, Karfreitag, Ostern … und an den Gräbern. Aber was sie sei, diese Erlösung? Theologinnen und Theologen reden umständlich um diesen heißen Brei herum, die übrigen schweigen meist, beten und singen die alten Formeln.

Wo von Erlösung, Christen und Gesang die Rede ist, schaut gleich Friedrich Nietzsche um die Ecke. „Bessere Lieder müssten sie mir singen, dass ich an ihren Erlöser glauben lerne“, lässt er seinen Propheten Zarathustra sagen: „erlöster müssten mir seine Jünger aussehen!“.[3] Dass sie ihren Glauben auch noch durch ihre Existenz beweisen sollen, macht den Erlösungs-Komplex nicht leichter, den sie mit sich herumtragen. Aber der Einwurf ist nicht abzuweisen: Erlösung will man erleben. Was taugt sie als Theorie?

Deshalb wähle ich in diesem ersten Versuch, den Erlösungs-Komplex zu entwirren, nicht den Weg in die akademische Theologie – auch nicht den zu deren Primärquelle, zur Bibel. Zwischen der hilflosen Theorie, der fernen

Quelle und der vermissten Praxis, sozusagen auf halbem Wege, finden sich Geschichten, Erzählungen. Hier ist nicht die Praxis, welche Erlösung evident machen, und nicht die Rekonstruktion, welche sie verstehbar machen würde. Hier ist vielmehr der Roman, die Fiktion, wie sie vorgestellt wurde: Geschichten von Erlösten, die erlöst aussehen, Geschichten von Menschen, die man Heilige nennt. Hier schauen wir dem Erlösungs-Komplex nicht in den Kopf, eher ins Herz und mitunter in den Bauch. Wir legen das Christentum auf die Couch und hören ihm zu; es erzählt die Träume seiner großen Zeit, auch die Albträume.

IDEOLOGIE

Vertreibung der Katharer aus Carcassonne
(mittelalterliche Miniatur aus den Grandes Chroniques de France)

„Das Volk ist nicht tümlich“[1] – die Legenda auch nicht

Der Legenda aurea, der „Goldenen Legende“, ist es gewissermaßen ergangen wie den Kinder- und Hausmärchen von Jacob und Wilhelm Grimm: Lange Zeit galt sie als Inbegriff volkstümlicher Überlieferung, als Verschriftlichung mündlicher authentischer Erzähltraditionen – bis die kritische Literaturgeschichte genauer hinsah. Die romantischen Germanisten Grimm sammelten Märchen keineswegs bei den Bauerngroßmüttern am Kachelofen, sondern zunächst in Bibliotheken und später auch in meist adligen Familien.[2] Das so schon nur noch indirekt erschlossene Traditionsgut wurde zudem literarisch bearbeitet, für den bürgerlichen Geschmack entschärft und nach einem eigenen literarischen Konzept idealen Märchentons gestaltet. So sind diese Märchen am Ende tatsächlich *Grimms* Märchen, auch wenn sie natürlich alte Stoffe enthalten.

Wenn der mittelalterlichen Legendensammlung lange Zeit ebenfalls „Volkstümlichkeit“ und die „reine Sprache des Märchens“ attestiert wurden,[3] so liegt gewissermaßen schon eine geschichtete Täuschung vor: Die angebliche Traditionalität der Legende wird auf eine ebenfalls schon fiktive Märchensprache zurückgeführt.

Der Grimm der goldenen Legende hieß Jacobus de Voragine und war so wenig ein volkstümlicher Erzähler wie die Professorenbrüder aus Hanau. Jacobus entstammt der Genueser Aristokratie und wird in seiner Heimatstadt später auch Erzbischof.[4] Er ist ein Zeitgenosse des großen Philosophen und Theologen Thomas von Aquin, und wie dieser tritt er in den jungen Orden der Dominikaner ein – ein Orden von Predigern und Gelehrten und Kämpfern gegen die neue religiöse Bewegung der Katharer, der „Ketzer“. Jacobus organisiert die Inquisition gegen diese Abweichler in der Lombardei. Inquisition ist damals, in ihren Anfängen, noch nicht jene totalitäre Maschinerie, zu der sie später – insbesondere in Spanien – ausgebaut wird. Sie ist eher ein propagandistischer Feldzug, der jedoch die militärischen

Feldzüge gegen die Katharer flankiert. Und sie ist mit juristischer Macht ausgestattet. Wer sich nicht bekehren lässt, wird niedergemacht.[5]

In diesem Kontext entsteht in jahrelanger Arbeit bis 1266[6] die Legendensammlung, die wenig später „Legenda aurea" genannt wird, weil sie sich als maßgeblich durchsetzt. Jacobus de Voragine ist dabei der Chef eines Redaktionsteams. Und diese Theologen reisen genauso wenig wie die Brüder Grimm zum Volk aufs Land, um sich alte Legenden erzählen zu lassen, sondern sie benutzen die schriftlichen Quellen ihrer Bibliotheken. Schließlich geht es ja auch um das Gegenteil von mündlicher Überlieferung: Legende heißt „das zu Lesende".

Die Legenden der Legenda sind „Lehrdichtung"[7] – was schon die Einleitung der meisten Geschichten mit ihren für moderne Sprachwissenschaftler mitunter abstrusen Namens-Etymologien der jeweiligen Heiligen zeigt,[8] aber auch der gegenüber den Quellen Voragines meist geraffte, mitunter auch reflektierende, belehrende Stil.[9] Die Legenda ist aufgebaut als ein Führer durch das Kirchenjahr. Sie bietet Vorlesematerial für die Lesung in den Konventen der Dominikaner, für die Tischlesung, das Stundengebet und persönliche Meditation.[10] Sie ist damit auch Ausbildungsstoff an den Studienhäusern der Dominikaner.[11] Sie stattet Prediger, also Multiplikatoren im kirchlichen Dienst, mit Vorlagen für ihre Arbeit entlang der Feste und Heiligen-Gedenktage des Kalenders aus. Ihre frühe Verbreitung nach der Fertigstellung erfolgt organisiert; die Dominikaner verfügen über ein Netzwerk in ganz Europa. Der erste Erfolg der LA ist also der einer „verordneten Rezeption"[12].

Die Verbreitung der LA beruht zunächst einmal auf dem „Erfolg als Handbuch für Predigtvorbereitung oder Klosterlesung"[13], ja geradezu als „Enzyklopädie"[14]. Können wir uns damit nicht schon davon verabschieden, ausgerechnet hier in Herz und Bauch der Erlösungsvorstellung des Christentums zu blicken? Wird uns nicht vielmehr ein Kompendium kirchlicher Ideologie des Hochmittelalters geboten – das, was geglaubt werden sollte, und nicht das, was geglaubt wurde?

Aus zwei Gründen bin ich hier optimistischer, nämlich im Blick zurück auf die Quellen der Legenda und im Blick voraus auf ihre Wirkungsgeschichte.

Jacob und sein Team verarbeiteten alles, was ihnen zugänglich war. Als „Textvorlagen" dienten „Anekdote, Märchen, Sage, Parabel, Apophtegma, Rätsel, Exempel, Brief, Vision, historisierende Biografie, Wunderbericht, (fingierter) Augenzeugenbericht, (fingierte) Gerichtsakte, Evangelium, Predigt,

Psalm, scholastische Glosse, theologischer Kommentar, dazu romanartige Texte".[15] All dies sind Zeugnisse aus dem seinerzeit kleinen Zirkel der Schreibkundigen. Aber die Quellen sind eben nicht nur die der bischöflichen oder universitären Theologie, sondern auch die der Chroniken und Geschichtsschreibung, auch die der Erbauungs- und Unterhaltungsliteratur, und diese wiederum schöpft auch aus sagenhaften Erzählstoffen und meist regional verankerten Traditionen. Die Legenda transportiert also wie ein breiter Strom all die Flüsse und kleinen Bäche, die in sie eingegangen sind. Die meisten dieser Stoffe – das zeigt schon die Liste der behandelten Heiligen – geht weit hinter das europäische Mittelalter zurück in die mediterrane Spätantike. Sie fußen also auf Geschichten der ersten christlichen Jahrhunderte. Sicher wurden diese vielfach bearbeitet und überformt. Aber meine Befragung interessiert auch nicht die Forschung nach der etwaigen ältesten Fassung, sondern gerade der Niederschlag dieser Formungsprozesse. Was ursprünglich und tatsächlich war, lässt sich in den allermeisten Fällen nicht rekonstruieren. Aber es lässt sich analysieren, wie Christentum erzählbar gemacht wird. Darin erweist sich Jacobus' Legenda als ein Glücksfall, weil er als eher liberaler Redakteur[16] wenig glättet, viel Sperriges, gar Anstößiges durchgehen lässt, höchstens einmal mit milden kritischen Anmerkungen versieht, aber ansonsten den Lesern und Leserinnen (bzw. zahlenmäßig wohl ausschlaggebender: den Hörerinnen und Hörern) ihr Urteil überlässt.[17]

Und damit bin ich beim zweiten Aspekt: der Wirkungsgeschichte. Der Erfolg der LA ist – auch wenn man ihre organisierte Verbreitung in Rechnung stellt – wirklich außerordentlich. Bereits in ihrem Entstehungsjahrhundert beginnt man sie als „Goldene Legende" zu bezeichnen,[18] also sozusagen als den Goldstandard der Heiligenüberlieferung. Aus der Zeit vor dem Buchdruck existieren heute noch „mehr als 900 Handschriften"[19]. Sehr bald verändern diese das Original erheblich: Die LA erscheint in gekürzten und erweiterten Versionen, sie wird den regionalen Heiligenkalendern angepasst. So bietet die erste deutsche Übersetzung, die „Elsässische LA" Heiligenviten des süddeutschen Raums, die Voragine nicht kannte.[20] Solche „Provincia"-Ausgaben blähen den Legendenbestand mitunter auf 300 (gegenüber ursprünglich 180) Geschichten auf; es entstehen regelrechte Heiligen-Lexika.[21] Ein echter Bestseller wird die LA dann in der Epoche des frühen Buchdrucks: Schon im 15. Jahrhundert erscheinen ca. 170 heute noch bekannte Ausgaben[22] des lateinischen Originals, aber auch in holländischer, französischer, englischer, italienischer und kastilischer[23] (spanischer) Übersetzung.

In der frühen Neuzeit wird die LA zum weitverbreitetsten Buch nach der Bibel![24]

Der Editor der neuen Ausgabe der Legenda, Bruno W. Häuptli, sieht das „Geheimnis der Erfolgsgeschichte der LA“ in ihrem durchgehenden Konzept: „Ihre Theologie präsentiert sich als logisch-eschatologisches System, das der Anthologie der Legenden übergeordnet ist.“[25] Das mag vielleicht für ihre Karriere als Handbuch, also sozusagen für die organisierte Erfolgsgeschichte gelten. Was jedoch ihre weitere Wirkungsgeschichte angeht, habe ich meine Zweifel. Liegt das Geheimnis ihres Erfolgs bei ihren Rezipienten nicht gerade in der Vielfalt, der Anschaulichkeit, der Sinnlichkeit, dem Unterhaltungswert des Vermittelten?

Die christliche Kunst ist voll mit Darstellungen, die auf den hier überlieferten Legenden beruhen.[26] Das Wissen der Volksfrömmigkeit beruht weitgehend auf dem, was gepredigt und bildlich dargestellt wurde. So sind viele Details über biblische Geschichten und Gestalten in die christliche Vorstellungswelt eingegangen, die in der Bibel gar nicht zu finden sind. Das fiel meist erst nach der Reformation und noch viel später durch die kritische Bibelbewegung unangenehm auf. Zuvor hatten allerdings auch schon manche Gelehrte ihre Probleme mit der Legenda: Wegen ihrer zweifelhaften Quellen wurde sie schon zu Beginn des 14. Jahrhunderts sogar innerhalb des Dominikanerordens kritisiert.[27] Und „1455 verbot Nikolaus von Kues den Geistlichen auf einer Synode in Brixen, wo er als Bischof amtierte, die abergläubischen Partien (superstitiosa) aus der LA … zu verwenden.“[28] Genutzt hat das wenig.

Die Legenda wird also breit und gewissermaßen ungeschützt rezipiert, gerade als ihre strategische Nutzung durch ihre Urheber eher abnimmt, weil sich das Denken der Intellektuellen zu verändern beginnt. Es klafft hier eine produktive Lücke zwischen „narration and narratorial control“, wie Emma Gatland im Anschluss an Gail Ashton feststellt.[29] Die LA ist also kein volkstümliches Buch, aber sie ist volksnah *geworden*. Sie wird von einer klerikalen ideologischen Konzeption gestaltet, aber sie transportiert in dieser Gestalt vieles, was in seiner Pluralität selbstständig geblieben ist und sich stets wieder selbstständig machen kann. Meine Erkundungen in der Legenda werden beides beobachten müssen: wie die Ideologie arbeitet – und wie im christlichen Erlösungskomplex viel mehr arbeitet als nur sie.

Strukturelle und anarchische Gewalt

„Was nützt es, Barbaren besiegt zu haben,
wenn wir von der Grausamkeit besiegt werden.“ (12/269)[30]

Legende der Inquisition

Dem Werk eines Inquisitors muss man mit einer Hermeneutik des Verdachts begegnen. Tatsächlich ist die Legenda geprägt von der strukturellen Gewalt, die in der klerikalen kirchlichen Ideologie steckt. Die historisch jüngste und zugleich umfangreichste Heiligengeschichte der Sammlung ist Petrus, dem Märtyrer gewidmet (63/864–899), einem Mitbruder des Autors. Dieser Petrus aus Verona war gerade zehn Jahre vor der Veröffentlichung der Legenda – als wahrscheinlich schon an ihr gearbeitet wurde – ermordet worden, in seinem Dienst als Inquisitor, von den gegnerischen „Ketzern“. Jacobus de Voragine setzt hier also einem Mitbruder und Kollegen ein Denkmal; diese Geschichte kann somit wie eine Leseanweisung der Legenda angesehen werden.

Petrus Martyr stellt als moderner, zeitgenössischer Heiliger sozusagen die Anwendung der Legenda auf sich selbst dar. Seine Biografie ist nach dem Vorbild der alten Heiligenlegenden gestaltet. Heilige sind keine Gestalten einer christlichen Urgeschichte in sagenhafter Ferne, sondern mitten unter uns. Die Biografie des Petrus Martyr ist sicher auch die historisch informierteste der Sammlung; sie bedient sich der Akten des Ordens und des Heiligsprechungsprozesses. Auch die vielen posthumen Wunder stellen also gut dokumentierte, zur Zeit des Erzählers kursierende Geschichten dar. Zugleich ist dieser Zeitgenosse ein Prototyp: Er ist ein Bekehrter, denn seine Eltern waren „Ketzer“. Die Katharer sind zu dieser Zeit eine formierte Gegenkirche, die sich selbst fortpflanzt. So kann sie als Analogie zum alten Heidentum gelten und Petrus mitten im christlichen Mittelalter wie die

Urchristen neu zur Kirche kommen, um – einem Petrus oder Paulus gleich – zu einem ihrer Apostel aufzusteigen. Als solcher wirkt er, wirkt auch Wunder wie die alten Heiligen, und wird schließlich, wiederum wie die Klassiker der Sammlung, von den Ungläubigen getötet. Petrus Martyr stellt so – für die ursprünglichen Adressaten – Gleichzeitigkeit her zu all den zumeist viel älteren Geschichten der Legenda. Er ist ein Identifikationsangebot.

Als solches charakterisiert Jacobus seinen Helden denn auch nicht wirklich individuell, sondern wie einen idealen Christen: „sanft in seiner Demut, friedlich in seinem Gehorsam, mild in seiner Güte, mitleidig in seiner Frömmigkeit, beharrlich in seiner Geduld, vortrefflich in seiner Nächstenliebe" (63/869). Es sei dahingestellt, inwieweit Petrus persönlich tatsächlich diesem Bild entsprach. Zwischen einem Amt und dem, wie man es ausfüllt, besteht gewiss eine Differenz. Aber natürlich verdeckt die Geschichte vom guten Inquisitor tatsächliche Gewalt. „Die hier gepriesene Milde beschränkte sich auf die reumütigen Häretiker, die hartnäckigen wurden lebendig verbrannt."[31] In Voragines Charakterisierung des Petrus steckt deshalb eine scharfe Dialektik: Einerseits dient sie dazu, tatsächliche Gewalt zu verschleiern. Gleichzeitig dokumentiert sie gerade so die Illegitimität dieser Gewalt. Die Inquisitoren wissen, dass Inquisition nicht christlich ist. Christlich sind: Sanftmut, Demut, Friedfertigkeit, Gehorsam, Milde, Güte, Mitleid, Frömmigkeit, Beharrlichkeit, Geduld, Nächstenliebe. All dies packt Voragine in einen einzigen Satz, mit der Nächstenliebe als Höhepunkt. Das ist angesichts der erzählten Realität schändlich. Es spricht aber gleichzeitig der erzählten Realität das Urteil – und es gibt Leserinnen und Lesern den Maßstab seines Urteils in die Hand.

„Was nützt es, Barbaren besiegt zu haben, wenn wir von der Grausamkeit besiegt werden." Der Ausspruch, der diesem Abschnitt als Motto vorangestellt ist, wird in der Legenda ausgerechnet dem römischen Kaiser Konstantin zugeschrieben, kurz bevor er sich bekehrt. Geradezu mit historischer Ironie spricht also jener Kaiser, der mit seiner „Wende" den Grundstein für das Staatschristentum legte, mit dem Gewalt strukturell zum Mittel der Christianisierung wird, die ganze Dialektik dieses Vorgangs aus: Wer die Ungläubigen mit Gewalt besiegt, ist selbst eben dieser Gewalt erlegen.[32]

Die LA ist tatsächlich in erschreckendem Maß von Gewalt geprägt – aber diese Gewalt erscheint, wenn man genauer hinschaut, erstaunlich gegensätzlich in ihrer Art und Funktion. Zum einen findet sich natürlich die strukturelle Gewalt infolge des Reichskirchentums seit Konstantin. Schauen wir etwa in die Legende des Heiligen Ambrosius, einer der mächtigen

Bischofsgestalten der frühen nachkonstantinischen Kirche, so stoßen wir gleich auf die Umbesetzung des altchristlichen Themas des Martyriums, sobald das Christentum Herrschaftsgestalt angenommen hat. Ambrosius ist der christliche Gegenspieler zum ebenfalls christlichen Kaiser Valentinian. Weil dieser die häretischen Arianer bevorzugt, gerät Ambrosius in Treue zum Konzil von Nizäa mit ihm aneinander. Er weigert sich etwa, eine Kirche seines Bistums den Arianern zu überlassen. Valentinians Beamter droht ihm darauf mit der Todesstrafe, und Ambrosius erklärt heldenmütig: „All ihre Geschosse sollen sie auf mich richten und mit meinem Blut ihren Durst stillen." (57/799) Die Arianer übernehmen hier also die Rolle der Heiden in den alten Märtyrergeschichten. Das tun sie etwa auch in der Legende des heiligen Eusebius, der von ihnen grausam zu Tode geschleift wird und dabei ausruft, er sei „bereit, für das Bekenntnis des katholischen Glaubens zu sterben". (108/1361) Aus dem Sterben für Christus ist hier das Sterben für eine Konfession geworden. So vertritt auch in der Ambrosius-Geschichte der Christ Valentinian die Rolle der früheren verfolgenden Cäsaren. Christen verfolgen Christen und erleiden unter Mitchristen das Martyrium. Die Gewalt, gegenüber der sich der Christ im Leiden bewährt, wird zu einer innerchristlichen Gewalt.

So weit kommt es bei Ambrosius jedoch nicht, im Gegenteil: Er gewinnt den Kampf mit dem Kaiser auf ganzer Linie, so dass dieser schließlich sogar öffentlich Buße tut. Als er so demütig vor Ambrosius in Mailand erscheint, verweigert ihm der selbstbewusste Bischof sogar den Zutritt zum Chorraum der Kirche: „Oh Kaiser, die inneren Bereiche sind den Priestern vorbehalten. Geh also hinaus und warte wie alle anderen. Mit Purpur wird man Kaiser, nicht Priester." (57/807) Die Nacherzählung dieser altkirchlichen Szene im Hochmittelalter reflektiert zweifellos den schon lange anhaltenden Kampf zwischen Päpsten und Kaisern, zwischen kirchlicher und weltlicher Macht. Canossa lässt grüßen. Und die Legenda ist sich dieser hochpolitischen Bedeutung bewusst. Sie lässt den Kaiser seine Lektion so tief lernen, dass er sie nun seinerseits in Konstantinopel anwendet, als er, in seine Residenz zurückgekehrt, vom dortigen „Bischof" – also doch wohl dem orthodoxen Patriarchen in der Erzählzeit der LA – in den klerikalen Kirchenraum gebeten wird. „Gerade habe ich gelernt, was der Unterschied zwischen Kaiser und Priester ist, gerade habe ich den Lehrer der Wahrheit gefunden, jetzt weiß ich, dass Ambrosius der einzig wahre Bischof ist." (57/807) Die LA markiert hier mit erstaunlicher Klarheit den tatsächlichen historisch gewachsenen Unterschied zwischen West- und Ostkirche: Im Osten entwickelt sich jener

Cäsaropapismus, der den Patriarchen zeitweise zu einer Art Hofkaplan des byzantinischen Kaisers degradiert und der diese Kirchen später von Russland bis Serbien zu Nationalkirchen werden lässt, der herrschenden Politik zu- und untergeordnet, mit Auswirkungen bis heute. Im Westen formiert sich die Kirche zwar ebenfalls als Reichskirche in Liaison mit der weltlichen Macht, bleibt jedoch von dieser immer unterschieden in einer prekären konkurrierenden Zuordnung. Das Bewusstsein, als Kirche eben nicht Staat zu sein, nicht der Macht und Gewalt dieser Welt gleichgeschaltet, bleibt so immer erhalten. Das Reichskirchentum bleibt von innen her angefochten, seine strukturelle Gewalt unter Rechtfertigungsdruck.

Springen wir wieder in Jacobus de Voragines Gegenwart: Auch seinen Ordensgründer Dominikus schildert er innerhalb dieser Musterübertragung der alten Opposition von Heidentum und Christentum auf innerchristliche Gegensätze. Dominikus „verkündete standhaft gegen die Ketzer das Wort des Herrn" (113/1403). Formelhaft wird Dominikus so zum Nachfolger der frühen Apostel unter den Heiden; verdeckt wird dadurch die Funktion seiner Mission als flankierender Maßnahme in den blutigen Albigenserkriegen.[33] An anderer Stelle wird dieser Krieg offener gerechtfertigt: So empfiehlt die Legenda etwa durch einen werbenden Wunderbericht Ablässe, die man sich als gegen die Ketzer kämpfender Ritter im Dienst der Kirche erwerben kann (163/2126 f. zu Allerseelen). In der Dominikuslegende erwähnt sie freimütig die Verurteilung einiger von Dominikus persönlich überführter Ketzer zum Scheiterhaufen (113/1422 f.) – jedoch im Zusammenhang einer merkwürdigen Wundergeschichte: Dominikus lässt den historisch bezeugten Raymund de Grossi begnadigen, weil er prophetisch voraussieht, dass dieser sich zwanzig Jahre später bekehren und den Dominikanern anschließen wird. Der Held wird also nur da offen in seiner Beteiligung an der Gewalt gezeigt, als er eine Ausnahme macht.

Indirekter zeigt sich das schlechte Gewissen der LA in der Legende des Bernhard von Clairvaux: In seiner Vita wird die unbarmherzige Rolle bei der Verurteilung Peter Abaelards ebenso ausgespart wie seine Kreuzzugspredigt.[34] Nur wie ein verklausuliertes Gleichnis auf die Intoleranz dieses Heiligen wirkt die merkwürdige Anekdote, nach der Bernhard ein neu gegründetes Kloster von einer Mückenplage befreite, indem er die Mücken kurzerhand exkommunizierte. „Am nächsten Morgen fand man sie allesamt tot." (120/1589)[35] Die Exkommunikation als probates Mittel, mit Gegnern fertig zu werden, erscheint hier mit einer gewissen Ironie auf die Abwehr von lästigem Ungeziefer übertragen. Schon diese unterschwellige

Assoziation zwischen Abweichlern und Ungeziefer lässt die Geschichte nicht komisch erscheinen – erst recht nicht die lapidare Bemerkung über die Todesfolge des Exkommunikationsspruchs. Konnte dies nicht zwischen den Zeilen als bittere Kritik gelesen werden?[36]

Die ideologische Verschleierung eines gewaltförmigen Christentums geschieht in der LA also durch die Einschreibung dieser Gewalt in die frühchristliche Erzählung von Verfolgung und Martyrium. Die Legenda schildert die spätere christliche Leidens- und Konfliktgeschichte stets im Schema der Ursprungszeit der Märtyrer, in einem anachronistischen Übereinanderblenden der unterschiedlichen erzählten Zeiten mit den ersten christlichen Jahrhunderten. Diesen Eindruck vermittelt allein schon der übernommene Überlieferungsbestand: In der LA bilden „Märtyrerlegenden quantitativ die umfangreichste Heiligengruppe".[37] Sie schaffen damit auch eine Art Grundtypus einer regelrechten Heiligengeschichte. Man mag darin eine aus der Reformbewegung der Bettelorden gespeiste indirekte „neuartige kirchenkritische Geschichtsdeutung" sehen,[38] weil nicht die Hierarchen, nicht die „Macher", sondern eher die Asketen und die Leidenden die Kirche verwirklichen. Nur tut dies mit Voragine selbst ein Bischof, ein Hierarch, ein Vertreter jener Formation von „Bettelorden", die in kurzer Zeit schon ganz oben im Kirchenregiment angekommen ist. So wird die Parallelisierung der eigenen Anti-Katharer-Mission mit dem Gegensatz von Urchristen und Heiden zu einer ideologischen Verklärung der eigenen Organisation, nicht aber zu einer wirksamen Kritik an einer reichen, mächtigen und gewalttätigen Kirche. Voragine erzählt legitimierend, nicht verändernd.

Doch diese Verschleierung hat Risse, durch die der Bruch in der Übertragung sichtbar wird und die Ideologie ihr schlechtes Gewissen reflektiert. Von diesem Befund her lässt sich differenzierter auf die Rezeption der altkirchlichen, vorkonstantinischen Stoffe blicken. Auch diese sind von Gewalt durchwirkt, es geht allerdings ganz überwiegend um die Gewalt der anderen, der heidnischen Verfolger. Und doch wird auch in diesen Erzählungen die Gewalt auf paradoxe Weise affirmiert – nämlich durch die Sehnsucht nach dem Martyrium, durch die Bereitschaft zum Leiden, die sich geradezu begeistert äußern kann. Gewiss: Häufig erscheint das Leiden nicht wirklich als körperliche Qual, weil auf wunderbare Weise die Folter unwirksam bleibt, weil die Heiligen nichts spüren und fröhlich weiter predigen können.[39] Dennoch wird, um den christlichen Heldenmut zu feiern, auch die Gewalt literarisch geradezu zelebriert. Sind die alten, den ursprünglichen, teilweise authentischen Märtyrerakten nahestehenden Berichte in dieser Hinsicht noch eher zurückhaltend, so lesen sich die romanhaften Legenden wie antike Horrorgeschichten mit deren offensichtlicher Lust am Schrecken.

Als der Vater der heiligen Christina seine eigene Tochter wegen ihres Kampfes gegen den Götterkult der Folter übergab, bei der man ihr „das Fleisch mit Nägeln aufschlitzen" ließ, nahm die Elfjährige „von ihrem Fleisch, warf es dem Vater ins Gesicht und sagte: ‚Nimm, du Wüterich, und iss das Fleisch, das du gezeugt hast!'" (98/1269) Sie wird daraufhin noch gerädert, über Ölfeuer gehalten; ihr werden die Brüste und die Zunge abgeschnitten (die sie ebenfalls dem Vater ins Gesicht wirft). All das ist nur ein kleiner Vorgeschmack für das, was den Leser der LA gegen deren Ende bei dem am 27. November zu feiernden „Jakobus der Zerschnittene" erwartet. Bruno Häuptli nennt die Geschichte „kaum mehr als ein orientalisches Greuelmärchen"[40]; den heutigen Leser mag sie an Splatter-Videos erinnern. Jakobus werden seinem Beinamen entsprechend nach und nach alle Körperteile abgeschnitten, doch er kommentiert diese „Folter" stets mit passenden Bibelzitaten – nach der Art: „Als ihm der siebte Finger abgeschnitten wurde, sagte er: ‚Siebenmal am Tag habe ich dem Herrn Lob gezollt.'" (174/2293) So geht es über Seiten und man weiß nicht recht, ob die Zerstückelungen den Anlass zu frommen Sprüchen bieten oder nicht eher die frommen Sprüche die Lust auf eine Splatter-Szenerie rechtfertigen müssen.

Ist eine solche Geschichte nur die Folge davon, dass in einer Epoche, in der das Religiöse auch die Literatur dominiert, religiöse Literatur jedes Genre bedienen wird, das Leser nun einmal mögen? Mit solchen voyeuristischen Blicken auf Folterszenen bietet die Legenda gewiss auch an ihrer religiösen Absicht gemessen „nichtintendierte Faszinationsmomente"[41]. Tiefer geblickt scheint mir der zerschnittene Jakobus ein extremes Beispiel für die literarische Verselbstständigung der Leidensverklärung des Märtyrerkultes. Es lässt sich nicht leugnen, dass diese in den Heiligenlegenden verbreitet masochistische Züge annimmt. Gewalt ist hier stets passiv erfahrene Gewalt. So wird das frühe Christentum, wird die kanonische Epoche der verfolgten Kirche erinnert und gepriesen: als eine Zeit angefüllt mit heroisch erlittener Gewalt. Doch diese Geschichten werden schon lange vor ihrer Aufnahme in die LA allesamt in einer Kirche weitererzählt, die selbst Gewalt veranlasst und ausübt, in der Christen längst all ihre Gewalterfahrungen durch andere Christen machen, und zwar überwiegend und strukturell entsprechend zu den Märtyrergeschichten von den Mächtigen, von der Obrigkeit veranlasst. Wenn man die Legenden im

Status ihrer Weiterentwicklung, Sammlung und Rezeption interpretiert, wird man gerade diese Paradoxie reflektieren müssen.

Dazu helfen dann gerade die Geschichten, die aus dem vorherrschenden Muster der heroischen Leidenden herausfallen. Etwa solche, in denen Christen zur Gegengewalt greifen. Manche davon bereiten den gelehrten Redakteuren offensichtlich Schwierigkeiten. Da wird etwa vom Apostel Thomas erzählt, wie er einen heidnischen Mundschenk, der ihm eine Ohrfeige gab, bestraft: Er verheißt ihm, dass sehr bald „die Hand, die mich schlug, von Hunden hier hergebracht wird" (5/157). Das vollmächtige Wort erfüllt sich: Der Übeltäter wird beim Wasserholen von einem Löwen angefallen, anschließend tun sich noch die Hunde an den Überresten gütlich und einer bringt dann eben die Hand zu Tisch, wo der Apostel wartend in aller Ruhe sitzen geblieben ist. Diese unappetitliche Geschichte veranlasst Jacobus de Voragine zu einem seiner seltenen längeren Kommentare: Zunächst verweist er darauf, dass schon Augustinus diese Geschichte (aus der antiken „Miracula Tomae") als Fälschung getadelt habe. Dann verfolgt er auf eine durchaus „historisch-kritische" Weise mehrere Versionen der Erzählung, um schließlich geradezu postmodern zu konstatieren: „Ob das eine wahre oder erfundene Geschichte ist, ist mir jetzt nicht so wichtig." (5/159) Denn Jacobus weiß genau, dass das eigentliche, wichtige Problem in dem inneren Widerspruch der geschilderten Rache zur Bergpredigt besteht, und zitiert deshalb auch: „Wenn man dich auf die rechte Kinnlade schlägt, so halte ihm die linke hin." Müsste das nicht selbst ein literarischer Apostel befolgen? Jacobus' Lösung: Thomas habe – so wird es tatsächlich auch erzählt – dem Mundschenk die schreckliche irdische Strafe zugedacht, um ihn vor der schlimmeren ewigen, also der Verdammung zu bewahren. Die Rache war also eine Liebestat: „Innerlich jedenfalls wahrte er die Gesinnung der Liebe, äußerlich verlangte er ein Beispiel von Zurechtweisung." (5/159)[42]

Man könnte nun abwechselnd lachen über diese dreiste Legitimierung und sich aufregen über die Erwartung der Höllenstrafe für das Ohrfeigen eines Apostels. Aber man würde damit den Kern der Sache übersehen: Der Dominikaner Voragine spricht an diesem kleinen Exempel exakt die Rechtfertigung für die Inquisition aus – für die Anwendung irdischer Gewalt bei der Rettung von Seelen. Die Geschichte ist also gerade deshalb so heikel und veranlasst den Redakteur zur Ausnahme einer solch ausführlichen und gewundenen Stellungnahme, weil hier in einer kleinen Szene die gesamte Reichskirchen-Ideologie zur Debatte steht: Man weiß um die Bergpredigt und hetzt die Hunde auf die Gegner – und man erklärt diese Dialektik als eine von innerer Liebe und äußerer „Zurechtweisung".

Wunder des Widerstands

Nun ist der fiktionale Apostel Thomas unschuldig an dieser Interpretation. Schließlich ist der hier weitererzählte Roman viel älter als die gewalttätige Kirche. Der Apostel, welcher auf eine tätige Beleidigung wirkungsvoll zu reagieren weiß, steht ursprünglich wohl eher in einer Reihe mit jener überraschenden Szene in der Legende des heiligen Apollinaris, als der Kaiser Christen niederknüppeln und foltern lässt und es plötzlich heißt: „Als die Christen diesen Frevel sahen, gingen sie erbost auf die Heiden los und brachten mehr als 200 von ihnen um." (97/1263) Die sonst stets duldenden Christen schlagen hier plötzlich zurück, in einer spontanen kollektiven Aktion. In dieser sonst im Märtyrerkontext völlig unüblichen Szene blitzt kurz eine andere Ebene der Handlung auf: Was wird hier anderes geschildert als ein Aufstand gegen unterdrückende Gewalt der Obrigkeit, ein kurzes Aufbäumen des Volkes gegen den Kaiser?

So gesehen schildert diese Szene etwas ganz Normales, eine recht natürliche Reaktion. Weniger auffällig ist dies auch in einer der beliebtesten Legenden der Sammlung der Fall, bei den berühmten Siebenschläfern: Hier wird von sieben christlichen Männern aus Ephesus geschildert, was historisch und menschlich sicher Normalität war, in den Märtyrerlegenden aber kaum vorkommt – nämlich Angst und Flucht. Die Männer ziehen nicht singend in den Tod, sondern sie „verbargen sich", „zogen sich zurück", waren „voller Schrecken", „erschraken", saßen da „in Trauer und unter Tränen". (101/1307) Die Erzählung häuft hier geradezu das Vokabular von Emotionen der Schwäche. Schließlich schlafen die Männer sogar ein – die denkbar passivste Reaktion auf eine Bedrohung, geradezu Kindern gleich. So werden sie dann von ihren Verfolgern in der Fluchthöhle eingemauert, um zu verschmachten. Sie erwachen wunderbarerweise wohlbehalten erst hundert Jahre später und „glaubten, sie hätten nur eine Nacht geschlafen".

Dass die LA die Geschichte zu einer Lehrerzählung gegen die Leugnung der Auferstehung macht – sehr gezwungen, weil sie den wunderbaren Schlaf als Tod umdeuten muss (101/1308 f) – muss hier nicht interessieren. Die Geschichte ist ohne ihre theologische Deutung viel eingängiger, und so ja auch in anderen Legenden (etwa der des Mönches von Heisterbach) mehrfach variiert worden. Der die Zeit überwindende, rettende Schlaf ist nun wirklich ein Märchenmotiv (bis hin zu Dornröschen). Die revoltierende Horde von Ravenna und die Siebenschläfer von Ephesus markieren eine tatsächlich „volkstümliche" Reaktion auf Verfolgung. Mit den antiken Akten des vor-konstantinischen Christentums wird in der Legenda ein „episches Christentum" (Peter Brown) rezipiert, das sich und seine Wirkung subversiv und revolutionär erzählt. „Wandernde Apostel ziehen durch stolze Städte und bringen Vernichtung über die bestehende heidnische Ordnung – Altäre explodieren, Tempel brechen zusammen, Stürme bringen das böse Gebrüll des Zirkus zu unrühmlichem Stillstand."[43]

Dieses epische Christentum wirkt nun auch weiter in den Legenden der nach-konstantinischen Zeit, trägt seine Subversion in eine inzwischen christlich beherrschte Welt ein. Bezeichnenderweise finden sich Spuren davon vor allem in Erhörungswundern der Marienlegenden. Denn gerade die Legenden der großen biblischen Heiligen reichen oft bis in die Erzähler-Gegenwart hinein – durch die Dokumentation von Erhörungswundern. Und in diesen kommt dann nicht die theologische Bedeutung dieser Heiligen zum Ausdruck, sondern ihr Nutzen für die Leute.

Zum Beispiel der für eine namenlose Frau, der nach dem Tod ihres Mannes nur noch „als einziger Trost ihr einziger Sohn blieb" (131/1749). Als dieser ins Gefängnis gerät, fleht sie in Gebeten zu Maria und bittet um seine Befreiung, lange vergeblich. So enttäuscht begibt sie sich schließlich in eine Kirche vor die Marienstatue und macht der Madonna bittere Vorwürfe für ihre Untätigkeit:

> „Für meinen Sohn flehe ich um deinen Schutz und sehe, dass es bis jetzt nichts fruchtet. So nehme ich dir denn deinen Sohn weg, wie mir mein Sohn weggenommen wurde, und nehme ihn als Geisel zu mir in Gewahrsam."

Gesagt, getan: Die Frau entführt die Figur des Jesuskindes, und das wirkt umgehend. Schon in der Nacht darauf erscheint die heilige Jungfrau dem Gefangenen und führt ihn aus dem Kerker, nicht ohne die Bitte, dann auch ihren Sohn aus der Geiselhaft zurück zu erhalten. Natürlich geschieht dies.

Nicht die rührende Naivität dieser Geschichte macht sie bemerkenswert, sondern der Blick, den sie auf das Erlösungsverständnis der einfachen Gläubigen freigibt. Erlösung ist hier tatsächlich Befreiung der Ohnmächtigen. Und weiter ist bemerkenswert, dass die klerikale Redaktion der LA die

Geschichte mit keinem Wort tadelt. Es ist unwichtig, warum der Sohn ins Gefängnis kam. Es ist auch nicht tadelnswert, dass die Mutter eine wertvolle Figur aus der Kirche stiehlt und damit zudem ein Sakrileg begeht. Selbst die Verzerrung eines Bittgebetes zu religiöser Erpressung, zu einem Tauschhandel, wird nicht zensiert. Offenbar leuchtet Erzählern wie Lesern der einfache Glaube unmittelbar ein, der ein Recht darauf hat, dass sein Vertrauen nicht enttäuscht wird.

In dieser Geschichte spielt Gewalt nur eine indirekte Rolle – die strukturelle Gewalt des Gefängnissystems, die symbolische Gewalt einer religiösen Geiselnahme. Die wundersame Parteinahme von Heiligen der Barmherzigkeit für Opfer der Justiz findet sich mehrfach in der LA: So rettet die heilige Elisabeth posthum einen Mann namens Herrmann oder Hartmann aus dem Bistum Köln, der schon eine ganze Weile am Galgen hing und endlich, von der Verwandten abgehangen, wieder zum Leben erwacht. (168/2204 f.) Auch hier interessiert nur seine und seiner Verwandten gläubige Anrufung der Elisabeth, und nicht der Grund seiner Verhaftung und des Todesurteils. Von einem „Mann aus der Stadt Mantua" heißt es dagegen ausdrücklich, dass er „von Neidern fälschlich angeklagt und in den Kerker geschlossen" wurde. (59/838 f.) Der ruft den heiligen Evangelisten Markus an. Dieser erscheint dem mal schlafenden, mal ungläubigen Häftling in aller Geduld gleich drei Mal, bis der Mann schließlich die Möglichkeit zur wunderbaren Flucht ergreift.

Wiederum in der Marienlegende begegnen wir einer weit krasseren Familientragödie, diesmal mit Ort und Zeit dokumentiert: „in der Nähe von Lyon um das Jahr des Herrn 1100". (131/1755) Hier lebt eine Kleinfamilie, Eltern mit Tochter und Schwiegersohn, zunächst innig zusammen. Doch ihre innige Nähe produziert Verleumdung: Es geht das Gerücht über ein Verhältnis der Schwiegermutter zum Schwiegersohn. Dagegen weiß die Mutter schließlich keine andere Abhilfe als einen Auftragsmord: Sie dingt zwei Bauern, die den Schwiegersohn, als er geplanter Weise allein zu Hause ist, erwürgen. Bis hier hin lesen wir einen Krimi, ein wenig unwahrscheinlich konstruiert wie Krimis bis heute. Doch die Wende zur Marien-Wundergeschichte ist dann erst recht erstaunlich: Die reuige Mörderin beichtet ihre Tat einem Priester. Als es später zu einem Streit zwischen ihr und dem Geistlichen kommt, streut er das Gerücht von der Tat. Die Frau wird angeklagt und zum Tod auf dem Scheiterhaufen verurteilt. Sie aber betet unter Tränen zur Heiligen Jungfrau – und bleibt mitten im Feuer unversehrt. Die Eltern des Mordopfers heizen das Feuer stärker an und traktieren sie schließlich mit

Lanzen und Speeren. Aber die Frau bleibt unverletzlich, und so geben ihr die Richter schließlich die Freiheit. Wunder haben schließlich immer Recht.

Die Geschichte verteidigt also eine Auftragsmörderin, sogar gegen Justiz und Priester. Was aber soll die Moral dieser unmoralischen Geschichte sein? Es kann doch wohl nicht mit rechten Dingen zugehen, dass Reue und Frömmigkeit auch vor der seinerzeit durchaus rechtmäßigen Strafe für Kapitalverbrechen schützen? Der Schluss der Erzählung gibt den entscheidenden Hinweis: Gott lässt die Gerettete schließlich friedlich sterben, denn er „wollte sie nicht länger öffentlicher Verleumdung aussetzen". Dies also ist das eigentlich Böse in den Augen der Erzähler: die Missgunst und Verleumdung der Umgebung, welche der Familie ihre Liebe nicht gönnte – gipfelnd in dem Verrat durch einen Kleriker, der dabei auch das Beichtgeheimnis bricht. Ein Mord wird hier narrativ vergeben, weil er aus Ohnmacht und Verzweiflung begangen wurde – die mittelalterliche Version des modernen Verständnisses für Taten, zu denen gesellschaftliche Verhältnisse Menschen mit geringem Handlungsspielraum treiben. Die Geschichte nimmt dies so ernst, dass sie die reuige Mörderin am Ende in den Farben der Märtyrerlegenden schildert, in denen Feuer, Lanzen und Speere Heiligen nichts anhaben können. Barmherzigkeit macht aus der gefallenen Frau eine Heilige.

Solche Erzählungen, in deren Mittelpunkt nicht zufällig Frauen aus dem Volk stehen, drehen die bisher analysierte klerikale Ideologie der LA geradezu um. Auf deren redaktioneller Ebene bietet die „Goldene Legende" tatsächlich Opium für das Volk im Sinne Lenins: Sie nutzt die Religion, um die Gewalt der Herrschenden zu verschleiern und zu rechtfertigen. Doch in den Erzählungen, die sie dabei überliefert, steckt das Opium des Volkes im Sinne von Marx: „der Ausdruck des wirklichen Elends und in einem die Protestation gegen das wirkliche Elend, der Seufzer der bedrängten Kreatur, das Gemüt einer herzlosen Welt"[44]. Die Dialektik von beidem ist die Dialektik des Christentums als herrschender Religion. Damit diese Dialektik funktioniert, bedarf es nicht der materialistischen Religionskritik – insbesondere nicht in der Form Lenins, der seinerseits den Marxismus als Opium für ein Volk missbrauchte, das im Namen der revolutionären Verheißungen Bürgerkrieg und Tscheka-Terror zu ertragen hatte. Die wahre marxsche Dialektik steckt in der Religion selbst, die Herrschaftsform annimmt und darin dennoch das Evangelium überliefert, das jederzeit von den Ohnmächtigen gegen die Herrschenden gewendet werden kann, versinnbildlicht in einer verzweifelten Mutter, die Christus aus dem Besitz der Kirche raubt, um von der Mutter des Erlösers zu erhalten, was für sie Erlösung ist.

Von Frauen, Sex und Juden

„Ich habe beschlossen,
nichts mehr zu vermeiden als den Beischlaf." (124/1675)[45]

Die klerikale Ideologie der LA legitimiert nicht nur die inquisitorische Herrschaft der Kirche. Sie ist auch die Ideologie eines Patriarchates, das ausgrenzt, was ihm als das bedrohlich Fremde erscheinen muss. Diese Ausgrenzung betrifft nicht nur die „Ketzer", sondern in je unterschiedlicher Weise die Frauen, die Sexualität insgesamt – und die Juden.

Entschuldigte Jungfräulichkeit

Die ersten beiden genannten Abwehrhaltungen gehören zusammen. Frauen gelangen gewissermaßen nur „trotzdem", sozusagen wider-natürlich in die Heiligenlegende, weil sie mit dem Thema Sexualität fest verbunden werden. Die LA beherrscht wie schon viele ihrer Quellen ein klerikaler, männlicher Blick, für den Frauen stets die bedrohliche Versuchung von Seiten der Welt, der Natur, der Körperlichkeit darstellen. In der ursprünglichen Fassung der LA stehen etwa 160 männlichen ganze 31 weibliche Heiligengestalten gegenüber.[46]

Bis auf wenige Ausnahmen sind diese Frauen jungfräuliche Märtyrerinnen oder Asketinnen, so wie auch die Männer in der Mehrheit keine „Weltlichen" sind. Dahinter steckt wiederum eine Tendenz, die spätere christliche „Normalgeschichte" mit den heroischen Anfängen zu identifizieren. Dies gelingt, indem die Askese, insbesondere die sexuelle Enthaltsamkeit zur neuen, ebenbürtigen Form des lebenslangen Martyriums stilisiert wird; die andere Seite dieser Medaille ist die weitreichende Gleichsetzung von Versuchung und Sünde mit Begierde und „Fleischeslust".[47]

Ehefrauen und Mütter finden sich deshalb fast nur unter den großen biblischen Gestalten, bei denen sich dies sozusagen nicht vermeiden lässt, weil es zur Heilsgeschichte gehört. Dass diese (man denke nur an die Stammbäume Jesu bei Matthäus und Lukas!) von Anfang an auch eine Familien- und also Liebes- und Fortpflanzungsgeschichte ist, weiß die Legende sehr wohl. Es gibt in den apokryphen Nach-Überlieferungen zur Bibel sogar einen Trend zur Familiarisierung, wahrscheinlich tatsächlich ein „volkstümlicher" Zug: Die Legenden wissen gern viel mehr über die handelnden Personen als die Bibel, und sie bringen die Urgestalten oft in verwandtschaftliche, also natürliche Beziehungen. So sei etwa die Hochzeit von Kana eigentlich die Hochzeit des späteren Lieblingsjüngers und Evangelisten Johannes selbst gewesen. Maria war seine Tante und Jesus sein Cousin und deshalb zur Hochzeit geladen. Und die Braut war natürlich Maria Magdalena.[48] Aber dann schlägt der klerikale Blick zu: Jesus habe auf der Hochzeitsfeier Johannes zum Verzicht auf die Ehe überredet, worauf sich Maria Magdalena „aus Enttäuschung und Verzweiflung einem exzessiven Liebesleben hingegeben hätte".[49] So sind die Rollen klargestellt: Jesus beruft heilige asketische Männer und produziert so lustkranke gefallene Frauen, um sie anschließend gnädig wieder zu erretten.

Maria, die Mutter des Herrn, ist bekanntlich als Mutter und Ehefrau *gleichzeitig* Jungfrau und wird so das naturgemäß nicht nachahmbare Vorbild aller Frauen. Elisabeth, die Mutter Johannes' des Täufers, ist zwar nicht Jungfrau, aber bis ins hohe Alter kinderlos. Nachdem sie wunderbarerweise noch schwanger geworden ist, wird von ihr mit Berufung auf den Lukaskommentar des Kirchenvaters Ambrosius etwas berichtet, was den gesamten Komplex von Frauenverachtung und Sexualitätsparanoia ausleuchtet:

> „Sie schämte sich, in ihrem Alter schwanger zu sein, weil man denken konnte, sie habe in ihrem Alter noch ihre Lust befriedigt, und dennoch freute sie sich, die Schande der Unfruchtbarkeit los zu sein, weil es für Frauen eine Schande ist, nicht den Lohn dafür zu empfangen, für den man die Ehe geschlossen hat und mit der man den fleischlichen Umgang entschuldigt." (86/1101)

Dass Unfruchtbarkeit für Frauen in patriarchalen Gesellschaften Schande bedeutet, ist aus der Bibel zur Genüge bekannt. Der christlich-kirchliche Patriarchalismus verschärft diese Situation aber noch deutlich durch seine Lustfeindschaft. Im hier kommentierten Evangelientext Lukas 1,23–25 ist keine Rede von einer Scham Elisabeths. Sie zieht sich als schwangere Frau eine Weile aus der Öffentlichkeit zurück, aber ihre Reaktion ist reine Freude. Was aber bedeutet die Formulierung des Kommentars, sie habe Sorge vor der Vermutung anderer gehabt, „sie habe in ihrem Alter noch ihre Lust befriedigt"? Die Zeugung des Johannes war zwar wegen ihres Alters ein Wunder, das aber keineswegs (wie bei Jesus) auf übernatürlichem Weg zustande kam. Also gab es natürlich Sex zwischen Elisabeth und Zacharias. Was hätte man also denken oder nicht denken sollen? Und warum betrifft der Verdacht der Lust nur sie und nicht ihren Mann? Dürfte der Wunsch nach Sex in solch traditionellen Verhältnissen zwischen älteren Menschen nicht überwiegend von den Männern ausgehen, die von ihren Frauen weiter die „Pflichten der Ehe" einfordern? Dies bildet dann in innerem Widerspruch zum Grund ihrer Scham im zweiten Teil des Kommentars den Grund für Elisabeths Freude: dass ihre Ehe doch noch belohnt wurde! Frauen gehen also die Ehe eher wie eine unangenehme Pflicht ein und sollten wenigstens mit Mutterstolz entschädigt werden. Auch das ist eine traditionell patriarchale Sicht – aber auch diese wird klerikal noch verstärkt durch den (der Bibel völlig fremden Gedanken), dass die Ehe dazu da sei, Sexualität zu entschuldigen.

Das diesem Abschnitt zum Motto gegebene legendäre Zitat des Augustinus bringt das vorherrschende Modell von Heiligkeit in der LA pointiert auf den Punkt: Es gilt, die Sexualität zu fliehen wie der Teufel das Weihwasser. Augustinus gibt dafür tatsächlich ein mächtiges Rollenmodell ab, hat er doch um dieser Heiligkeit willen eine langjährige, in den damaligen Verhältnissen durchaus als legitim betrachtete Beziehung verlassen – Frau und Sohn –, später jedoch stets das Opfer der eigenen Lust, nie das der verlassenen Frau, der zerstörten Liebe und Familie reflektiert.

Anstößige Vorbilder

Bildet diese Reflexionsfigur klerikaler Männlichkeit den Autorenblick der LA, so fällt wiederum umso überraschender auf, was in ihr diesen Blick fröhlich unterläuft. Das tut etwa der heilige Lupus, Erzbischof von Sens, mit einer geradezu rührend demonstrativen Geste. Lupus' erzählte Zeit liegt vor der Einführung des Zölibatsgesetzes in der Westkirche, so ist sein Vorgängerbischof Artemius Familienvater gewesen, und dessen Tochter Verosia lebt weiter am bischöflichen Hof. Das schafft böse Gerüchte: Lupus liebe die junge Frau „allzu maßlos" (128/1713). Doch anstatt für seine Heiligkeit oder deren Ruf die Frau zu diskriminieren, geht Lupus offensiv vor:

> „Er umarmte das Mädchen vor seinen Kritikern, küsste sie und sagte: ‚Wen das eigene Gewissen nicht befleckt, dem können die Worte anderer Leute nichts anhaben.' Da er nämlich wusste, dass sie Gott brennend liebte, liebte er sie aus reinstem Herzen." (128/1713)

Die steile These dieser Geschichte lautet im Grunde: Heilige Männer und Frauen können Freunde sein! Mit seiner prophetischen Zeichenhandlung rehabilitiert Lupus menschliche Zuneigung, und er ehrt zugleich die Verosia, indem er sie aus der von den „Kritikern" zugewiesenen Rolle als Anlassgeberin für die Sünde herausholt. Lupus ist nicht nur für sich integer, sondern weil sie es ist.

Einen Lupus ähnlichen Ton schlägt der „heilige Johannes der Almoser" an, immerhin Patriarch von Alexandrien im 6. Jahrhundert, aber trotz seines oft von machtbewussten Bischöfen besetzten Amtes fast ein Franziskus des Ostens: ein unkonventioneller Apostel der Armen, der mit Zeichenhandlungen auch seine „verbürgerlichte" und klerikale Kirche kritisiert. Eine in der LA überlieferte Szene bildet in gewisser Weise die Geschichte von Jesus und der Ehebrecherin (Johannesevangelium 8,3–11) nach. Allerdings geht es hier um die klerikale Variante des sexuellen Vergehens: Ein Jüngling soll eine Nonne verführt haben, und statt der Pharisäer führen „die Kleriker" den Übeltäter vor und verlangen Bestrafung. (27/438 f.) Immerhin: Nicht die Frau, sondern der Mann wird hier als Initiator identifiziert, deshalb soll er exkommuniziert werden. Doch Patriarch Johannes winkt ab:

> „So nicht, Kinder, so nicht. Ich beweise euch, dass auch ihr zwei Sünden begangen habt: Erstens handelt ihr gegen die Vorschrift des Herrn, der sagt: ‚Richtet nicht, um nicht selbst gerichtet zu werden.' Zweitens weil ihr nicht sicher wisst, ob sie immer noch sündigen und nicht schon bereuen." (27/439)

Johannes übt hier nicht nur Barmherzigkeit, er kritisiert vor allem die klerikale Praxis des Verurteilens, die Festlegung von Menschen gerade auf ihre sexuellen Verfehlungen, die in diesem System oft im Unterschied zu anderen Sünden nicht vergeben, nicht überwunden werden können.

Dieser Aspekt lässt sich auch daran ablesen, dass es in der LA zwar mehrere männliche Gestalten vom Typ des bekehrten Sünders gibt – äußerst prominente sogar, wie die Apostel Matthäus und Paulus und den Kirchenvater Augustinus –, die Abkehr von der Sünde jedoch nur bei Frauen zu einem lebenslang nicht überwindbaren Verharren in der Buße führt: Nach der biblischen Maria Magdalena stehen dafür vor allem Maria Ägyptica sowie Pelagia und Thaisis.[50] Männer führen nach einem sündigen Leben als Vorgeschichte, als Negativfolie für die eigentliche Handlung, ein neues, davon völlig abgekoppeltes Leben, Frauen hingegen bleiben in ihrem neuen Leben auf die Negierung der Vorgeschichte festgelegt. –

Sind Frauen, wo nicht Jungfrauen, Nonnen oder Märtyrerinnen, für das klerikale Patriarchat eine stete Bedrohung und Irritation, so sind die Juden für ein reichskirchliches Christentum steter Stein des Anstoßes, verkörpern sie doch die bleibende Infragestellung durch fromme Gottesgläubige, die dennoch Christus und seine Kirche nicht anerkennen. Die Kleriker wissen ja sehr gut, dass die Juden vorbildliche Gläubige sind. In ihrer Anleitung zur Fastenzeit gibt die LA ausdrücklich als ein Motiv an, „dass wir die Juden nachahmen wollen. Die Juden fasteten nämlich viermal im Jahr" (35/502 f.). Man sollte hier also im Wettbewerb nicht zurückstehen. Aber natürlich ist dies kein wirklich frommer Wettbewerb. Schließlich lastet auf den Juden stets Ausgrenzung, Diskriminierung und immer wieder schlimmeres: Pogrom. Den vorbildlichen König von Edessa, Abgar, der alten Überlieferungen nach einen Briefwechsel mit Jesus geführt haben soll, legt die Legende ein mordlustiges Christusbekenntnis in den Mund:

> „Ich glaube wahrlich an ihn und würde am liebsten die Juden, die ihn gekreuzigt haben, abschlachten, wenn ich die Möglichkeit hätte und nicht die Macht der Römer mich daran hinderte." (159/2056 f)

Heißt das in die Erzähler- und Leserrezeption des Mittelalters übersetzt nicht: Auch uns glühend gläubige Christen hindern nur Verhältnisse – meist eine mit ökonomischem und politischem Kalkül die Juden schützende feudale und kirchliche Obrigkeit – daran, die Nachkommen der angeblichen Christusmörder „abzuschlachten"?

Angesichts dessen ist es dann doch erstaunlich, wie häufig und eindrücklich in der LA Juden als integre Gestalten auftauchen, die mitunter den Christen einen Spiegel vorhalten. Zusammen mit Geschichten über starke Frauen – oft im wörtlichen Sinn in Männerrollen – irritieren sie unsere Hermeneutik des Verdachts gegen die klerikale Ideologie der Legenden-Erzähler. Ich werde mich im dritten Kapitel deshalb intensiv diesen überraschenden Auftritten der prekären Anderen, der Frauen und Juden, zuwenden – darüber hinaus aber weiteren Vertretern des für die Erzählerwelt Fremden: den Tieren, den Ungeheuern. Die starke „Agency" – d. h. Handlungsfähigkeit innerhalb situativ eingeschränkten Handlungsmöglichkeiten[51] – dieser strukturell sowohl gefährlichen als auch marginalisierten Gruppen scheint mir die heißeste Spur auf der Suche nach dem Erlösungsverständnis der Goldenen Legende zu sein.[52] Hier feiert sie ganz gegenläufig zu ihrer Rahmenideologie eine Revolution gegen Armut, Ausgrenzung, Schuld und Verdammung.

Zuvor jedoch gilt es, auch diesen redaktionellen Rahmen diesseits und jenseits des Ideologieverdachts tiefer zu analysieren. Die LA ist schließlich ein Heiligenkalender, gegliedert durch Daten im Jahreskreis, und sie ist ein Führer zu den Orten der Heiligen, eine Art literarische Pilgerfahrt. Ihre Struktur, ihr Umgang mit Raum und Zeit, spannt eine Art symbolischen Kosmos von Erlöstsein aus. Wie kann man ihn bewohnen?

STRUKTUR

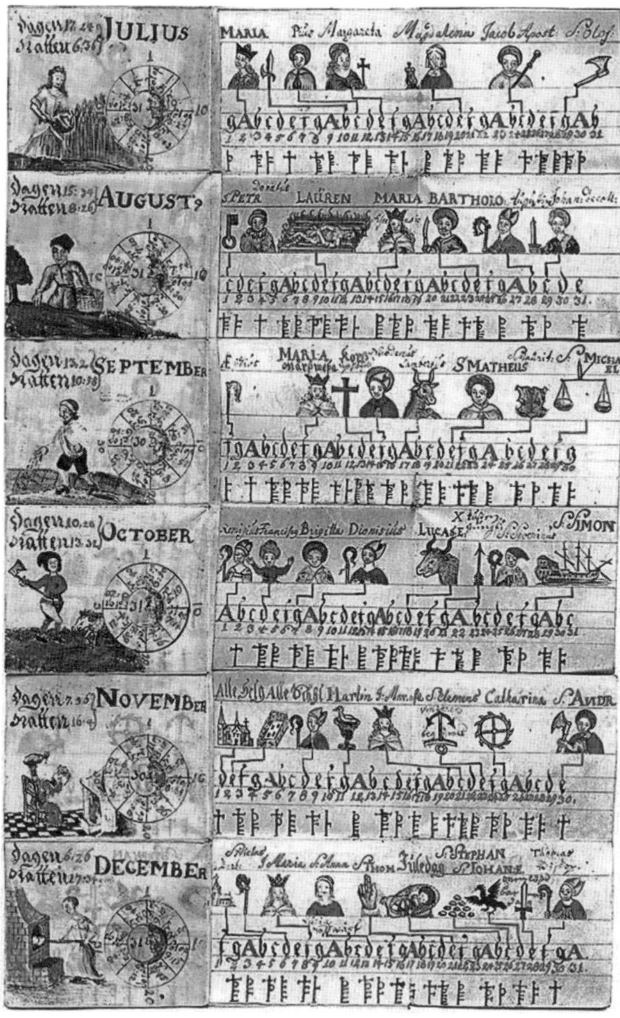

Norwegischer Girdle-Kalender
(The Schøyen Collection, Oslo and London)

Räume und Dinge

Makrokosmos und Mikrokosmos

Die Legenda handelt von Heiligen (auch wenn die allermeisten von ihnen keine ausdrücklich kanonisierten, „heilig gesprochenen“ Gestalten sind). Warum Heilige verehren? Jacobus de Voragine stellt sich diese Frage anlässlich des Allerheiligenfestes. Unter den vielen guten Gründen, die er dafür anzuführen vermag, treffen wir gleich zu Anfang auf die heute noch für das katholische Bewusstsein geläufigen: die Fürbitte der Heiligen, die Antizipation unserer Hoffnung, ihr Vorbildcharakter. Dann folgt ein eher ungewöhnlicher Gedankengang: Es gehe um eine „Verpflichtung zu gegenseitigen Beziehungen“ (162/2089): „Die Heiligen feiern nämlich für uns ein Fest im Himmel“, unsere Heiligenfeste sind also nur ein „Gegendienst“. Heiligenverehrung wird damit sogar zu einem Werk der „Nächstenliebe“ (Caritas), welche stets Gemeinsamkeit stiftet: So ist hier „alles, was wir haben, gemeinsam: Himmlisches, Irdisches und Ewiges.“

Der überraschende Gedanke, dass nicht nur die Heiligen uns, sondern auch wir ihnen Gutes tun, einen Liebesdienst erweisen, lebt von und für diese Pointe: Himmlisches und Irdisches werden parallelisierbar, Ewigkeit und Zeit werden synchronisiert. Während die Christen auf Erden feiern, tun es die Heiligen im Himmel auch. Der Raum, in welchem sich die Legende erzählend bewegt, spannt somit den denkbar größten Makrokosmos aus: den der Seinsebenen. Deren höchste, die Sphäre Gottes, ist dabei kein „leerer Raum“, keine reine Transzendenz. Denn Gott, wenn auch zweifellos über allem, gewährt der Sphäre des Himmels direkten Anteil an seiner Gegenwart, die beseligende Gottesschau. An dieser erfreuen sich die Engel ebenso wie die Heiligen. Die Heiligen stehen sogar über den Engeln oder zumindest gleich hoch: Seit dem christlichen Neuplatoniker Pseudo-Dionysios, einem unbekannten Autor der Spätantike, denkt man sich die Engelwelt in drei Mal drei Chöre hierarchisch gegliedert.[1] Die himmlische Welt wirkt durch diese Gliederung wie ein abgestuftes Kontinuum, welches die absolute Transzendenz Gottes mit der irdischen Welt verbindet, weil es dann von der niedrigsten Engelstufe nicht mehr so weit ist bis zum Menschen, dem geistigen Wesen auf Erden. (Deshalb sind die so ehrwürdigen Erzengel, wie etwa Gabriel, auch auf der untersten Stufe angesiedelt: Sie verkehren als Boten mit den Menschen, etwa bei der Verkündigung an Maria.)

Der Mythos vom Fall sündiger Engel im Gefolge des Aufstands Luzifers (ein apokalyptischer, nicht biblischer Gedanke) führt seit Aurelius Augustinus zu der Idee, die geretteten Menschen, die Heiligen also, würden im Himmel die Lücken in den Engelchören wieder schließen, also die Verluste der himmlischen Welt an die Hölle wieder ausgleichen. In der Erlösungslehre des frühmittelalterlichen Theologen Anselm von Canterbury spielt dieser Gedanke eine zentrale Rolle, „dass die Zahl der gefallenen Engel aus den Menschen zu ersetzen ist“[2]. Gott errettet den Menschen auch, um seine himmlische Welt wieder heil werden zu lassen. Damit, so referiert es auch die LA, ist der Mensch geradezu „dazu geschaffen, den Untergang der neun Ordnungen zu ersetzen“ (32/487 f.). Und anlässlich des Himmelfahrtstages kann sie davon sprechen, dass hier „unsere Natur in den Himmel aufstieg und über die Chöre der Engel erhoben wurde“ (31/481): In Jesus, der menschlichen Natur des Gottessohnes, berührt die erlöste Menschheit Gott selbst, und darunter ordnen sich dann die Heiligen ins Mosaik der Engelscharen ein.

Dabei wäre diese Erlösungstheorie missverstanden, würde man den Menschen nur als Lückenbüßer, als schlechten Ersatz für die Engel betrachten. Auch diese Übersteigerung des Mythos gab es: die Erschaffung des Menschen als schlechterer, materieller Ansatz einer zunächst rein geistig gedachten Schöpfung, die jedoch an den gefallenen Engeln scheiterte. Dagegen betont Anselm, dass die irdische Welt sehr wohl „um ihrer selbst willen geschaffen worden“ sei. Auch ohne Engelfall wäre sie nicht „überflüssig“ – und Anselm fügt in einem bemerkenswerten Sprung an: Solche Überflüssigkeit würden „wir von der Natur des kleinsten Wurmes nicht zu sagen wagen“.[3] Warum springt Anselm hier vom Menschen zum Wurm, von beiden betonend, dass sie „um ihrer selbst geschaffen“ wurden?[4] Weil die Vollkommenheit der Schöpfung in der bruchlosen Stufenleiter des Seins besteht, von Gott über die Engel hinunter zu den Menschen, Tieren, Pflanzen, Dingen. Um diese makrokosmische Ordnung geht es; in ihr hat alles, was ist, seinen Selbstzweck, seine eigene Bedeutung, auch das körperliche Sein. „Der Körper hatte seinen rechtmäßigen Platz in einer großen Kette des Seins, die den Menschen sowohl mit den Göttern als auch mit den Tieren verband.“[5] Dem gegenüber ist die Korrektur von Ausfällen nur sekundär. Das gesamte Erlösungsgeschehen bleibt auf diese umfassende Ordnung bezogen.

Wer also den Heiligenkult im Sinne der LA praktiziert, der steht gewissermaßen an der untersten, irdischen Sprosse einer Himmelsleiter, die ohne Lücke „vom kleinsten Wurm" über den Menschen durch die Engelwelt hindurch bis zu Gott selbst führt. Von oben betrachtet ist Gott durch den Himmel räumlich verortet (wiewohl er dies an sich selbst auch im mittelalterlichen Bewusstsein nicht ist), in eine Beziehung gesetzt, die dann bis zum Beter auf Erden hinabreicht. Eine größere Geborgenheit im Kosmos ist kaum denkbar.

Diesem theologisch geordneten Makrokosmos entspricht nun auch der Mikrokosmos des Menschen selbst und der seiner irdischen Umwelt. Der Mensch besteht aus Körper und Seele. Dies lässt sich aber noch weiter untergliedern, weil der Mensch zunächst „drei Potenzen besitzt – Gedächtnis, Verstand, Wille" (32/489); diese drei Potenzen bilden zugleich drei Dimensionen unseres Wesens, können „der rationalen, der triebhaften und der emotionalen" Seite zugeordnet werden (35/503). Die Zuordnung zwischen diesen beiden, unterschiedlichen Quellen entnommenen Einteilungen führt die LA nicht aus; vermutlich würde sie den Verstand mit der Rationalität, das Gedächtnis mit der Emotionalität, den Willen mit der Triebhaftigkeit in Verbindung bringen. Auch der Körper wird mehrfach gegliedert: Gemäß antiker Anthropologie besteht er „aus vier Säften" (32/489), die bekanntlich seit der Medizin des Hippokrates vier Grundtemperamenten entsprechen, welche in uns um Vorherrschaft ringen (und im Idealfall ausgeglichen sind): das Blut, die gelbe (Cholera) und die schwarze Galle (die berühmte Melancholia), sowie der Schleim (welcher phlegmatisch macht). Diesen vier Säften entspricht aber auch die Anwesenheit der vier Elemente im menschlichen Körper, „denn das Feuer herrscht in den Augen, die Luft in Zunge und Ohren, das Wasser in den Geschlechtsteilen, die Erde in den Händen und den anderen Gliedern" (34/499).

Natürlich ist dies keine neutrale, „naturwissenschaftliche", sondern gleich eine sehr moralische Anthropologie: So wie Gesundheit durch die Harmonie der vier Säfte definiert wird, so entsprechen den vier Elementen in uns jeweils spezifische Versuchungen: „In den Augen liegt also Neugier, in Zunge und Ohren Narrheit, in den Geschlechtsteilen Lust, in den Händen und den anderen Gliedern Grausamkeit." (34/499) Und doch geht es auch hier nicht einfach nur um Moral, sondern um Ordnung, Zu-Ordnung. Andere mittelalterliche Autoren werden hier noch systematischer und parallelisieren wiederum die Körpereinteilungen, so dass etwa dem Blut die Luft, der Cholera das Feuer, der Melancholia die Erde und dem Phlegma das Wasser entsprechen – und diese Saft-Elementen-Paare wiederum gleich vier Jahreszeiten die menschlichen Lebensalter Kindheit, Jugend, Reife und Alter dominieren[6]. Der Mensch ist eben erst leichtlebig, dann feurig (cholerisch), dann ganz geerdet und schließlich in phlegmatischer Auflösung begriffen. Vielleicht enthält sich Jacobus de Voragine dieser Zuordnung des Pseudo-Beda, weil sie nicht ganz zu seinen moralischen Ableitungen passen will: Zwar kann man sich gut die Kindheit von der Neugier, die Jugend von der Narrheit und die Reife von der Gefahr der Grausamkeit bedroht vorstellen, aber dann fiele ausgerechnet dem Alter die Lust zu ...

In jedem Fall ist der Mensch, lehnend am Fuße der Himmelsleiter, durch die ihn strukturierenden Säfte und Elemente mit der gesamten irdischen Welt verbunden. Sie geht gewissermaßen durch ihn hindurch, repräsentiert sich in ihm. Er ist Schnittpunkt, Begegnungsort von allem, was die Welt ausmacht, Mikrokosmos des Makrokosmos. Mit seinen Seelenkräften ist er in der Lage, seinen Mikrokosmos in diesem Makrokosmos auszurichten, sich zu ihm zu verhalten. Er bewegt sich also, hat einen Weg vor sich. Doch worin kann dieser bestehen, wenn er schon so im Mittelpunkt des gesamten Kosmos verortet ist? In nichts anderem, als darin, dort anzukommen, wohin er gehört. Die LA sieht das biblische Paradigma für den Weg des Menschen in der Rückkehr der Juden aus der babylonischen Gefangenschaft, dem Exil, ins gelobte Land: Unser irdisches Dasein entspricht „der Verbannung der Kinder Israels", unser Leben der Zeit ihrer „Wanderschaft", am Ziel sind wir wie die Heiligen „in die Heimat gelangt" und dort werden wir – ganz gemäß der ganzheitlichen Anthropologie – „ein doppeltes Alleluja singen, körperlich und seelisch" (31/483).

Die Erlösungssehnsucht der LA zielt also keineswegs auf eine rein geistig-seelische Vollendung. Der Mensch, der die Engelchöre vervollständigen soll, wird in sie alles mitbringen, was ihn ausmacht – und so wird das Engelalleluja in Richtung Vollendung immer mehr mit dem auch körperlichen Alleluja gemischt, und so vielstimmiger. Das Irdische wird nicht abgelegt, sondern nach Hause gebracht.

Den vier Elementen entsprechen nämlich auch die „vier Teile" der Welt (34/497): vier Himmelsrichtungen, Windrichtungen, Erdteile. (Schon vor der Entdeckung Amerikas und erst recht Australiens hatten Gelehrte einen vierten Kontinent neben Europa, Asien und Afrika postuliert, einfach weil die Symmetrie der Erde vollständig sein müsse.) Mit seiner Wanderschaft in die Heimat sammelt der Mensch also auch die Erde ein. In der Auslegung des Allerheiligenfestes, von dem ich ausgegangen war, entsprechen deshalb die im Himmel versammelten Heiligengruppen wiederum den Himmelsrichtungen; jeder Erd-Teil ist durch seine Heiligen-„Sorte“ himmlisch repräsentiert. So hat „der Osten die Apostel, der Süden die Märtyrer, der Norden die Bekenner, der Westen die Jungfrauen“. (162/2095) Die Heiligen haben also eine sie strukturierende Ordnung, in der sie alle ihren Ort haben. Religionsgeschichtlich bzw. kulturwissenschaftlich gesehen hat die LA darin Anteil an dem weltweit beobachtbaren Phänomen, dass Ver-Ortung Sinn produziert, dass schon im „Strukturieren … eine innere Wirksamkeit“ steckt: „‚Alles Geheiligte hat seinen Ort‘, sagte ein Eingeborenendenker (…). Man könnte sogar sagen, dass erst dadurch etwas geheiligt ist, dass es seinen Ort hat.“[7] Die Verortung des Heiligen (hier konkret: der Heiligen) schafft heilige Ordnung, sie „trägt also dazu bei, diese Ordnung aufrechtzuerhalten, indem sie den Ort einnimmt, der ihr zukommt“.[8]

Unterwelt und Paradies

Das alles klingt nach reiner Harmonie, Sphärenmusik. Doch die in Engelfall, Heimatsuche und moralischer Versuchlichkeit eingespielte Störung dieser Ordnung lässt sich ebenso wie die Harmonie der Schöpfung räumlich darstellen. Zur kosmischen Geografie gehören auch Unterwelt und Hölle. In der irdischen Geografie findet sich wenigstens ein Zugang zu ihr: in Irland nämlich!

Einst hatte der Missionar St. Patrick, Irlands Nationalheiliger, zu Predigtzwecken auf wunderbare Weise mit seinem Stab eine Öffnung in der Erde angelegt, einen Zugang zu dem Schacht, der in die Unterwelt führt. Er verstärkte seine Propaganda also wie üblich mit einer Höllenpredigt, aber nun mit der wirksamsten überhaupt, sozusagen Höllenpredigt live. Nach seinem Tod bewahrt eine Abtei den Schlüssel zu diesem Schacht auf; und die Legende erzählt nun, wie ein bußwilliger „vornehmer Mann namens Nikolaus, der viele Sünden begangen hatte“, den gefährlichen Weg durch diesen Schacht nimmt, um seiner späteren Bestrafung zu entgehen (50/676–801).[9] Nikolaus handelt also nach einem frommen Kalkül: Setzt er sich dem Fegefeuer, der ersten Abteilung der Unterwelt, zu Lebzeiten aus, so spart er sich diese Station nach dem Tod. Allerdings ist das ein risikoreiches Abenteuer, denn: „Viele gingen hinein, kehrten aber nie mehr zurück.“

Die Geschichte, welche dann erzählt wird, wirkt ein wenig wie die mittelalterliche Version von Jule Vernes Reise zum Mittelpunkt der Erde. Hinter dem Schachteingang findet Nikolaus zunächst eine Kapelle vor, in der Mönche Gottesdienst feiern. Diese geben ihm den entscheidenden Rat, wie er seine Reise zu überstehen vermag; sie lehren ihn einen Gebetsspruch, der ihn vor allen Bedrohungen bewahren wird: „Jesus Christus, Sohn des lebendigen Gottes, erbarme dich meiner, des armen Sünders." Der Spruch, welcher wie eine etwas erweiterte Version des byzantinischen Herzensgebetes wirkt, funktioniert im Weiteren wie all jene aus Märchen und Mythen bekannten Zaubersprüche, welche die letzte Rückversicherung von Abenteurern bilden: Man darf ihn auch in Bedrängnis und unter Schmerzen nicht vergessen. Manchmal fällt er erst im letzten Moment ein. Am Höhepunkt der Gefahr, vor dem Eingang der Hölle, wird Nikolaus den Spruch nicht mehr aufsagen, sondern nur noch im Herzen denken können, aber das reicht zu seiner Rettung.

Als die Mönche sich aus der unterirdischen Kapelle zurückziehen, ändert sich deren Szenerie nämlich schlagartig: Teufel halten Einzug, und aus der Kapelle wird das Fegefeuer. Dessen Schilderung ist nicht ohne Lust am Horror, wie ihn später Hieronymus Bosch in Bilder gefasst hat – „Kröten zerrten ihnen mit feurigen Stacheln die Eingeweide heraus" –, und doch ist die Idee dieses Fegefeuers unter der Grasnarbe Irlands sinniger als vieles, was Theologen zu diesem mythologischen Glaubensartikel ersonnen haben: Das Fegefeuer dieser Legende ist nämlich kein göttliches Straflabor zum Abbüßen von Sündenfolgen, sondern es ist ein Versuch der Teufel, Menschen unter ihre Kontrolle zu bekommen. Die Teufel zeigen Nikolaus all diese Qualen, um ihn in Angst zu versetzen, auf dass er sich ihnen unterwerfe: „Wenn du dich nicht fügst …" Die Höllenpredigt ist hier also ein teuflisches Mittel, die brutale Variante der Verführung. Das Höllische ist die Ideologie des Satans selbst. Und so reicht im Grunde wenig, um diesem Spuk ein Ende zu setzen: „Jesus Christus …" rezitiert Nikolaus, und der Horror ist gebannt. Das gilt schließlich auch für die Hölle selbst, in die er einen furchtbaren Blick werfen muss, so dass er nur noch innerlich zu beten vermag …

… und schon wechselt die Szenerie. Plötzlich befindet sich Nikolaus in einer Unterwelt, die eher den heidnisch-antiken Quellen entnommen ist: Er muss über eine Brücke über einen schwefeligen Todesstrom balancieren, wiederum gehalten von seinem Gebet, und gelangt dann erst „zu einer wunderschönen Wiese", dann „zu einer prachtvollen Stadt, die von Gold und

Edelsteinen wunderbar schimmerte" – kein Zweifel: er ist im „Paradies". Hier möchte Nikolaus natürlich gern bleiben, doch das widerspricht dem selbst überlegten Kalkül: Wer das Fegefeuer schon vor dem Tod, sozusagen prophylaktisch überstehen möchte, der muss konsequenterweise noch einmal ins irdische Leben zurück, bevor er wirklich ins Paradies einziehen darf. Nikolaus reist also noch einmal an die Oberfläche der Erde zurück, zu den Seinen, wo er von seinen Erfahrungen berichten kann, um dann die Gnade zu erhalten, schon nach dreißig Tagen wirklich zu sterben. Nikolaus' Reise erscheint also am Ende wie eine Art Nahtoderfahrung, ihm zum Trost im Sterben, den Hinterbliebenen zur Belehrung.

Die irische Unterweltlegende nimmt für diese Belehrung allerdings einiges Knirschen im mittelalterlichen Weltbildgebälk in Kauf: Denn um eine Divina Commedia in Kurzform zu präsentieren, müssen Paradies und himmlisches Jerusalem samt Fegefeuer und Hölle in die Unterwelt verlegt werden, sonst verliert die Reise ihre räumliche Kontinuität. Alle Abteilungen des Jenseits befinden sich nun unter der Erdkruste, erreichbar via Bergwerkseingang in Irland, falls man die ungenannte Abtei kennt, welche den Schlüssel verwahrt. Aber die Legende vereint sowieso, was eigentlich nicht zusammengehört: Biblische, apokalyptische, christliche Bilder des Jenseits werden mit alt-griechischen Vorstellungen vom Unterweltsfluss Phlegethon und dem Tartarus vermischt.

Auch sonst sind in der LA die Grenzen zwischen „christlicher" Hölle und heidnischem Hades fließend. Schließlich ist das Urbild des irischen Unterweltreisenden Nikolaus letztlich Christus selbst, der laut dem 1. Petrusbrief nach seinem Tod „zu den Geistern gegangen ist, die im Gefängnis waren, um ihnen zu predigen" (1 Petr 3,19). Die Tradition hat diese dunklen Worte (welche Geister, welches Gefängnis?) später kombiniert mit der Auslegung eines Psalmverses im Epheserbrief über Christus, der „hinabstieg zur Erde" und bei seinem Aufstieg zur Höhe „Gefangene erbeutete" (Eph 4,8 f. zu Ps 68,19) und mit der Notiz des Matthäusevangeliums, unmittelbar nach Jesu Tod seien „die Leiber vieler Heiligen, die entschlafen waren, auferweckt" worden, „sie verließen ihre Gräber und kamen in die Heilige Stadt und erschienen vielen" (Mattäus 27,52 f.). Das Glaubensbekenntnis hat diese Überlieferung später in die einfache Formel gefasst: „Hinabgestiegen in das Reich des Todes."

Bei seiner Erklärung des Osterfestes verarbeitet Jacobus de Voragine diese Überlieferungen zu einer einheitlichen Geschichte, nach der Jesus vom Kreuz seinen Weg in die Unterwelt nahm und dort viele Vorväter aus der

Macht des Teufels befreite und mit ins Paradies nahm. Die Legende (54/756–765) weiß genau, wer sich da freuen konnte: der Prophet Jesaja etwa, Adams Sohn Seth, aber auch der Jesus erst kürzlich vorangegangene Johannes der Täufer sowie der greise Simeon, der im Jesuskind den Messias erblickte. Nun haben aber all diese Propheten nichts in der eigentlichen Hölle, dem Ort ewiger Verdammnis zu suchen. Das Todesreich, in das Jesus hier eindringt, ist also eine eher neutrale Unterwelt, das Schattenreich der Verstorbenen, die sozusagen weder gerichtet noch schon gerettet wurden. De Voragine spricht denn auch vom Limbus, jener Vorhölle, einer Art Verlegenheitshölle der Theologen, die nicht wussten, wohin mit unschuldig Ungetauften, gestorbenen Säuglingen etwa – einer Hölle als peinlichster Konsequenz augustinischer Prädestinationslehre, die denn auch kürzlich (2007) von der Glaubenskongregation höchstoffiziell aufgegeben wurde. Die theologisch weniger zimperliche LA sieht diese Vorhölle schon durch Jesu Kreuzestod gesprengt.

Sie inszeniert dies als Ende des antiken Hades. Dieser Gott des Todes, im lateinischen Text Infernus genannt, liefert sich in der Legende einen aufmüpfigen Dialog mit dem Satan. Der Teufel möchte, dass er sich gehörig auf den Empfang des ermordeten Jesus vorbereite: Der habe sich zwar als Gottessohn aufgeführt, am Ende aber Todesangst bekommen. Während sich der Teufel auf den prominenten Neuzugang freut, hält ihm der Totengott skeptisch vor, was er gerüchteweise von diesem Jesus gehört hat, etwa, dass er selbst den toten Lazarus auferweckt habe. Hades befürchtet, diesem Verstorbenen nicht gewachsen zu sein, und tatsächlich zieht der kurz darauf in einer Art Triumphzug in den Limbus ein und entwendet dem Satan seine Gefangenen einschließlich des Adam. Man darf also davon ausgehen, dass er die Unterwelt restlos geleert hat, wenn auch der erste Mensch, der Schuldige des Sündenfalls, der Vertriebene aus dem Paradies selbst, erwähnt wird.

Nach dem gemeinsamen Aufstieg in den Himmel entdecken die Befreiten dann einige Erlöste, die sie aus der Unterwelt nicht kennen: Es sind der Urmensch Henoch und der Urprophet Elias, von denen die Bibel berichtet, dass sie nicht normal starben, sondern entrückt wurden (Genesis 5,24 und 2 Könige 2,11). Hinzu kommt noch der Räuber, welcher neben Jesus gekreuzigt wurde und dem dieser verhieß, „noch heute" mit ihm im Paradies zu sein (Lukas 23,43). Es wird also genau rekapituliert, wer auf welchem Weg erlöst wurde. Rekapitulieren ist wohl der eigentliche Sinn dieser Überlieferung. Rekapitulation heißt ja wörtlich: Zurück unter ein Haupt (caput) bringen – griechisch etymologisch genauso: ἀνακεφαλαιωςισ (Epheser

1,10). In dieser Geschichte wird die Menschheit seit ihren Anfängen unter Christus „rekapituliert" – und so nach Hause gebracht. Christus als ein Orpheus in der Unterwelt vollführt jenen „Tigersprung ins Vergangene", ohne den es laut Walter Benjamin echte Revolution und Befreiung nicht wird geben können: Als Messias vermag er in seinem Tod, „das Kontinuum der Geschichte aufzusprengen"; im Unterschied zum Geschichtsschreiber gelingt es ihm, „im Vergangenen den Funken der Hoffnung anzufachen", im Unterschied zum hilflosen Engel der Geschichte kann er „die Toten wecken und das Zerschlagene zusammenfügen".[10] Gewiss, er vermag es hier nur in einer Legende, im Erzählen, in diesem ach so mythischen Glauben. Aber darin erhält sich das Subversive der Verheißung unverkürzt.

Wenn aber in Christi Abstieg die Unterwelt geleert wird, kann dieser Hades dann die Hölle sein? Wäre dem so, dann liefe die Anakephalaiosis in Christus auf die Apokatastasis (αποκαταστασεωσ παντων in Apostelgeschichte 3,21) hinaus, auf jene Wiederherstellung von allem, die stets nur Kirchenväter unter Häresieverdacht – wie Origenes – gelehrt haben. Denn dann würde Erlösung bedeuten, dass die Hölle leer ist oder jedenfalls am Ende geleert wird. Theologen mögen sauber trennen zwischen Anakephalaiosis und Apokatastasis; sie müssen deshalb auch Limbus, Hades als Zwischenzustand der Toten und endgültige Hölle sauber unterscheiden – ihre Geografie des Jenseits wird notwendig unübersichtlich. Die Legende lässt sich auf solch scholastisches Rubrizieren nicht ein. Sowohl bei der Höllenfahrt Christi als auch bei ihrem irischen Nachvollzug durch den unbekannten Herrn Nikolaus fallen Hades und Hölle in eins, sitzen dort doch Satan und Infernus mehr oder weniger einträchtig beisammen und kann man von dort gerettet werden, sei es durch Christus selbst oder durch einen schlichten Gebetsschrei nach ihm.

Die Legende weiß mit ihrer Ungenauigkeit der jenseitigen Geografie im Grunde mehr von der symbolischen, metaphorischen Sprache religiöser Verheißungen als die Theologie. Die theologische Eschatologie gerade des Mittelalters hat versucht, all die Bilderwelten biblischer, apokalyptischer, frühjüdischer, urchristlicher, aber auch antik-griechischer und schließlich platonisch-philosophischer Herkunft in eine Art logisches System zu bringen. Wo ist der Leib nach dem Tod, wie und wo wartet die Seele auf ihre Wiedervereinigung mit ihm, wann ereignet sich das Gericht über die Seelen, wann das Jüngste Gericht über die ganze Menschheit? All das ging nie widerspruchslos auf, weil die hier synthetisierten Gedanken unterschiedlichen Vorstellungswelten entstammen, denen sich die christliche Sprache der Verheißung und Hoffnung bediente. Die Legende hat es da mit ihrer Erzählweise leichter. Sie erzählt stets das Ganze, auch wenn sie es mal im Himmel findet, in astraler Entrückung, und mal unter Irlands grünem Rasen.

Dies gilt dann auch für die helle Seite der jenseitigen Räumlichkeit. Der innere Widerspruch eines unter der Erde gelegenen himmlischen Jerusalems bleibt da nicht allein. Die LA lässt den Evangelisten Matthäus auf seinen Missionsreisen vom Paradies schwärmen in einer Anschaulichkeit, welche auch die Gleichnisse Jesu in seinem Evangelium weit in den Schatten stellt:

> „Dort gebe es keine Dornen und Disteln, Lilien und Rosen verwelkten nicht, es gebe dort kein Alter, sondern die Menschen blieben ewig jung, die Harfen der Engel erklängen dort und die Vögel gehorchten sogleich, wenn man sie rufe.“ (140/1831)

Von welchem Paradies ist hier die Rede? Der Text bezeichnet es als das irdische Paradies *(paradisi terrestris)*, meint also den zu Beginn der Schöpfung von Gott gepflanzten Garten Eden. Seine vorsichtige Bezeichnung als „irdisch“ geht auf das Konto der Theologen. Denn dieses Paradies des Anfangs muss ja als eine durchaus diesseitige Wirklichkeit unterschieden werden von dem jenseitigen Paradies, das den Gläubigen nach dem Tode verheißen ist. Die Bibel hat das Paradies genau und dennoch nicht wirklich lokalisierbar geografisch eingeordnet, als Ursprungsgebiet von Euphrat und Tigris, die man kennt, und Pischon und Gihon, die man nicht wirklich zuordnen kann, in der Nähe des real existierenden Landes Kusch und des Landes Hawila, das nicht zu identifizieren ist (Genesis 2,10–14) – eine mythische Geografie also, die zugleich irdisch und märchenhaft bleibt. Nach der christlichen Legende wurde dieses Paradies nach der Austreibung der Menschen entrückt – aber nicht etwa in die Transzendenz, sondern nur weit entfernt, aus den Augen, aus dem Sinn, „jenseits des Ozeans hinter den Bergen in der Höhe oben bis zum Mondkreis, so dass die Sintflut nicht dorthin kam“[11]. Was aber soll es dann, sich dieses Paradies noch hoffnungsvoll auszumalen? „Aus diesem Paradies sei der Mensch vertrieben“, sagt denn auch die schon zitierte Legende des Matthäus, „aber durch die Geburt Christi wieder ins himmlische Paradies berufen worden.“

Doch in welchem Verhältnis stehen irdisches und himmlisches Paradies zueinander? Die Theologen unterscheiden beide so wie Natur und Gnade: Das Paradies der Genesis war der dem nicht in Sünde gefallenen Menschen natürlich zugewiesene Lebensraum. Diesen hat er verloren, eingetauscht mit den realen Verhältnissen unserer Welt.[12] Die Gnade der Erlösung aber verheißt ihm eine Rettung, die dem Urstand noch weit überlegen ist, eben die himmlische Seligkeit, das übernatürliche Paradies zwischen den Chören der Engel. Wenn das aber so klar wäre, wozu sollte dann der Heilige Matthäus in seiner Missionspredigt vom *paradisi terrestris* schwärmen, von diesem Märchen-Paradies mit seinen nie welkenden Blumen, den zahmen Vögeln und der ewigen Jugend? Der Text identifiziert dies am Ende mit dem verheißenen himmlischen Paradies – ähnlich verwirrend, wie in der irischen Legende das himmlische Jerusalem in der Unterwelt zu finden ist.

Der Legende ist der verheißene Platz unter den Engeln und das ewige Lob des Hallelujasingens offenbar doch zu luftig, zu abstrakt, um die Verheißung endgültiger Erlösung auszumalen. Das verlorene Paradies hinter den Meeren und den Bergen wirkt da viel anziehender. Es gehört sicher in die Wirkungsgeschichte auch dieser Legenden, dass die Seefahrer der frühen Entdeckungszeit Europas das Fremde, das Exotische immer wieder mit dem verlorenen Paradies identifizierten, dass sie mitunter gezielt auf der Suche waren nach Orten der mythischen Geografie und dass sie die dort begegnenden Menschen in paradiesischer Unschuld fanden, bevor sie sie versklavten und vernichteten. Die Neuzeit wird das entrückte irdische Paradies hinter Ozean und Bergen ab Thomas Morus als „Utopie" schildern, als Nicht-Ort, der doch eine noch nicht entdeckte Insel ist und also wirklich existieren könnte. Den Aufklärern mutieren die übrig gebliebenen Bewohner des irdischen Paradieses zu den „edlen Wilden", die des Rufes zurück zur Natur (dem säkularisierten Urstand) nicht bedürfen. Erst als die Wilden verschwunden waren und die weißen Flecken auf den Landkarten getilgt, musste die Utopie vom Raum in die Zeit verlegt werden, wurde aus dem Nicht-Ort hinter den Meeren die Noch-Nicht-Zeit möglicher Zukunft. Damit hat die Neuzeit die christliche theologische Spiritualisierung und Sublimierung der Erlösung noch einmal nachgestellt: Wie aus der Verheißung der messianischen Endzeit und des anbrechenden Reiches Gottes der postmortale Himmel, so wurde aus der irgendwo – zuletzt etwa in der Südsee – versteckten Insel der Seligen die gesellschaftliche Seligkeit der Nachgeborenen, der ebenfalls für die jetzt dafür Ackernden und Kämpfenden postmortale Endsieg des Fortschritts.

Die Legende in ihrer unbekümmerten Erzähllust hält das Verhältnis von Utopie und Jenseits dagegen in einer bleibenden Schwebe. Irdisches und himmlisches Paradies sind so wenig klar zu unterscheiden wie Unterwelt und

Hölle. Letzteres ist konsequent, weil verheißene Erlösung keine definitive Verdammung verträgt, sondern nur ihre drohende Möglichkeit, die jeder kennt, ohne dafür Theologe sein zu müssen. Dass es sein könnte, Erlösung wäre nicht, käme nie, dass wir einfach nur zugrunde gingen unter all den Foltern, welche die Legenda so gern ausmalt, bedarf keines meta-empirischen Nachweises. „Überall ist Dunkelheit".[13] Dass aber Erlösung doch verheißen und hoffbar bleibt, bedarf umgekehrt der Berührung ihrer sublimsten Gehalte mit den empirischen Träumen und Sehnsüchten. Die Erlösung der Legenda ist deshalb wie das „Wunderland" des Joachim Ringelnatz stets „überall" und gleichzeitig „irgendwo daneben … Überall ist Ewigkeit".[14]

Kreuz und Kirchenraum

Wodurch aber geschieht Erlösung? Die Theologie des westlichen Mittelalters konzentriert sich weit stärker als die der Kirchenväter auf den Kreuzestod Christi, welcher die Verdienste vor Gott erbracht hat, die den sündigen Menschen in reiner Gnade zuerkannt werden. Anselm von Canterburys schon erwähnte Theorie über die Menschwerdung des Gottessohnes hat ihren großen Hintergrund in der Geschichte vom zu heilenden Engelfall, ihre Mitte jedoch in der Idee der Satisfaktion: Christi Tod bedeutet Genugtuung für den durch die Sünden beleidigten Gott. So wird das Kreuz und der an ihm blutig leidende Jesus auch zum Höhepunkt der mittelalterlichen religiösen Kunst, während es in der alten Kirche eher als Symbol diente, bei dem der Realismus des brutalen Hinrichtungswerkzeugs weitgehend getilgt war.

Die LA greift das Kreuz auf eine Weise auf, die der Satisfaktionstheorie nicht widerspricht, aber gewissermaßen an ihr vorbei geht. Und die Geschichte, die sie dazu zu erzählen weiß, beginnt wiederum im irdischen Paradies und bei jenem Adamssohn Seth, den Christus später aus der Unterwelt befreien wird. Der erhält von einem der Engel, welche das Paradies bewachen, „von dem Baum, an dem Adam gesündigt hatte, einen Zweig" (68/939).[15] Offensichtlich ist das Paradies in dieser ersten Generation nach der Austreibung noch nicht hinter Meer und Berge entrückt. Der Zweig soll eigentlich als Heilmittel für den kranken Vater dienen. Da dieser aber dennoch stirbt, pflanzt ihn Seth auf sein Grab. Von da an rekonstruiert die LA aus verschiedenen apokryphen, die Bibel phantasiereich ausschmückenden Überlieferungen eine abenteuerliche Ding-Geschichte. Aus dem Zweig auf Adams Grab wächst ein riesiger Baum. Den lässt Jahrhunderte später König

Salomo fällen, um ihn in sein legendäres (in 1 Könige 7 geschildertes) „Waldhaus", ein Gebäude mit riesigen Zedernsäulen, einzufügen. Doch dort passte der Stamm nirgendwo recht hinein. Die Arbeiter befinden ihn für „unanpassbar" und nutzen ihn fortan als Brücke über einen Teich. Darüber soll nun die berühmte Königin von Saba schreiten, als sie Salomo besucht. Doch sie hat eine Vision von der Zukunft dieses Holzes und weigert sich deshalb. Daraufhin lässt Salomo die Brücke entfernen.

Wiederum Jahrhunderte später ist über dem entsorgten Paradiesholz ein Teich entstanden, just jener Schafsteich Betesda, dessen Wasser bei seinem regelmäßigen Aufwallen Wunderkräfte zugeschrieben wurden und an dem Jesus (laut Johannes 5,2–9) einen Gelähmten heilt. Die Legende schreibt die Wunderkraft des Wassers dem unter ihm verborgenen Holz zu, das jedoch nach dieser Wundertat Jesu an die Wasseroberfläche geschwemmt wurde. „Als die Juden das sahen, nahmen sie es und verfertigten das Kreuz für den Herrn daraus."

Die Pointe dieser Erzählung besteht also darin, dass die vom Engel zugesagte Heilung des Adam sich nicht mehr zu seinen Lebzeiten erfüllte, sondern 5500 oder auch nur 5233 Jahre später (hier notiert Jacobus de Voragine gewissenhaft die widersprüchlichen Berechnungen der Überlieferung) – durch seine Erlösung in Christus. Die Ding-Geschichte geht dann aber noch weiter. Die LA erzählt sie aus Anlass des Festes der „Auffindung des Heiligen Kreuzes" (3. Mai), und diese ereignete sich drei Jahrhunderte nach Jesu Tod durch die Kaiserin Helena, die Mutter des Konstantin. Die Legende stellt nun diverse Überlieferungen rund um die Vor- und Nachgeschichte dieser Kreuzauffindung zusammen und endet mit Geschichten, welche die Wunderkraft des Kreuzesholzes belegen. Sie unterlässt es jedoch, das weitere, verworrene Schicksal des wiedergefundenen Kreuzes – seines Verlustes an die Perser, seiner Wiedereroberung durch Kreuzfahrer, seines erneuten Verlustes an die Muslime – zu verfolgen. Dadurch schweigt sie auch von der neuen Aktualität, welche diese Überlieferung in der Gegenwart des Jacobus de Voragine erlangt hatte. Denn das Kreuz als Ganzes war zwar verschwunden, in Form von kleinen Bruchstücken jedoch der Bevölkerung des 13. Jahrhunderts so nahegekommen wie nie zuvor. Zwar wanderten auch schon in den Jahrhunderten zuvor Kreuzesreliquien durch diverse Schenkungen quer durch die christliche Welt. Bei der Plünderung von Konstantinopel durch ein Kreuzfahrerheer im Jahr 1204 fielen den Eroberern jedoch unter vielen anderen Kreuzesreliquien in so großer Zahl in die Hände, dass deren Verteilung eine Dichte wie nie zuvor erreichte. Vielfach vermehrt noch durch

Berührungsreliquien – Holzsplitter, die von den angeblich originalen Holzsplittern des Kreuzes mit Heiligkeit „angesteckt“ wurden – gibt es so zur Zeit der Abfassung der LA in zahlreichen Klöstern und Kirchen von Russland bis Spanien Kreuzesreliquien samt entsprechendem regionalem Kult, Wallfahrten und der ständigen Möglichkeit von Wundern. Die Ding-Geschichte, welche die LA zusammenfasst, reicht nun also vom irdischen Paradies bis zu den Hörerinnen und Lesern der Legende.

Das Mittelalter denkt Erlösung stets als eine Art Verteilungsgeschichte. In der hohen Theologie geschieht diese Verteilung sakramental – und das heißt zugleich: hierarchisch und klerikal. Der von Christus gestiftete unendliche Gnadenschatz der Erlösung erreicht die einzelnen Christen durch die Sakramente, insbesondere durch Taufe, Eucharistie und Buße. Diese Sakramente sind aber abhängig von einem anderen, von der Weihe. Es sind die Priester, welche (im Regelfall) taufen, welche das Messopfer darbringen und die Kommunion austeilen, welche die Lossprechung in der Beichte erteilen. Die universale Erlösungsgnade wird so kanalisiert den Individuen zugeleitet. Der große Gnadenschatz wird in kleiner Münze herausgegeben – durch die bezahlten Messstipendien und die Ablässe für Sündenstrafen (die späteren Anstöße für den reformatorischen Protest Martin Luthers) auch im wörtlichen Sinne. Gnade ist eine Währung, von der die Kirche lebt.

In dieser klerikalen Ökonomie der Erlösung stellt die Reliquienverehrung gewissermaßen eine demokratischere Schattenwirtschaft dar. Zwar werden auch die Reliquien in Klöstern und Kirchen verwahrt, aber der Zugang zu ihnen erfolgt ohne kirchenrechtliche Hürden, ohne Vorbereitung und Bekenntnis, ohne einen priesterlichen Gnadenakt. Er erfordert nichts als die körperliche Präsenz. Erlösung vermittelt sich hier über das Sehen und das Anfassen.

So lässt sich die Ding-Geschichte des Kreuzes in der LA auch als eine Art Parallelerzählung zu der hochtheologischen Erzählung Anselms über die Satisfaktion lesen. Auch diese Geschichte beginnt beim Verlust des Paradieses, oder gar noch „vorher“ beim Fall der Engel aus dem Himmel, und sie geht über die lange Unheilsgeschichte der sündigen Menschheit bis zu deren Wende durch die Menschwerdung, den Gehorsam und das Leiden des Gottessohnes, um dann weiterzugehen in der sakramentalen Geschichte der Kirche. Die LA erzählt diese Geschichte materialisiert anhand eines Stückes Holz, das erst Baum der Erkenntnis und so Anlass zur Sünde ist, dann ein hölzerner Begleiter der biblischen Geschichte bis zu Jesus und darüber hinaus bis zu jedem, der den Kreuzesreliquien begegnet. Die

Erlösungsgnade steckt dabei im Holz selbst, das ja schon vor dem Tod Jesu im Teich von Betesda Wunder wirkt. Natürlich stellt die Kreuzigung Jesu den Höhepunkt dieser Ding-Geschichte, der Karriere dieses Holzes dar. Aber es ist das Holz selbst, welches die Kontinuität herstellt vom irdischen Paradies zur erneuten Erlösung. Die Gnade verdichtet sich im Ding.

Dies ist durchaus nicht erst mittelalterlich-„germanischer" Geist, wie man geistesgeschichtlich häufig konstatiert hat, nicht erst dieser zu Magie und religiösem Materialismus neigenden Epoche eigen. Virginia Burrus zeigt eindringlich, dass es schon in der Spätantike „a ‚materialistic turn' in christianity"[16] gegeben hat. Pilgerberichte von Wallfahrten zum aufgefundenen Kreuz in Jerusalem erzählen von Wundern um dieses Kreuz: Ein Stern erscheint, geweihtes Öl schäumt aus seinen Flacons über.[17] Als Paulinus von Nola seinem Freund Sulpicius Severus ein Fragment des Kreuzes schickt, erinnert er daran, dass ja auch beim Sterben Jesu unbelebte Dinge reagierten: Die Erde bebte, Felsen barsten (laut Matthäus 27,51).[18] In der Theologie, der modernen zumal, stößt solche Ding-Frömmigkeit eher auf Ablehnung, erscheint als Verfallsform, eben Ver-Dinglichung des im Glauben gemeinten, des Personalen, wie wir heute sagen. Burrus sieht aber gerade in diesem spirituellen Materialismus mit seinen geradezu erotischen Konnotationen eine Tradition, welche die christlichen Sublimierungen der Erlösung ins rein Ethische, Geistige, insgesamt: ins Anthropozentrische unterläuft. Die Ding-Frömmigkeit negiert die Dichotomie von Materie und Geist: Die Erlösung wird hier wirklich der Schöpfung eingegossen. "Relationship to holy things both intensifly and ultimately undercut the distinctions between the material and the spiritual, the natural and the artificial. … the vital power of materiality traverses the boundaries between human and nonhuman, creature and god."[19] Dieses Überspringen der Dichotomien geschieht dabei ganz plastisch über körperliche Berührung. Dabei bedeutet Berührung („touching") immer Beziehung durch Vermittlung, also zugleich Unmittelbarkeit und Distanz (im Unterschied zum vorschnell Identifizierenden geistiger Aneignung). Es ist gerade das Materialistische dieses Kultes, welches in einem ganz ursprünglichen Sinn die Sensibilität für Transzendenz, für Überschreitung bewahrt.

Eine Erlösung, die wirklich in der Schöpfung ankommt, bezieht diese insgesamt ein: Sie heilt bis ins Materielle und sie wirkt auch durch das Materielle. Dafür hat das Christentum mehr in der praktischen Frömmigkeit als in der Theologie ein Sensorium ausgebildet, eine ökologische oder gar „animistische"[20] Spiritualität. Und diese Frömmigkeit bildet sich vor allem in der Heiligenverehrung aus: "One of the most significant ways in which Christians cultivate relations with nonhuman things is through the cult of saints."[21]

Ausgerechnet in dem, was moderner Frömmigkeit besonders unaufgeklärt, ja bigott erscheint: in der Reliquienverehrung, sind vormoderne Ressourcen für eine zentrale postmoderne Herausforderung verborgen: für die Überwindung der anthropozentrischen Engführung kulturellen Bewusstseins. Nicht, dass sich dies heute in der vergangenen Weise wieder zelebrieren ließe, nicht, dass über diese Lesart die Verbindung solcher Frömmigkeit mit platter Magie und mit religiösem Kommerz verschwände – aber in diesen Verzerrungen steckt doch auch etwas Unabgegoltenes.

In Voragines ausdrücklicher Begründung der Reliquienverehrung – wiederum anlässlich des Allerheiligenfestes – spiegelt sich durchaus ein Bewusstsein für diese Spannungs-Einheit von Spirituellem und Materiellem. Deren Kristallisationspunkt ist der Körper. „Der Leib der Heiligen war nämlich ein Speicher Gottes, ein Tempel Christi, ein Salbgefäß geistlichen Balsams". (162/2091) In den Begründungen für diesen Satz weiß natürlich auch Voragine, dass es moralische Qualitäten, geistliche Gaben und der Lebenswandel der Heiligen sind, die dies hervorbringen. Dennoch erscheint der Körper wie ein Medium, das diese Qualitäten geradezu aufsaugt, so dass später „die Reliquien … vielfältige Wohltaten ausströmen" (162/2093) lassen; was sich ebenfalls ganz wörtlich, ganz materiell verstehen ließ, ist doch die Absonderung duftender Stoffe durch den Leichnam oder aus den Gräbern bei zahlreichen Heiligen als postmortales Wunder bezeugt.[22] Leib und Leiblichkeit sind hier nicht als Peripherie eines vom Bewusstsein, vom Cogito her verstandenen Subjekts begriffen, sondern als Präsenz und Medium oder auch Realsymbol, d. h. Ausdrucksgestalt, aber auch Ein-Drucks-Gestalt des Menschen. Der Mensch hat nicht einen Körper, sondern er ist Leib, leiblich. Er lebt deshalb auch nicht von einem immateriellen Innen, einem Ich-Punkt nach außen, sondern er wird, was er ist, indem er von außen nach innen lebt, indem er sein Empfangen und Tun verleiblicht. Deshalb kann der Leib hier als „Speicher" aufgefasst werden – und der Leichnam als kristallines Ergebnis dessen, was jemand war und wurde. Diese Materialisierung der Lebenswirklichkeit kann beim Erlöser selbst so massiv vorgestellt werden, dass noch die Quaste des Gewandes einer Christus-Statue dem Gras, welches bis an sie heranwächst, Heilkraft verleiht.[23] Das ist zweifellos magischer Realismus. Er bezeugt jedoch ein Bewusstsein vom Personalen, das nur wirklich ist, wo es sich bis ins Körperliche aus- und einprägt – und ein Bewusstsein von Erlösung, welche nur wirklich ist, wo sie die Materie der Schöpfung einbezieht.

Der Höhepunkt dieser Körper- oder besser Leib-Symbolik bildet zugleich den Schlussakkord der gesamten LA: An deren Ende schildert und deutet Voragine überaus ausführlich das Kirchweihfest.[24] Der Kirchenraum erscheint darin als der Raum, in dem sich die gesamte Raum-Symbolik von Mikro- und Makrokosmos verdichten lässt. Als äußerer Raum, als „Tempel“ stellt er die Erlösung räumlich dar. Zugleich ist er das materielle Bild des spirituellen Tempels, d. h. des erlösten Leibes.

So schildert Voragine zunächst den Kirchenraum als Ort, an dem die Erlösung vom Leib der Glaubenden Besitz ergreift. Dies geschieht ganz konkret, nämlich sinnlich: Die Erlösung wird dargestellt durch Bilder, also aufgenommen durch Sehen. Sie wird verkündet in Worten, aufgenommen durch Hören. Sie wird gespendet als Sakrament, also aufgenommen durch Kosten, durch Essen! Dann können die Gläubigen ebenso sinnlich reagieren: durch Anrufung, Gebete und durch Singen.

Der Kirchenraum als Ganzer wird geschildert als Raum, „von da der Teufel und seine Macht gründlich ausgetrieben wird“, als eine räumliche Enklave schon geschehener Erlösung also. Auch das hat ganz konkrete Folgen: Der Kirchenraum stellt eine „Zuflucht“ dar: „dass verschont wird, wer als Angeklagter darin Zuflucht nimmt“ – durch Kirchenasyl also. Das aufwändige Ritual der Altar- und Kirchweihe dient dazu, den Raum mit all dieser Symbolkraft geradezu aufzuladen. Voragine schildert das Ritual detailliert und gibt jedem Detail oft gleich mehrfache Bedeutungsmöglichkeiten. Da wird der Altar mit vier Kreuzen bezeichnet, siebenmal umschritten, siebenmal mit Weihwasser besprengt, Weihrauch wird auf ihm verbrannt, er wird mit Chrisam gesalbt und mit reinen Tüchern bedeckt. Auch ohne Voragines gelehrten Deuteapparat (vielleicht sogar besser ohne ihn!) sprechen solche Riten für sich; man kann sich vorstellen, wie sprechend und einleuchtend sie auf die mittelalterlichen Zeuginnen und Zeugen wirkten. Analog wird die Kirche als Ganze dreimal umschritten, das Tor mit dem bischöflichen Hirtenstab angeschlagen, der Raum mit Weihwasser besprengt, auf dem Boden wird aus Asche und Sand quer von der Ostecke zur Westecke „ein Kreuz gezogen“, auch auf die Wände werden Kreuze gemalt, diese werden beleuchtet und mit Salböl eingerieben. Insgesamt: Die Kirche wird in einer Intensität mit Heiligkeit imprägniert, dass ihre Steine anschließend Heiligkeit geradezu ausschwitzen müssen.[25]

Nach den vielen Seiten der Erklärung jeder dieser Symbolhandlungen folgt dann aber die überraschende Übertragung des Kirchweihfestes auf den „spirituellen Tempel“, d. h. auf die Versammlung der Leiber der Gläubigen. Voragine ist also sehr bewusst, dass all dies Liturgische auf die Heiligung der Teilnehmenden zielt. Also predigt er nun geistreich davon, wie Christus an die Herzen wie an Tore klopft, wie die Tränen der Frommen Weihwasser sind, die Kreuze ihre Buße usw. Die reine rituelle Magie wird so gebrochen: Sicher ist sie nichts ohne die ethische Dimension, auf welche sie zielt. Und doch funktioniert die Symbolik nur, wenn sie auch umgekehrt gelesen und erlebt werden kann – sonst würde sie sich im schlechten Sinn in ihrer Deutung „aufheben“, nämlich verflüchtigen. Die Bedeutung wird erlebbar im Ritual und geerdet in Stein. Die Erlösung beansprucht einen Raum, einen Körper: den der Kirche, den des Lesers oder der Leserin der LA – die mit diesem Abschnitt endet.

Zeiten und Geschichte

Lebenszeit, Kirchenjahr und Weltgeschichte

„Die gesamte Zeit des irdischen Lebens teilt man in vier Abschnitte ein." (Prolog/73) So lautet der erste Satz der LA, ihres Prologs. So wie die LA mit der Erkundung einer Raum-Symbolik, nämlich des Kirchenraums und des Leibes der Gläubigen, endet, so beginnt sie mit der Entfaltung ihrer Zeitsymbolik. Im lateinischen Original lauten die ersten Worte: „Universum tempus praesentis vitae". (Prolog/72) In diesen vier Worten sind die Dimensionen dieser Zeitsymbolik schon enthalten: Es geht tatsächlich um eine universale Zeit, um die Zeit der Welt, des Kosmos, der Geschichte. Es geht zugleich um die präsente Zeit, um die Gegenwart, die konkret erfahren wird in der zyklischen Zeit des miterlebten Kirchenjahres. Und es geht schließlich um die menschliche Lebenszeit, die Zeit der Lesenden der LA, welche das Präsens des Kirchenjahres vielmals wiederholen mag, innerhalb der universalen Zeit aber nur einen winzigen Ausschnitt bildet. Diese Lebenszeit schließt also in sich einen Zyklus von Zeiten, ist aber selbst eingebettet in einen großen linearen Zeitverlauf.

Diese Struktur skizziert schon der knappe, zweiseitige Prolog der LA.[26] Zunächst nennt er ein Schema von vier Zeiten, welche die große lineare Zeit, die Geschichte also, gliedern: Da gibt es (1.) die Zeit der Verirrung, welche „historisch" von Adam bis zu Mose reicht, also vom Verlust des Paradieses bis zum Beginn des Alten Bundes mit Israel, der eigentlichen Heilsgeschichte. Darauf folgt (2.) die Zeit der Erneuerung oder Rückberufung; sie meint die Zeit des Alten Bundes, von Mose bis zu Christi Geburt. Dann folgt (3.) die christliche Mitte der Zeit, die Zeit Christi selbst, als Zeit der Versöhnung. Nach ihr erstreckt sich bis zur Gegenwart – und darüber hinaus in die Zukunft bis zur Wiederkunft Christi, dem Ende der Welt – (4.) die Zeit der Wanderschaft, welche also die Zeit der Kirche ist und zugleich „die Zeit des gegenwärtigen Lebens, in der wir wandern und wo wir uns ständig im Kampf befinden". (Prolog/73)

Mit diesem Schema skizziert Voragine also das Panorama der biblischen und christlichen Heilsgeschichte. Er bietet damit eine vereinfachte Version des seit Augustinus gängigen Schemas von den sieben Weltzeitaltern, bei denen die alttestamentliche Zeit genauer untergliedert wird in die Zeit von Adam bis zur Sintflut, von Noah bis zum Bund mit Abraham, von diesem eben bis zu Mose, dann bis zum König David und erst von ihm bis zum neuen David, dem Messias. Christus errettet uns also im sechsten Zeitalter und im siebten folgt die Vollendung.[27] Dieses Schema ist deutlich an die sechs Tage des Schöpfungsberichtes angelehnt, auf welche der siebte Tag der Ruhe Gottes folgt, damit aber auch an die Tage der Woche. Damit steckt im linearen Schema der Welt- und Heilsgeschichte also auch ein zyklisches Schema, in dem diese in stetigen Wiederholungen von Sabbat zu Sabbat bzw. christlich Sonntag bis Sonntag begangen, nachvollzogen werden kann.

Diese zyklische Version des großen linearen Zusammenhangs bietet aber auch das vereinfachte Schema der LA: Denn Voragine skizziert die vier Weltzeitalter nicht um ihrer selbst willen. Er schreibt ja keine Weltchronik, sondern einen Heiligenkalender. Dieser richtet sich nach dem Kirchenjahr. Und so weist Voragine die vier Weltgeschichtsabschnitte jeweils Abschnitten des Kirchenjahres zu: Die Zeit der Verirrung (1.) vollzieht das Kirchenjahr in der Septuagesima nach, d. h. in der auf 70 Tage verlängerten großen Fastenzeit vor Ostern. Der Zeit der Erneuerung (2.) entspricht der Advent, in dem wir uns wieder in die Zeit Israels als Erwartungszeit des Messias zurückversetzen. Die Zeit der Versöhnung (3.) als Zeit Christi selbst ist im Kirchenjahr auf zwei Perioden der großen Herrenfeste aufgeteilt: Wir begehen sie von Weihnachten bis zum Sonntag nach Epiphanie („Dreikönige“) und dann wieder von Ostern bis zum Sonntag nach Pfingsten. (Weil die großen Feste jeweils um eine Woche, die sogenannte Oktav, zum Sonntag darauf verlängert werden, ergeben sich diese Daten.) Schließlich bleibt (4.) die Zeit der Wanderschaft für die übrige, gewissermaßen die Normalzeit des Kirchenjahres: für die Wochen nach der Weihnachtszeit bis zum Beginn der großen Fastenzeit, und für die lange Zeit nach der Pfingstoktav bis zum Advent.

Diese Grobstruktur gliedert denn auch die gesamte LA. Die einzelnen Feste und insbesondere die vielen Heiligengedenktage werden in dieses Schema eingestellt. Dabei ergibt sich an den Rändern, den Übergängen der Zeiten, die Schwierigkeit, dass der Kern des Kirchenjahres, die Zeit vom Fastenbeginn bis zur Pfingstoktav, wegen der Festlegung von Ostern auf den ersten Sonntag nach dem Frühlingsvollmond, eine im Kalenderjahr bewegliche Zeit darstellt. Sie dauert insgesamt 127 Tage: auf die 70 Tage der Fastenzeit folgen 50 Tage von Ostern bis Pfingsten, verlängert um die Pfingstwoche. Gehen wir davon aus, dass Ostern frühestens am 22. März, spätestens am 25. April gefeiert wird, dann kann die lange Fastenzeit im frühesten Fall schon am 17. Januar – also nur wenige Tage nach dem Ende der weihnachtlichen Oktav von Epiphanie – beginnen, im spätesten Fall aber erst am 20. Februar. Und die Pfingstoktav endet frühestens um den 18. Mai, spätestens erst um den 21. Juni.[28]

Nun lässt Voragine Heiligengedenktage bis Ende Januar in die Zeit der Wanderschaft fallen[29], die große Fastenzeit beginnt vom Heiligenkalender her mit dem Tag des Ignatius am 1. Februar (36/506 ff.). Das wird ebenso wie die aus der Verteilung der Heiligenfeste auf die Jahresperioden sich ergebende Osterwende um die Monatswende März zu April und der Beginn der nach-pfingstlichen Normalzeit in der letzten Mai-Woche häufig nicht genau gepasst haben. Voragine reflektiert dies nicht weiter; es war auch letztlich unproblematisch, stehen die einzelnen Heiligen ja in keinem inhaltlichen direkten Verhältnis zu den jeweiligen Herren-Festzeiten. Solche Koppelungen finden sich deshalb auch nur nach dem nicht beweglichen Weihnachtsfest, auf das (römisch-katholisch bis heute) am zweiten Weihnachtstag das Gedenken des ersten Märtyrers Stephanus[30] sowie des Evangelisten Johannes (mit seinem Inkarnations-Prolog „Im Anfang war das Wort") und der unschuldigen Kinder von Bethlehem[31] folgen.

Dennoch wird die Verschiebung der Kirchenjahrs-Perioden auf das Erleben einen großen Einfluss gehabt haben, denn die Festgezeiten haben traditionell auch einen Bezug zu den natürlichen Jahresrhythmen, den Jahreszeiten. Auch dies reflektiert Voragine symbolisch (Prolog/74 f.). Dabei muss er jedoch die bisher nach den geschichtlichen Epochen sich richtende Reihenfolge ändern: Das Kirchenjahr beginnt mit dem Advent als Zeit der Erneuerung, und diese fällt in den Winter. Nach einer kurzen Zeit der Wanderung folgt die Zeit der Verirrung, die Fastenzeit, gefolgt von der Hochzeit der Versöhnung; diese fallen in den Frühling und ziehen sich Richtung Sommer. Der langen Zeit der Wanderschaft entsprechen dann Sommer und Herbst. Je nach Ostertermin wird diese Analogie aber recht unterschiedlich ausgefallen sein, konnte die Fastenzeit doch tief im Winter und der erlebte Frühling erst nach Ostern beginnen. Voragine nennt diese Jahreszeitanalogie, deren Vergleich „ziemlich klar" sei, denn auch nur sehr kurz, ohne sie weiter zu entfalten, ebenso eine zweite, wonach die vier

Epochen auch den Tageszeiten entsprechen: der Nacht (Verirrung), dem Morgen (Erneuerung), dem Mittag (Versöhnung) und dem Abend (Wanderschaft). Jedenfalls geht es darum, die Heilsgeschichte, die Geschichte von Fall und Erlösung, zyklisch nachzuvollziehen, und dies nicht nur in den Vorgaben der Kirche, sondern auch in den natürlichen Abläufen des Alltags.

Dieser Verknüpfung von Heilsgeschichte, Kirchenjahr und natürlichen Rhythmen dient auch noch eine weitere Zeit-Kennzeichnung, welcher die LA einen eigenen Abschnitt widmet: das Quatemberfasten (35/502–505). Es handelt sich dabei um die Tradition einer Fastenwoche (in der jeweils Mittwochs, Freitags und Samstags gefastet wurde) zu Beginn der vier Jahreszeiten. Mit ihr wird der natürliche Jahresrhythmus, der in einer Agrargesellschaft eine das alltägliche Leben zutiefst beeinflussende Bedeutung hat, religiös begangen. Üblicherweise lag das Frühlingsfasten (womit es weniger auffiel) in der zweiten Woche der Kernfastenzeit vor Ostern, also der heute noch üblichen Zeit ab Aschermittwoch. Es folgte das Sommerfasten in der Woche nach der Pfingstoktav, also die lange Zeit der Wanderschaft im Kirchenjahr einläutend. Beide Termine wanderten also mit Ostern mit und trafen den Jahreszeitenbeginn so manchmal mehr, manchmal weniger genau. Fest lagen dann das Herbstfasten, nach dem Fest Kreuzerhöhung am 14. September, und das Winterfasten nach dem dritten Adventssonntag (was wiederum weniger auffiel, war doch auch der Advent eine Fastenzeit).[32]

Indem Voragine diese Regel eigens hervorhebt, schärft er die Konturen der Verzahnung von Kirchen- und natürlichem Jahr: Beide kommentieren sich symbolisch gegenseitig. Ihr Durchschreiten wird so zu einem stets wiederholten Durchschreiten des Dramas der Erlösung, zugleich aber auch zu einer Rekapitulation der Weltgeschichte. Zusätzlich begründet Voragine die Symbolik des Quatemberfastens mit jener den Jahreszeiten zugeordneten Lehre von den Seelenpotenzen und den Säften, die ich schon in der Raumsymbolik behandelt habe.[33] Dadurch wird das Erleben des Kirchenjahres und der Jahreszeiten nochmals bezogen auf das Selbsterleben, auf des Menschen Körper und Seele: Mit den Jahreszeiten und ihrer religiösen Weihe durch das Fasten befassen sich die Gläubigen mit den Kräften und Temperamenten, die in ihnen selbst wirken. Universale und gegenwärtige Zeit werden so wirklich eigene Lebens-Zeit, tempus praesentis vitae. (Schematisch dargestellt in der folgenden Übersicht)

Aufbau des Kirchenjahre nach der Legenda Aurea

Kirchenjahreszeit	**Advent**	**Weihnachten + Epiphanie**	**Zeit bis Septuagesima**	**Septuagesima [s Zoom, S. 63]**	**Osterzeit**	**Zeit nach Pfingsten**
Zeitraum	4 Wochen = Dezember	2 + 1 Wochen = Dezember + 1. Januarhälfte	2. Hälfte Januar bis 9 Wochen vor Ostern	9 Wochen vor Ostern bis Osteroktav	50 Tage + Pfingstoktav	Zeit bis zum 1. Advent
Qualifikation	Quatember			Quatember	Quatember	Quatember
Jahreszeit	Winter			Frühling	Sommer	Herbst
	→	→	→	→	→	→
Theologische Zeit	Zeit der Erneuerung	Zeit der Versöhnung 1	Zeit der Wanderschaft 1	Zeit der Verirrung	Zeit der Versöhnung 2	Zeit der Wanderschaft 2
Heilsgeschichte	~ Zeit von Mose bis Christi Geburt	~ Zeit Christi	~ Gegenwart/ Zeit der Kirche	~ Zeit von Adam bis Mose	~ Zeit Christi	~ Gegenwart/ Zeit der Kirche bis zum Weltende

Innerhalb des Kirchenjahres bildet die Vorbereitung auf das Erlösungsfest schlechthin, auf Ostern, die am intensivsten gestaltete Ära. So sind die 70 Tage, die Septuagesima, die bis zum Samstag nach Ostern rückwärts abgezählt werden, nochmals in mehrere Unterabschnitte gegliedert, die sozusagen ineinander geschachtelte Fastenzeiten gesteigerter symbolischer Intensität ergeben. Man muss, um dies genauer zu erfassen, von der Übersicht über das Kirchenjahr nochmals genauer in diese Zeit hinein-„zoomen". Dies tut auch die LA: Gibt der Prolog die Übersicht über den Jahreskalender, so beginnt der dritte Teil – gewissermaßen der Frühjahrsteil – mit einer die Heiligenlegenden unterbrechenden Reihe von fünf Einführungen (31–35/479–505). Die letzte dieser Einführungen widmet sich dem schon beschriebenen, über das gesamte Jahr verteilten Quatemberfasten. Die vier Einführungen davor beschreiben die Hinführung zu Ostern.

Neun Wochen vor Ostern beginnen die Septuagesima, deren 70 Tage dadurch erreicht werden, dass sie die Osteroktav-Woche noch einschließen. Ebenso müssen die 60 Tage der Sexagesima, die eine Woche später anbrechen, bis zum Mittwoch nach Ostern abgezählt werden. Wiederum einen Sonntag später beginnen die 50 Tage der Quinquagesima, die nun genau bis Ostern reichen. Erst am Sonntag darauf beginnen die 40 Tage vor Ostern, die Fastenzeit im engeren Sinn, die heute noch liturgisch begangen wird.[34] Warum wird die Fastenzeit – die schon in der frühen Kirche, Jesu Wüstenzeit (Markus 1,13 parr) nachbildend[35], symbolische 40 Tage dauerte – um drei Wochen nach vorn verlängert? Voragine gibt für die drei Verlängerungen (durch die das vorösterliche Fasten wie gesehen mitunter kurz nach der Weihnachtszeit beginnen konnte) zunächst jeweils eher pragmatische Gründe an, unter den Titeln „Zum Ausgleich" oder „Ersatz" und „Zur Ergänzung"[36], was fast ein wenig entschuldigend klingt. So habe man in der alten Kirche wegen des Himmelfahrtstages stets donnerstags nicht gefastet, sonntags sowieso nicht, und auch samstags habe man zwei Mahlzeiten erlaubt. Will sagen: Bei so viel Ausnahmen muss dann eben die Strecke verlängert werden. Doch dieser sozusagen historisch-empirische Befund genügt Voragine nicht, und so entfaltet er die Vor-Verlängerungen der vorösterlichen Bußzeit in ausführlicher Symbolik.

Die Septuagesima heißt, wie schon im Prolog genannt, Zeit der Verirrung. Sie vollzieht „Verirrung, Verbannung und Trübsal der ganzen Menschheit von Adam bis ans Ende der Welt" nach (31/481). Mit dieser Angabe widerspricht Voragine allerdings seinem Prolog, wo diese Zeit (wie schon erwähnt) die Epoche von Adam bis Mose meint. Voragine löst diesen

Widerspruch nicht auf. Er hält damit zwei Deutungen im Spiel: Einmal ist die große Bußzeit eher historisierend eine Erinnerung an jene alttestamentliche Epoche nach dem Verlust des Gartens Eden und vor der Offenbarung vom Sinai, in der die Menschheit sich selbst und ihrer Sündigkeit weitgehend überlassen schien, gewissermaßen eine Zeit vor Anbruch der Heilsgeschichte (auch wenn dies dem alttestamentlichen Befund um Noah, Abraham und viele andere nicht wirklich gerecht wird). In dieser Deutung blicken die Christen zurück auf das Überwundene; die Erlösung ist ihnen präsent. In der zweiten Deutung jedoch dauert die Zeit der Verirrung immer noch an, und sie wird auch andauern bis zum Jüngsten Tag. Auch die Christen, auch die Erlösten, begegnen in der Septuagesima ihrer eigenen andauernden Erlösungsbedürftigkeit. Diese Erfahrung ist keineswegs eine heilsgeschichtlich-historische, sondern die unserer Welt, wie sie ist.

Voragine hat sich zu diesem Widerspruch zu seinem eigenen Prolog offenbar hinreißen lassen (es liegen ja dreißig Kapitel mit mehreren hundert Seiten dazwischen), weil er die 70 Tage der Septuagesima symbolisch auf die 70 Jahrhunderte der Weltzeitalter-Lehre deuten wollte:

> „Unter den 70 Tagen verstehen wir nämlich 70 Jahrhunderte. Vom Anfang der Welt bis zur Himmelfahrt rechnen wir 6000 Jahre; was dann zeitlich bis ans Ende der Welt folgt, fassen wir zum siebten Jahrtausend zusammen, dessen Ende allein Gott bekannt ist." (31/481)

Diese Deutung zeigt, dass sich Voragine des symbolischen – und nicht historischen – Charakters dieser Lehre sehr wohl bewusst ist; schließlich ist seit Christi Zeit schon mehr als ein Jahrtausend vergangen. Wir leben in einer Endzeit „post christum natum", in einem „anno domini", doch dieser letzte Abschnitt der Geschichte dehnt sich unabsehbar. Das symbolische Spiel mit der 7 führt nun aber dazu, dass auch die gesamte Zeit nach Christus, die Zeit der Kirche, mit der vorchristlichen zusammen geschlossen bleibt als Vorgeschichte der (in Christus doch schon geschehenen, an Ostern immer wieder gefeierten) Erlösung. Die spannungsreiche Symbolik der Septuagesima kennzeichnet Erlösung zugleich als präsentisch und als futurisch; sie relativiert auch die christliche Überhebung über ein angeblich immer noch den Messias vermissendes ungläubiges Israel. Auch wenn Voragine dies nicht ausspricht, ist es in seiner zweiten Deutung der 70 Tage enthalten: Sie „stellt nämlich die 70 Jahre dar, in denen die Kinder Israels in der babylonischen Gefangenschaft waren" (31/483). Voragine spricht dann ausdrücklich davon, dass auch die Kirche Verbannung, Verfolgungen erleide und „fast am Abgrund der Verzweiflung“ stehe. Die 70 Jahre und die 7000 Jahre korrespondieren jedenfalls miteinander: So sehr die Christen eine Heilsgeschichte im Imperfekt erzählen und feiern, so imperfekt ist diese doch auch: noch nicht vollendet – und die ganze Weltgeschichte auch noch eine Zeit der Verirrung und Verbannung.

Die Symboldeutung der Sexagesima verstärkt diese Perspektive sogar noch: Die 60 Tage heißen „Zeit der Verwitwung“ (32/487), womit die Trennung der Kirche von ihrem Bräutigam Christus gemeint ist, die ja auch erst mit seiner Parusie, der Wiederkunft am Ende der Zeiten überwunden wird. Am Ende des Abschnittes zur Sexagesima wird die Kirche denn auch in der Haltung des Wachens und Wartens auf den Herrn gezeichnet, in einer eschatologischen Spannung also.

Die Deutung der Quinquagesima schlägt dann hellere Töne an; aber auch sie ist ganz aus dem Alten Testament genommen: Die 50 spielt auf das 50. Jahr an, welches in Israel ein Jubeljahr sein soll (Lev 25) mit Schuldenerlass und Sklavenbefreiung. Voragine deutet dies auf die Sündenvergebung, auf „die Erlangung der Freiheit, Erkenntnis der Wahrheit und Vollendung der Liebe“ (33/493). Mit der Quinquagesima wird also Ostern schon deutlicher in den Blick genommen, auf die eigentliche vorösterliche Bußzeit der 40 Tage übergeleitet. Dennoch bleibt die Verzahnung mit dem Noch-Nicht der Erlösung erhalten: Schließlich sind nach der Schachtellogik dieser liturgischen Zeiten Sexa-, Quinqua- und Quadragesima weiterhin Bestandteil der sie umgreifenden Septuagesima. Und diese umgreift sogar das Osterfest selbst, endet ja erst mit der Osterwoche. Selbst die Ostern feiernden Christen bleiben insofern solidarisch mit dem Jobeljahr und messianische Zeit noch erwartenden Israel.

Die Intervalle der Septuagesima lassen sich also schematisch wie in der Übersicht S. 63 aus dem gesamten Kirchenjahr heranzoomen.

Zyklus und Linie

Die paradoxe Deutung der Septuagesima reflektiert im Grunde die Zeit-Symbolik des gesamten Kirchenjahres und damit die Zeit-Symbolik der LA insgesamt: Lebenszeit, also menschliche Gegenwart, wird eingespannt in ein zyklisches Schema, welches den Zyklus der Jahreszeiten aufnimmt und religiös deutet.

eptuagesima

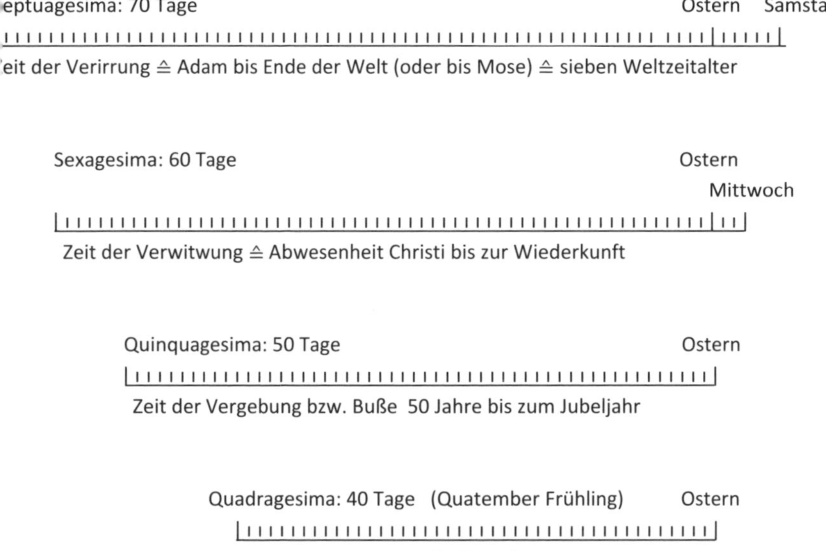

Ein Tag, an dem dies wie in einem Brennglas deutlich wird, ist das am 24. Juni gefeierte Fest der Geburt Johannes des Täufers (86/1096–1117). Das Heiligenfest ist terminlich zugleich Fest des Sommeranfangs und integriert deshalb Bräuche der Sonnwendfeiern wie Feuer, das Rollen brennender Räder oder Scheiben oder Fackelzüge.[37] Diesen Bezug auf die jahreszeitliche Situation deutet Voragine mit Verweis auf Augustinus heilsgeschichtlich: Johannes als Vorläufer und Ankündiger Jesu wird an dem Tag geboren, an dem die Tage wieder kürzer werden, der Messias Jesus jedoch zur Wintersonnwende, wenn die Tage wieder länger werden. Die jahreszeitlich verorteten Geburten symbolisieren also das Selbstzeugnis des Täufers laut Johannesevangelium: „Er muss zunehmen, ich aber muss abnehmen." (Johannes 3,30) Heilsgeschichtlich steht Johannes an der Wende vom Alten zum Neuen Bund, Jesus markiert den Anbruch der Erlösung. Auf dem Höhepunkt des Lichtes ereignet sich doch ein Übergang zu einem Ende, in der Mitte der Winterdunkelheit dagegen der Beginn einer neuen Erhellung.

So wie hier wird insgesamt in der LA das Zyklische der Jahreszeiten auf die große Welt- und Heilsgeschichte vom Verlust des Paradieses bis zur Erwartung der Wiederkunft Christi und des Endes der Zeiten bezogen. Jahr für Jahr wiederholen die Gläubigen also, was sich einmalig ereignet und wovon sie selbst nur ein Teil sind. In einer Lebenszeit wiederholt sich der Zyklus viele Male; was er symbolisiert, ist jedoch eine Strecke, innerhalb derer die Lebenszeit nur eine winzige Spanne ausmacht. So umgreifen die Glaubenden im Begehen des Jahres gewissermaßen alles, gleichzeitig sind sie jedoch von diesem Größeren selbst umgriffen.

Deshalb wird die Heilsgeschichte stets zugleich „historisiert", erinnert, und erhofft, erwartet. Schon im Advent wird auf die längst geschehene Geburt Christi zugegangen und zugleich seine ausstehende Wiederkunft erwartet. Advent bedeutet Erinnerungsseligkeit und eschatologische Herbheit zugleich. Und nach den großen Festkreisen, nach Pfingsten, bricht die Zeit des „normalen" Kirchenjahres an, die Voragine Zeit der Wanderschaft nennt. Jahreszeitlich ist sie die Zeit der Sonne im Zenit, des Sommers, der sich aber unabänderlich zum Herbst neigt. Heilsgeschichtlich ist sie die Zeit der irdischen Pilgerschaft. Was unterscheidet sie dann von der dunkleren Zeit der Verirrung, der Septuagesima? In ihr ging man frühlingshaft auf Ostern zu. Aber in beiden, in der Verirrung und in der Wanderschaft, geht man zugleich auf Herbst und Abend des eigenen Lebens und der Welt zu. Die Zeiten überlagern sich ständig in ihrer Symbolik, und dies kommt in der gegenseitigen Bezogenheit von zyklischer und linearer Zeit hintergründig zum Ausdruck.

Das Christentum habe, so wird es geschichtsphilosophisch mitunter gesagt, das zyklische Zeitbewusstsein der antiken Welt aufgebrochen durch sein lineares heilsgeschichtliches Schema, welches nur eine Geschichte kennt, die sich von der Schöpfung bis zum Jüngsten Tag nach Gottes Plan als ein großes Drama von Heilswillen, Schuld und Erlösung entfaltet. Damit habe es letztlich auch das lineare Fortschrittsbewusstsein der Neuzeit von der einen projektierbaren Menschheitsgeschichte vorbereitet. Karl Löwith, der mit diesem Gedanken des modernen Geschichtsbewusstseins als säkularisierter christlicher Heilsgeschichte verbunden wird, sah dies allerdings in feiner Dialektik: Zwar habe „die eschatologische Sicht des Neuen Testaments den Blick auf die künftige Erfüllung freigemacht", aber diese religiöse eschatologische Hoffnung habe sich stets auf ein jenseitiges, selbst also nicht geschichtliches Ziel gerichtet, und so seien säkulare Vollendungsprojekte und Utopien der „Herkunft nach so christlich" wie in den „Konsequenzen unchristlich."[38]

Vom Umgang der LA mit der Heilsgeschichte und der sich darin ausdrückenden mittelalterlichen Praxis der liturgischen Begehung von Heilsgeschichte her wird man das Verhältnis von zyklischer und linearer Zeit im Christentum noch differenzierter und komplexer denken müssen. Auf einer hohen Abstraktionsebene lässt sich diese Dialektik formulieren: *Was* das Kirchenjahr der LA feiert, ist eine linear vorgestellte Unheils- und Heilsgeschichte mit einem jenseitigen, die Geschichte aufhebenden Ziel. *Wie* sie dies feiert, kreiert jedoch eine zyklische Struktur, die zudem in die Plausibilität der natürlichen Zyklen eingeschrieben wird, in welcher die Stationen der Heilsgeschichte zugleich erinnerte Vergangenheit, gefeierte Gegenwart und erhoffte Zukunft sind. Und schließlich wird diese Dialektik bezogen auf die je eigene Lebenszeit der Feiernden, welche durch zyklische Wiederholung die sie umgreifende lineare Geschichte in die eigene individuelle Geschichte integrieren bzw. umgekehrt zugleich sich in die sie umgreifende lineare wie zyklische Struktur einschreiben.

Theologisch wird man das sich so ergebende Zeitbewusstsein „sakramental" nennen können – wenn man darunter die real-symbolische Gegenwart eines göttlichen Wirkens in der irdischen Welt versteht. Es geht also um die Gegenwart eines Wirkens, das heilsgeschichtlich sowohl zeitlich verstanden werden kann, als Gottes Taten in der Vergangenheit, sein Gnadenwirken in der Gegenwart, seine Verheißungen für die Zukunft, als auch mehr „platonisch" überzeitlich, als die irdische Auswirkung seiner ewigen, stetigen transzendenten Präsenz. In den konkreten kirchlichen Sakramenten wie auch in den kirchlichen Festen insgesamt erfahren die Glaubenden die aktuelle Zuwendung dessen, was in der Heilsgeschichte geschah und verheißen wird, sie erfahren damit aber auch die Manifestierung, mitunter geradezu Materialisierung dessen, was sie als „immer und ewig" gegeben glauben.

Wie diese Struktur im Erleben der Gläubigen aufgefasst wurde, lässt sich von der LA her kaum, und auch sonst religionsgeschichtlich wohl nur schwer fassen. Gewiss war den meisten Gläubigen die komplexe Symbolik mit all ihren biblischen Anspielungen, ihrer Zahlensymbolik und Geschichtstheologie, wie sie die LA referiert, kaum präsent. Zudem wurde das Verhältnis von Symbol und Symbolisiertem wahrscheinlich im Erleben häufig umgedreht: Bei Voragine dient der jahreszeitliche Zyklus dazu, heilsgeschichtliche und religiöse Inhalte zu symbolisieren. Die Praxis der Sonnwendfeiern, das Brauchtum rund um Quatemberfasten, um die Nächte zwischen den Jahren, um Fastnacht und Ostern legen nahe, dass hier eine Art relecture der religiösen Inhalte hin auf eine mythische Deutung der erlebten Zyklen stattfand: Es ging dann auch im Kirchenjahr um die Austreibung des Winters und seiner Bedrohungen, um Schutz vor den Dämonen der Dunkelheit, es ging um Ängste und Hoffnungen rund um Ernte und Missernte. Aus der abstrahierten Dialektik des Heilsgeschichtlich-Linearen und des religiös wie natürlich Zyklischen wird so ein konkretes, geflechthaftes Ineinander beider Dimensionen. Nur so wird überhaupt das Sich-Einschreiben der dritten Dimension, der eigenen Lebenszeit, in dieses Geflecht möglich.

Nehmen wir dann noch hinzu, was wir über die räumliche Präsenz des Heiligen in der LA erkunden konnten, so wird diese Verflechtung noch anschaulicher: So wie Himmel und Hölle zugleich transzendent, jenseitig und zukünftig sind und doch auch mythisch unter dem Erdboden verborgen, so wie der Garten Eden biblische verlorene Vergangenheit und doch auch entrückte Vision ist, so wie die ubiquitäre Gnade Gottes sich geradezu kristallisieren kann an heiligen Orten und in geheiligten Gegenständen, so symbolisiert sich in einer jahreszeitlichen Wende gleichermaßen und ineinander die natürliche Erfahrung von Vergehen und Neuwerden, der Glaube an die Erlösung aus dem Tod und die Positionierung des eigenen Lebens innerhalb dieser beiden. Die eigenen Lebensereignisse, insbesondere auch der eigene Tod, können zugleich vom zyklisch-natürlich Nahen und vom geschichtlich wie übernatürlich Fernen her gedeutet werden und erhalten dadurch überhaupt erst Be-Deutung.

Schließlich gilt es noch, diese Struktur der Zeit-Bedeutungen in einen Zusammenhang zu bringen zu dem Hauptinhalt der LA, den Heiligenlegenden. Denn die hier analysierte Struktur des Kirchenjahres bildet ja nur den von Voragine in wenigen Kapiteln behandelten Rahmen für die einzelnen Geschichten. In diesen wiederum wiederholt sich das Ineinander von zyklischer und linearer Struktur: Die Heiligenlegenden erhalten ihre Stelle in der LA durch ihren Ort, d. h. ihre Zeit, ihren Gedenktag im Kirchenjahr. Gleichzeitig haben diese Heiligen als historische Gestalten (selbst wenn sie aus Sicht einer modernen historischen Kritik fiktionale Gestalten sind) ihre bestimmte Stelle in der linearen Geschichte, der biblischen oder (meist) der Kirchengeschichte. Schreibt Voragine also auch Kirchengeschichte, reflektiert er sie theologisch?

Reglinde Rhein hat diese Fragen in ihrer Analyse der LA bejaht. Sie sieht die gesamte LA durch eine Theologie der kirchengeschichtlichen Epochen bestimmt. Deren Ziel besteht für den Dominikaner Voragine darin, die Gegenwart als Zeit der „Bettelorden" als kirchengeschichtlichen Höhepunkt und Wiederkehr des Urchristentums zu feiern. Nun steht außer

Frage, dass Voragine propagandistisch die noch nicht lange vergangenen Gründergestalten Franziskus und Dominikus sowie seinen Ordensbruder Petrus Martyr besonders hervorhebt[39], und es wirkt auch einleuchtend, dass er dafür frühere Ordensreformer wie Bernhard von Clairvaux eher typisiert und so historisch verblasst darstellt.[40] Doch solche Schwerpunktsetzung bedeutet noch keine Geschichtstheologie. Um diese aus der LA herauszulesen, muss Rhein die Typisierung von Heiligen-„Sorten", welche es in der LA zweifellos gibt – also die von Märtyrern, Mönchen oder Bischöfen – als ein historisches Schema lesen. Dann ergäbe sich: „Jacobus schließt an die kirchengeschichtliche Epoche der Apostel, Märtyrer und Bischöfe das Zeitalter des Mönchtums an."[41] Und dies werde nun in den „Bettelorden" nochmals vollendet. Voragines Geschichtsbild geriete dann (ohne es direkt zu teilen!) in die Nähe der Geschichtstheologie des Benediktinerabtes Joachim von Fiore mit seiner Erwartung einer neuen kirchengeschichtlichen Epoche als Zeitalter des Heiligen Geistes, und in die Nähe der franziskanischen Spiritualen, die diese Epoche mit Franz von Assisi und seiner Bewegung angebrochen sahen.[42]

Diese Deutung der Heiligen-Typisierung der LA stimmt jedoch schon in sich nicht. Das Mönchtum entsteht schon zur Zeit der Märtyrer und die LA bietet so einige Mönchslegenden, die historisch zeitgleich oder gar vor anderen Märtyrer- und Bischofsgestalten spielen.[43] Die LA als eine theologisch aufgeladene Deutung der Kirchengeschichte zu deuten, liest sie m. E. anachronistisch mit modernen Augen. Für Rhein präsentiert sich das „Legendar als vollständiger Spiegel der Kirchengeschichte", als eine Art „kirchengeschichtlichen Abrisses"[44]. Sie spricht von „Stufen" und „Formen", von „Phase" und „Entwicklung"[45], schließlich sogar von einer „teleologischen Struktur", die im zyklischen Aufbau der LA verborgen sei.[46] Hier werden historische und geschichtsphilosophische Kategorien der Moderne in den mittelalterlichen Text hineingelesen.

Nun könnte man durchaus in modernen Kategorien messen, was in anderer zeitgebundener Denkform unterschwellig den Text bewegen würde. Aber dies sehe ich in der LA hier nicht gegeben. Spiegel der Kirchengeschichte könnte sie ja nur sein, wenn man konsequent die einzelnen Legenden auf dem chronologischen Zeitstrahl anordnet, obwohl sie in der LA auf dem Zeitstrahl des Kirchenjahres angeordnet sind. Kirchengeschichtlich herrscht also völlige Unordnung in der LA, und es wäre von einem Leser schon sehr viel verlangt, hier ständig gegenzulesen. Um das zu tun, muss man wohl schon Historikerin sein. Voragine hilft dem Leser nicht nur nicht dabei, er will m. E. sogar das Gegenteil erreichen: Die Legenda ebnet kirchengeschichtliche Epochenunterschiede gerade ein, indem sie vorkonstantinische Märtyrer und Märtyrer, die Opfer von andersgläubigen Christen werden, einfach parallelisiert. Zwar werden mitunter historische und kirchengeschichtliche Kontexte geschildert,[47] doch sie erhalten keine theologisch strukturgebende Qualität. Gerade die von Rhein zu Recht hervorgehobenen Heiligen der Franziskaner und Dominikaner werden, indem Voragine sie als neue Apostel und Märtyrer stilisiert, mit den Anfängen der Kirche kurzgeschlossen. Gerade hier geht es nicht um lineare Geschichtsdeutung, sondern um Idealisierung. Die „Bettelorden" bringen nichts wirklich Neues, sondern erfüllen das Alte in der Gegenwart. So wird die in der LA in reichem Maße präsentierte Kirchengeschichte – besser aber plural: so werden ihre Kirchen-Geschichten – in die Symbolisierung des Linearen im Zyklischen eingespeist. Die Legenden folgen der Ordnung des Kirchenjahres. Als lauter Perlen auf der sich rundenden, geschlossenen Kette aufgereiht, illustrieren die Heiligengeschichten in ihrer Vielfalt, was erlöste Lebenszeit sein kann in den Zeiten der Verirrung, der Buße und Versöhnung und der Wanderschaft. Die Heiligen gehören zweifellos an bestimmte Stellen in der biblischen und nach-biblischen Heilsgeschichte. Aber ihre Lebensgeschichten bebildern in der Struktur der LA die Lebensmöglichkeiten der ihrer gedenkenden und sie feiernden Gläubigen und sind deshalb wie diese eingeflochten in den kreisenden Reigen religiöser Jahreszeiten.

Kalender und Analogie

Wer heute einen Kalender nutzt, sei es in elektronischer oder noch in gedruckter Form, der benötigt ihn vor allem für eigene Einträge. Der Kalender ist ein Mittel zur individuellen Planung. Natürlich muss er dafür voreingetragene Angaben enthalten, zumindest eben das Kalendarium der Daten und Wochentage. Meist aber kommen weitere voraussehbare Angaben hinzu: Feiertage und Ferienzeiten, u. U. auch astronomische Angaben (Sonnenauf- und -untergang) u. Ä. Und dann gibt es speziell gestaltete Kalender, die für eine Zielgruppe (Lehrerkalender, Agrarkalender, Frauenkalender) oder für bestimmte Interessenlagen (Literatur, Politik) Gedenktage und voraussehbare Ereignisse festhalten oder auch kleine Texte und Bilder einschieben.[48] Solche Kalender bieten also Informationen, vielleicht auch Unterhaltung, doch ihre eigentliche Funktion besteht in der freien Fläche, auf der wir Einträge vornehmen. Wir selbst führen, schreiben unsere Terminkalender. „Kalender erhalten mit ihren weitgehend leeren Seiten die Aufforderung, Zeit zu nutzen und zu gestalten."[49]

Der Historiker Achim Landwehr hat erforscht, wie wenig selbstverständlich dies in der Geschichte der Kalender war. Kalender mit überwiegend leerem Papier zum eigenen Beschreiben kommen erst im Laufe des 17. Jahrhunderts auf. Zuvor quollen Kalender „über von Hinweisen, Texten, Symbolen und Informationen. Sie gaben vor, was an dem betreffenden Tag geschehen würde, wodurch er gekennzeichnet war und wie man sich an diesem speziellen Tag am besten zu verhalten habe."[50] Solche Angaben bezogen sich vor allem auf astrologische Bestimmungen des jeweiligen Tages und Folgerungen für Gesundheit, medizinische Anwendungen oder agrarische Themen. Kalender waren also etwas, was wir heute auch noch kennen: Horoskope.

Damit sind die Kalender der frühen Neuzeit, der Zeit des Buchdrucks, welche Landwehr untersucht, schon vergleichsweise praktisch und funktional ausgerichtet gegenüber ihren Vorgängern im Mittelalter. Damals waren es vor allem heilsgeschichtliche Daten der Vergangenheit, durch welche bestimmte Zeiten determiniert wurden. „Den Waldarbeitern wird der Tag empfohlen, an dem der heilige Sebastian durch hölzerne Pfeile starb (20. Januar), an dem die Zedern für den Tempel Salomos geschlagen wurden (7. Oktober) oder an dem Noah die Bäume zum Bau der Arche fällte (31. Oktober)." Der letzte Montag im April galt als Unglückstag, „weil an ihm Kain seinen Bruder Abel erschlagen habe; der erste Montag im August wegen des Untergangs von Sodom und Gomorra … und der 30. April, an dem die Mutter den Judas empfing".[51]

Das klingt nun deutlich nach einer Art christlicher Version des Horoskops, nach Aberglauben – und das nicht nur für uns heute; auch seinerzeit waren solche Praktiken umstritten und wurden von kirchlichen Autoritäten eher bekämpft. In ihrem Sinne war eher eine weniger anwendungsorientierte Form von Kalenderwissen, die nicht der Manipulation des eigenen Glücks, sondern der Meditation des eigenen Heils diente. Aber auch diese Form des Kalenderwissens zeichnete sich durch erstaunliche Detailkenntnisse aus: „25. Januar Paulus vor Damaskus, 13. Februar Erschaffung der Hölle, 15. Februar Versuchung Jesu durch Satan, 18. Februar Sündenfall, 18. März Schöpfungstag, Gabriel wird Erzengel, 19. März Hochzeitstag von Maria und Joseph sowie Todestag Josephs, 25. März Empfängnis und Kreuzigung Jesu, 4. April Beginn der Sintflut, 30. April Selbstmord des Judas usw."[52] In dieser Art geballter Aufzählung wirkt dies sehr zum Schmunzeln.

Woher weiß man, wann die Hölle erschaffen wurde, und was geschah am 17. März vor dem Schöpfungstag? Biblisch ist all dies nicht – so wenig wie es ähnliches „Geheimwissen“ der Legenda aurea ist. Mit dieser hat solche Kalenderweisheit jedoch jenseits der Komik gemeinsam, dass der zyklische Lauf der Zeit determiniert wird durch die große Heilsgeschichte – und dadurch die individuelle Lebensgeschichte von lauter Sinn-Bestimmungen geradezu umstellt wird. Jeder Tag hat seine Bedeutung, noch bevor an ihm irgendetwas geschieht. Deshalb ist der Kalender vollgeschrieben und enthält nicht etwa ein leeres Blatt für unsere Verwendung.

Wenn sich das in der Neuzeit ändert, kennzeichnet dies also einen tiefgreifenden Wandel im Zeitempfinden. Man kann zugespitzt formulieren, dass „im 17. Jahrhundert die Gegenwart erfunden wurde“, jedenfalls im Sinne der „Entdeckung von Gegenwärtigkeit als Möglichkeitszeitraum“.[53] Seither ist die Gegenwart und damit unsere eigene Lebenszeit das, was wir selbst gestalten und planen können – allerdings auch müssen. Es liegt an uns, dem Leben einen Sinn zu geben. Das Zeitempfinden der LA – die man in diesem Sinn auch als einen zu sehr großen Texten „aufgeblasenen“ Kalender lesen kann – nimmt die Gegenwart dagegen als einen Zeit-Raum, der aus der Vergangenheit, nämlich aus der Heilsgeschichte seinen jeweils vorgeprägten Charakter empfängt. Deshalb musste man natürlich dennoch selbst handeln, die Zeit füllen. Doch dies bestand weniger darin, einen leeren Raum als Chance der Freiheit zu nutzen, als vielmehr in der Kunst, mit dem eigenen Leben dem vor-gegebenen Charakter der Zeit zu entsprechen.

Entsprechung ist hier das entscheidende Stichwort. Alle Bezüge, welche die LA zwischen Heilsgeschichte, Jahreszeiten, Kirchenjahr und Lebenszeiten – aber, wie gesehen: auch zwischen Himmelsrichtungen, Elementen, Körperbestandteilen, Erdteilen – herstellt, lassen sich als Analogien deuten. Die gesamte LA legt über Raum und Zeit ein dichtes Netz von Analogien. Die überbordende Symbolik von Daten, Zahlen, Orten, Gegenständen legt deren Symbolkraft nicht in die einzelnen Phänomene als solche, in ihrer Isolation, sondern in deren Verhältnis zueinander. Natürliches und Übernatürliches, Körperliches und Seelisches, einmalig Vergangenes und zyklisch sich Wiederholendes verweisen jeweils aufeinander, interpretieren sich gegenseitig. Nicht nur räumlich – bei Kosmos und Körper – sondern auch zeitlich – bei Heilsgeschichte und Jahr – geht es um eine komplexe Analogie von Makro- und Mikrokosmos.

Der Ethnologe Philippe Descola bezeichnet das Weltbild, welches das europäische Mittelalter mit vielen Hochkulturen der Vormoderne weltweit teilt, denn auch als „Analogismus".[54] Während in Sammler- und Jägerkulturen, aber auch noch in den frühen Pflanzer-Gesellschaften totemistische oder animistische Vorstellungen vorherrschen – in denen zwischen menschlichen, tierlichen, pflanzlichen und sogar materiellen Erscheinungen individuelle Wechselbeziehungen bestehen, der Kosmos also insgesamt beseelt ist –, denken praktisch alle staatlich organisierten Gesellschaften des Altertums in einem System analoger Entsprechungen. Im Analogismus wird „die Gesamtheit des Existierenden in eine Vielzahl von Wesenheiten, Formen und Substanzen aufgesplittert, die durch geringfügige Abweichungen getrennt und zuweilen in einer Stufenleiter angeordnet sind, so dass es möglich wird, das System der anfänglichen Kontraste wieder zu einem dichten Netz von Analogien zusammenzufügen, das die inneren Eigenschaften der unterschiedenen Entitäten miteinander verbindet".[55] Der Kosmos erscheint als ein geschachteltes Ganzes von Entsprechungen: Die große Welt der Gestirne und der Mikrokosmos der lebenden Organismen, die Baustruktur von Städten und der Aufbau der Erde, die Struktur der Gesellschaft und die der Natur sind jeweils analog zu- und ineinander geordnet. Die Welt erscheint wie die komplexe Sozialpyramide früher Staaten, in denen jeder Stand seinen Platz und seine Aufgabe hat, von den Bauern über die Soldaten und Handwerker bis hin zu den Priestern und den oft göttlichen Herrschern. Diese Vorstellungen finden sich in unterschiedlichen Variationen sowohl in Altamerika als auch in Ostasien, im Nahen Osten und in Westafrika. Descola nennt vor allem das brahmanische Indien, das konfuzianische China, den ägyptischen Pharaonenstaat ebenso wie den andinen der Inka.[56]

Der Analogismus hat auch das Abendland trotz dessen Eigenentwicklung in Philosophie und Christentum noch bis an die Schwelle der Neuzeit geprägt. In der Kirchenarchitektur gerade der gotischen Dome wird dieses Deuten durch Zuordnen anschaulich: Hier findet sich eine überbordende Fülle von Einzelheiten untergebracht, die aber alle in einer strukturierten Ordnung genau an ihrem Platz stehen und miteinander korrespondieren, einander ergänzen, sich gegenseitig interpretieren. Die abendländische Geistesgeschichte prägt der Analogismus gerade auch im Aristotelismus, insbesondere in seiner scholastischen mittelalterlichen Fassung. Die strukturellen Merkmale dieses Weltbildes sind eine „Logik segmentärer Verzahnung", eine „hierarchische Verteilung" und „Verschachtelung" aller Elemente der Wirklichkeit.[57] Ihr Ziel ist es, die unübersichtlich gewordene, durch gesellschaftliche Komplexität und theoretische, wissenschaftliche Konzepte verdinglichte Welt durch Unterscheidung und Vergleich, durch universelle Differenzierungen und Zuordnungen „verstehbar und erträglich zu machen".[58]

In diese Skizze des Analogismus lassen sich meine Erkundungen der räumlichen und zeitlichen Struktur der LA unschwer einlesen. Die LA bietet offensichtlich Muster von Sinngebung und Orientierung, wie es analogistischen Kulturen entspricht. Deren Stärke ist die Fähigkeit, Ordnung herzustellen in einer Welt, die mit ihren technischen und politischen Mitteln weit stärker von Unordnung und der Übermächtigkeit der „Natur" geprägt war als die Erfahrungswirklichkeit von Bürgern moderner Industriestaaten. Doch der Preis dieser Verstehbarkeit war die Statik und Unfreiheit, in der in einer solchen Welt alles seinen Platz hat und behalten muss. „Innerhalb eines geschlossenen Universums, in dem jeder, seinem Ort verhaftet, die Ziele verfolgt, die das Schicksal je nach den Anlagen, die ihm zuteil geworden sind, für ihn bestimmt hat, wohl oder übel mit allen anderen durch einen Wust von Entsprechungen verbunden ... stöhnt die analogische Welt unter der Last des fatum."[59] Der gefüllte Kalender ist eben auch Ausdruck einer Überdeterminierung eines jeden Tages, noch bevor er begonnen hat, noch bevor wir ihn leben.

Es verbietet sich also, den Analogismus – wie es in einer konservativen Kulturkritik gern geschieht – zu verherrlichen als eine Welt umgreifender Geborgenheit, als ein Heimat bietendes Gegenbild zu moderner Unbehaustheit, Orientierungslosigkeit, zu Individualismus und Isolation. Wer lebt entfremdeter: der mittelalterliche Mensch mit seinem Heiligenkalender oder der moderne Mensch mit seinem selbst zu befüllenden Terminkalender? Aus Sicht eines „Analogisten" würde Entfremdung im Herausfallen aus der Ordnung bestehen, welche das gute Leben und seinen Sinn bestimmt – und so erscheint auch die Sünde: im Wortsinn als Ab-Sonderung, als Trennung. Entfremdet ist der Sünder von seinen Mitmenschen, von der Seins-, welche zugleich immer eine Sollensordnung ist, und damit letztlich von Gott. Aus Sicht eines Modernen jedoch ist Entfremdung zu messen am Grundwert der Autonomie: Entfremdung ist immer Entfremdung von mir selbst, von der Möglichkeit meiner Selbstverwirklichung; „Entfremdung lässt sich als eine besondere Form des Freiheitsverlustes verstehen."[60] Aus dieser Sicht stellt der Analogismus geradezu eine gigantische Entfremdungsmaschine dar. Das Individuum ist hier stets schon vielfach determiniert, bevor es seine Autonomie wahrnehmen kann. Ein Heiligenkalender mit seiner Fülle heteronomer Modelle des richtigen Lebens ist mit seinem Moralismus sogar ein besonders massiver Ausdruck dieser Fremdbestimmung.

Dennoch ist diese Zeichnung eines einfachen Gegensatzes von Autonomie und Analogie zu einfach. Die Philosophin Rahel Jaeggi spricht in ihrer modernen Analyse der Entfremdung von einem Fehlen dessen, „was man (in Aufnahme der Prägung Isaiah Berlins) ‚positive Freiheit' nennen kann".[61] Entfremdung besteht nicht einfach im Mangel abstrakter, formaler Wahl-Freiheit. Entfremdet fühlen sich Menschen, die sich gerade in ein Feld vielfältiger Wahlmöglichkeiten gestellt sehen, sich selbst darin aber nicht zu finden vermögen. Die konservativen und romantischen Sehnsüchte nach einer Welt analogistischer Geborgenheiten sind ja selbst Ausdruck von Entfremdungserfahrungen. Positive Freiheit ist „die Fähigkeit zur Verwirklichung von wertvollen Zielen"[62]; doch dazu müssen diese findbar sein. Autonomie ist also bezogen auf eine Art von Heteronomie, auf eine Welt nämlich, die nicht ich selbst bin, die ich mir aber sinnvoll anzueignen vermag, die darin jedoch immer auch Welt – sperrig, vorgegeben, und gerade so von ästhetischem oder ethischem Wert – bleibt. Positive Freiheit besteht „darin, sich die Welt zu eigen zu machen, ohne dass sie einem immer schon zu eigen wäre, und sie und das eigene Leben gestalten zu wollen, ohne dabei von totaler Verfügungsmacht auszugehen".[63]

Im Selbst hat diese Freiheit sicher Autonomie zur Voraussetzung: Ohne selbst frei zu sein, kann es niemals ich selbst sein, der oder die sich die Welt aneignet. Doch die isolierte Autonomie des Subjekts ist noch keine hinreichende Bedingung für gelingende Weltaneignung: „Die Aufhebung von Entfremdung bedarf sozialer Rollenangebote und Institutionen, die Identifikation und Aneignung ermöglichen."[64] Dies übersieht eine liberalistische Gesellschaftsphilosophie, die dem Individuum die Autonomie als Pflicht auf die Schultern legt und die Welt als Arbeitsmaterial vor die Füße wirft – samt dem Terminplaner mit seinen leeren Seiten. Autonomie als Gesetz ohne Kontext verleugnet die Kontexte, die Bedingungen, die Determinanten, in denen wir existieren. Umgekehrt: „Das Problem der Entfremdung führt … zur Frage nach der Qualität unseres Verhältnisses zu Praktiken und Institutionen und zur Formulierung von Anforderungen an diese – als den überindividuellen Bedingungen, die Selbstbestimmung und Selbstverwirklichung erst ermöglichen."[65]

Solche Überlegungen erscheinen weit weg vom Geist der Legenda aurea. Und doch können sie helfen, unter modernen Bedingungen deren Verstehen anzubahnen. Ihre Heiligengeschichten bieten Modelle des gelungenen, religiös: des erlösten Lebens. Erlösung ist von der biblischen Sprache her ein Freiheitsbegriff: Er bedeutet Lösung, Befreiung, Rettung aus Zwängen.

Darin sind sowohl Zwänge in uns – die von Paulus im 7. Kapitel des Römerbriefes so existenzialistisch beschriebene „Macht der Sünde", die uns verleitet, zu tun, was wir gar nicht wollen – gemeint, als auch Zwänge um uns, die uns übersteigen: Weltverhältnisse der Fremdbestimmung wie die der Großmächte, welche Israel unterwerfen, aber auch die Systemzwänge, welche religiös-mythologisch als Dämonen, als Herrschaft Satans über dieses irdische Zeitalter codiert werden. Die gesamte Heilsgeschichte, welche der LA als Strukturgeber für die Zeit dient, erzählt von Gottes Wegen, diese Zwänge zu durchbrechen. Sie erzählt also eine Geschichte der Intervention Gottes gegen unsere Entfremdung. Die Heiligenleben erzählen darin eingebettet von konkreten, und unter einander sehr unterschiedlichen Möglichkeiten, diese durch die Heilsgeschichte eröffnete Freiheit auch wahrzunehmen.

Mit dem Erlösungsbegriff haben wir eine biblisch-christliche Kategorie eingeführt, die dem Analogismus als solchem nicht eigen ist. Dies ist für die Interpretation des Analogismus der LA unabdingbar, denn dieser ist ein spezifisch christlicher Analogismus – und das kompliziert die Situation. Die Wirklichkeit des Analogismus ist ein Labyrinth, aber das Labyrinth ist geprägt von einer höheren komplexen Ordnung. Wenn nun jedoch ein wirklich transzendenter Gott gedacht und geglaubt wird, so lässt sich dieser letztlich nicht mehr in dieses System vollständig einordnen. Er ist auch ihm gegenüber jenseits. Dadurch wird die statische Dialektik aufgesprengt in schärfere Gegensätze; es werden aber auch neue Spielräume, neue Freiheiten möglich. Descola spricht denn auch vom „Wunder des Monotheismus", weil in ihm Gott der analogistischen Einordnung entzogen, „von jedem Ort und jeder segmentären Zugehörigkeit losgelöst ist".[66] Der biblische Glaube legt über die analogen Strukturen sozusagen einen offenen Himmel, eine transzendente Bestimmung und Berufung, welche die geschlossenen Verschachtelungen aufbricht und übersteigt.

Dieses prekäre Verhältnis von Analogismus und biblischem Glauben spiegelt sich in dem schon reflektierten Verhältnis von linearer Heilsgeschichte und zyklischer Zeitordnung. Der Philosoph Hans Blumenberg hat hierin eine Spannung ausgemacht zwischen dem Weltbild, innerhalb dessen das Christentum sich ausdrückt, und seiner eigenen Intuition. Blumenberg behandelt dieses Weltbild nicht unter dem Stichwort der Analogie, sondern unter dem der Mythologie. „Die mythische Denkform arbeitet auf Sinnfälligkeit der Zeitgliederung hin … Ihr sind außer Anfang und Ende noch Gleichzeitigkeit und Präfiguration, Nachvollzug und Wiederkehr des

Gleichen frei verfügbar."[67] Diese mythische Zeit ist ein Gehäuse; die zyklische Zeit kennzeichnet gerade, dass sich im Grunde nichts ändert. Damit liegt das, was Blumenberg die „dogmatische Denkform"[68] des Christentums nennt, jedoch überkreuz: Die Heilsgeschichte ist in einem geradezu emphatischen Sinne die Geschichte dessen, was Gott neu und anders macht; wie es im Prophetenbuch Jesaja programmatisch heißt: „Denkt nicht mehr an das, was früher war; auf das, was vergangen ist, sollt ihr nicht achten. Sehr her, nun mache ich etwas Neues. Schon kommt es zum Vorschein. Seht ihr es nicht?" (Jes 43,18 f.) Diese Spannung zwischen zyklisch-mythischem und linear-heilsgeschichtlichem Denken auszuhalten, hat das Christentum „mit dem Kunstgriff der Zeitgliederung geleistet: der Festlegung eines absoluten Zeitpols und Bezugspunkts der Chronologie".[69] Wir haben anhand der LA gesehen, wie dieses Verfahren noch weit komplexer ist als die Einführung der Zeitrechnung „ab Christi Geburt" als absoluter Neuheit innerhalb des mythischen Zyklus. Mit der komplexen Verschränkung von Heilsgeschichte, Jahreskreis und Lebenszeit versucht die LA den Ausgleich zwischen Mythos und Geschichte, versucht sie, in Descolas Terminologie, monotheistische Transzendenz und analogisches Denken zu vereinen.

Descola sieht gerade den mittelalterlichen Katholizismus mit seinem holistischen System aus Sakramenten und Hierarchien, Heiligen und Engeln als einen grandiosen Versuch, die monotheistische Revolution wieder in einen Analogismus einzufangen und ruhig zu stellen. So habe nach dem biblischen Ausbruch aus dem Schema „der Katholizismus … die dem Analogismus eigentümliche funktionale Verteilung wiederhergestellt".[70] Dafür sorgt die ausbalancierte Aufgabenstellung zwischen monarchisch geordneter Kirche und monarchischem Staat, die geheiligte Ständewelt von Bauern, Bürgern, Mönchen, Priestern, Rittern, metaphysisch fortgesetzt nach oben zu den Heeren der Heiligen und der Engel, miteinander verzahnt durch Verhaltensweisen und Riten. Auch Blumenberg sieht im Katholizismus eine solche Versöhnung von Mythischem und Dogmatischem, denn die Kirche bietet ein sich stets wiederholendes Präsens des Heils; das einmalige und Neue der Heilsgeschichte wird aufgefangen als „Allvergegenwärtigung der Heilsereignisse durch den sakramentalen Kult."[71]

Dieses katholische Modell des christlichen Analogismus spiegelt die LA geradezu in Reinform. Das prophetische Pathos, des Alten nicht mehr zu gedenken, ist ihrem Katholizismus geradezu entgegengesetzt. In einer Welt, in der man faktisch ständig dem Zufall, der Willkür, dem Un-Fall ausgesetzt ist, bietet dieser einen Interpretationsrahmen, Halt und Orientierung –

aber er engt auch ein, und er reagiert brutal gegen alle, die sich ketzerisch dieser Ordnung verweigern oder sie infrage stellen. Wir haben dies in der LA als deren Ideologie schon analysiert. Zugleich haben wir jedoch gesehen, wie die Heiligengeschichten diese Ideologie selbst immer wieder infrage stellen, gegenläufig zu ihr, sie unterbrechend und faktisch kritisierend, erzählen. So vermittelt die LA den biblischen Erlösungsglauben in einer analogistischen Kanalisierung, aber in diesen Kanälen fließt, was sie jederzeit zu sprengen droht.

Diese innere Spannung ist keineswegs nur im Katholizismus ausgeprägt worden. Auch im Judentum, bei den „Erfindern" monotheistischer Transzendenz und linearer Heilsgeschichte, bezieht der Festzyklus die Gestaltung der Gegenwart immer wieder auf die Wieder-Holung der Vergangenheit. Dies scheint das Modell, in dem die biblische Religion mit ihrer stets unerfüllten, unstillbaren Hoffnung auf den rettenden Gott sich in der analogistischen Welt zu stabilisieren vermochte. „In diesen Traditionen ist die Erfahrung der Zeit durch den Rhythmus des christlichen Kirchenjahres oder den jüdischen Festkalender strukturiert, die auf eine Wiederholung und Reflexion der Vergangenheit fokussieren. Sowohl die jüdischen als auch die christlichen Zyklen stellen eine komplexe Struktur dar, die, im Zusammenspiel mit anderen Zyklen von Zeit, eine Zeitfolge konstituieren, die sich auf den natürlichen, kosmisch-vegetativen Wandel und seine kultisch-religiöse Interpretation bezieht. Zudem sind die Feste mit Ereignissen der Heilsgeschichte Israels oder mit der Geschichte Jesu Christi und der Kirche verbunden."[72] Andrea Bielers Analyse hebt an dieser Stelle auf den Gegensatz dieser Zeitstruktur zum modernen „Geist der ewigen Revision"[73] ab, dem Projekt des offenen, die Vergangenheit nicht aufhebenden, sondern einfach überholenden Fortschritts. Ihre Analyse des soteriologischen und eschatologischen Sinns jüdischen und christlichen Gedenkens und Feierns arbeitet jedoch gerade heraus, dass diese zyklische Vergegenwärtigung der Vergangenheit stets um der Zukunft willen geschieht, aber eben einer im Gegensatz zum Fort-Schritt – einem rein negativen Terminus! – Zukunft als Er-Füllung uralter Hoffnung. Das Gebet des Gedenkens gilt dem Unausgedachten – dem, was sich in alle Zeit niemals aus-denken lässt, bevor es nicht geschieht.

Heiligengeschichten sind keine realistischen Geschichten. Das Wunder als ihr liebster Inhalt erzählt stets von der Unterbrechung des Normalen durch das Außergewöhnliche, von der Wirklichkeit des scheinbar Unmöglichen. Heilige sind Utopien in Personen. Aber auch die analoge räumliche und zeitliche Struktur, innerhalb derer die LA die Heiligengeschichten präsentiert, beschreibt ja nicht die Welt, wie sie ist. Indem die Jahreszeiten, sogar die Tageszeiten, die Wochenrhythmen transparent werden als Symbole der Heilsgeschichte, wird das analogistische Gehäuse von Raum und Zeit zugleich zu einer erhofften, vielleicht auch erträumten, einer geheilten, einer erlösten Welt. Indem sie lauter alte Geschichten erzählt, lässt die LA doch das unableitbar, überraschend, geradezu unmögliche Neue der Erlösung jederzeit möglich, ja sogar wirklich erscheinen. Die Möglichkeit des Heiligen in den Rezipienten der LA bedeutet die leeren Seiten im Terminkalender des Kirchenjahres.

GESTALTEN

Die hl. Martha und der Drache
(Manuskript der Legenda aurea in der Bibliothèque nationale de France, fonds français 242, fol. 154)

Im Zentrum insbesondere des Rezipientenerlebens der Legenda stehen nicht Ideologien und Strukturen, sondern konkrete Gestalten, insbesondere die Heldinnen und Helden, denen die Erzählungen sich widmen, dann aber auch Nebenfiguren, also Gefährten, aber auch Feinde der Heiligen, vielfach Nichtchristen, darüber hinaus auch nichtmenschliche Gestalten – Engel natürlich, die ja auch zu den Heiligen gerechnet werden, aber auch Dämonen, Drachen und andere (in moderner Perspektive) Fabelwesen, und Tiere.

Mein Versuch, das Erlösungsverstehen der Legenda insbesondere „unterhalb“ ihrer redaktionellen Ideologie aufzusuchen, interessiert sich besonders für jene Gestalten, welche nicht der klerikal-männlichen, nicht der christlich-theologischen und schließlich sogar nicht der abendländisch-anthropozentrischen Perspektive entsprechen, welche die Legenda als ganze zweifellos dominiert – und eben doch wirklich zu dominieren nicht in der Lage ist. Von Frauen, Fremden und Tieren wird deshalb in diesem Kapitel zu handeln sein.

Starke Frauen

Herrschaft der Männer

Der Titel mag leicht paternalistisch wirken: Männer gestehen bewundernd und gleichzeitig vom Normallfall distanzierend das Auftreten „starker Frauen" zu, um sich so die Definitionsmacht sowohl über Weiblichkeit als auch über Stärke zu bewahren. Selbst so missverstanden würde der Titel auf der Ebene der Ideologie sogar passen, eignet der Legenda doch überwiegend eben dieser männliche Blick.

Mehr noch: Die Schreibweise der Legenda folgt zweifellos immer wieder frauenfeindlichen Mustern. Angesichts des Festes der „Reinigung der heiligen Jungfrau Maria" begründet Voragine die biblische Vorschrift (Levitikus 12,5), nach welcher die Geburt eines Mädchens die Mutter doppelt so lange verunreinigt wie die eines Sohnes, nicht biblisch, sondern scholastisch-aristotelisch damit, dass der männlicher Fötus schon nach 40, ein weiblicher aber erst nach 80 Tagen beseelt werde, und theologisch damit, dass „Christus das Fleisch in männlichem Geschlecht annehmen wollte, um dieses Geschlecht zu ehren und ihm größere Gunst zu erweisen", sowie damit, dass „die Frau mehr gesündigt hat als der Mann", eine Anspielung auf die zeitgenössische Auslegung von Genesis 3 (37/519). Frauen werden also sowohl „biologisch" als auch theologisch und moralisch Männern gegenüber herabgesetzt.

Und doch emanzipieren sich die erzählten weiblichen Gestalten mitunter von diesem Blick, werden stark, indem sie die Handlung dem männlichen Blick entwinden, auch dem auf „starke Frauen". Dabei kann dann die männliche Ideologie sogar ironisch inszeniert und so kritisiert werden: Als Domitilla, Nichte des Kaisers Domitian, zur Verlobung eingekleidet wird, wollen sie bezeichnenderweise die beiden christlichen Kammer-Eunuchen Nereus und Achilleus von der Heirat abbringen. Natürlich empfehlen sie ihr den Stand der Jungfräulichkeit aus asketisch-spirituellen Motiven, doch ihre Empfehlung schöpft vor allem aus einem Schreckensgemälde der patriarchalen Ehe, in welcher „die Frau sich dem Mann unterwerfen müsse, mit Fäusten und Fußtritten behandelt werde ..., die groben Beschimpfungen eines Gatten auszustehen habe" (75/1035). Domitilla erinnert sich denn auch, dass ihre Mutter vom Vater Eifersucht und Beschimpfungen zu ertragen hatte, und die beiden Obersklaven bestätigen sogleich, dass „die Männer, solange sie verlobt sind, gütig zu sein scheinen, aber wenn sie einmal verheiratet sind, grausam herrschen und gelegentlich die Mägde der eigenen Frau vorziehen" (75/1037). Nach diesen starken Worten lässt sich Domitilla sogleich bekehren und gelobt Jungfräulichkeit.

In dieser kleinen Szene wird wohl ein Geheimnis mancher Bekehrung und insbesondere mancher asketischer Berufung ausgeplaudert: Domitilla kommt nicht durch eine Glaubenspredigt zum Christentum und nicht durch eine Berufung zu asketischem Verzicht zum Jungfrauenstand, sondern um sich dem Patriarchat zu entziehen. Und es sind in doppeltem Sinn als Männer nicht voll zu nehmende Freunde – „entmannte" Sklaven –, welche ihr diese „Bekehrung" nahebringen. Auf der erzählten Ebene, nämlich für eine römische Adlige, eine Angehörige des Kaiserhauses, mag diese Entscheidung eher unglaubwürdig wirken. (Sie hätte als hoch privilegierte Frau andere Möglichkeiten der Emanzipation.) In der Erzählzeit der LA war sie für viele mittelalterliche Hörerinnen der Legenda mit Blick auf die Motive, etwa in ein Frauenkloster einzutreten, jedoch sehr nachvollziehbar: eine religiös sanktionierte Verweigerung als Strategie von Emanzipation.

Wer sich christlich-asketisch als Frau berufen fühlt, jedoch nicht den (häufig allerdings auch relativen) Schutzraum einer Frauengemeinschaft aufsuchen kann, nimmt dagegen einen dramatischeren Weg auf sich. Nirgends wird dies deutlicher als in der Geschichte Elisabeths von Thüringen. Ihre Legende ist auch deshalb für die Auslegung der LA von besonderer Bedeutung, weil sie die jüngste, der Veröffentlichung nächste, also „modernste" Frauengestalt ist.[1] Die schon von der franziskanischen Bewegung geprägte Heilige bildet damit historisch die weibliche Parallelfigur ausgerechnet zu Petrus Martyr, dem dominikanischen zeitgeschichtlichen Schlussstein der Legenda-Redaktion.[2]

Dessen Parallelgestalt in dieser Legende ist Elisabeths Spiritual Konrad von Marburg. Im Hauptberuf ist er Priester, Kreuzzugsprediger und Inquisitor für Deutschland. Im gleichen Amt wie Petrus Martyr ereilt ihn, verhasst wohl für seine Brutalität, dessen Schicksal: 1233 wird er ermordet. Zuvor hat er noch die Heiligsprechung seines „Schützlings" Elisabeth beantragt, die er zu ihren Lebzeiten als ihr Beichtvater geradezu sadistisch seelisch und körperlich gequält hatte – mit immer neuen Gelübden, Bußauflagen, aber auch Prügeln.[3] Elisabeth, erst durchaus glücklich verheiratet, dann verwitwet, unterwirft sich diesen Qualen offenbar widerspruchslos, weil sie Demütigung als einen Weg zur Demut auffasst – im Streben nach dem „weißen Martyrium", der Lebenshingabe für Christus, den sie wie Franziskus vor allem in den Armen und Kranken findet, für den sie aber auch spirituell sterben möchte.

Die Legenda kritisiert die Praxis Konrads nicht, nennt ihn sogar einen „heiligen Mann" (168/2189). Und doch erzählt sie seine Maßnahmen in einer Drastik, die ihn gewissermaßen „vorführt", die nicht nur uns, sondern gerade auch zeitgenössische Hörerinnen der Legenda abstoßend berührt haben dürfte. Einmal, wird berichtet, lässt Konrad Elisabeth „bis aufs Hemd entkleiden und zusammen mit ihren Dienerinnen … kräftig geißeln", und als Motiv wird sein egozentrischer Ärger angegeben, dass Elisabeth wegen des Besuchs der Marktgräfin von Meißen nicht zu seiner Predigt erschienen war (168/2179) – also jene der Domitilla angedrohte männliche Eifersucht. Von heftigen Prügeln – „dass noch drei Wochen später die Striemen sichtbar waren" (168/2191) – ist nochmals die Rede, und auch, durchaus wertend, davon, dass er „ihr oft beschwerliche und widerwärtige Auflagen" machte, mit dem bewussten Ziel: „um ihren Willen zu brechen" (168/2190 f.). Nun ist dieses Ziel für die spirituelle Pädagogik des Erzählers durchaus nicht in sich schrecklich, dient doch die Askese dazu, den eigenen Willen gegenüber dem Gottes zu negieren. Doch Gott ist in der Erzählung merkwürdig abwesend, nicht ihm, sondern dem sich breit zwischen sie drängenden Konrad erscheint Elisabeth unterworfen. Während man die Freude der Legenda an der drastischen Schilderung von Brutalität sonst in den Schilderungen von Martyrien findet, erleidet Elisabeth hagiografisch-motivisch gesehen das ersatzweise, lebenslange Martyrium der Selbstverleugnung. Demnach wird Konrad indirekt parallelisiert mit den heidnischen Verfolgern, welche den Märtyrern ihre Qualen auferlegen. Nur kann Elisabeth im Unterschied (wie wir sehen werden) zu den tatsächlichen Märtyrerinnen, gegen den sie quälenden Mann nicht opponieren, da er doch ein Christ ist und sie gegen seine Anmaßung, ihr Stellvertreter Gottes zu sein, offenbar nicht aufbegehrt.

So dürfte es jedoch kein Zufall sein, dass sich gerade in den Erzählungen der posthumen Erhörungswunder durch Elisabeth mehrfach jene subversiven Geschichten finden, die ich schon im ersten Kapitel als „Wunder des Widerstands" bemerkt habe[4]: Der erst eingekerkerte, dann gehängte, und schließlich doch noch gerettete Hermann ruft mit Elisabeth ausgerechnet ihren Magister Konrad an – und beide erscheinen ihm! Das Mädchen Beatrix ist mit Buckel, Kropf und krummem Wuchs geschlagen und reist samt Mutter zum Grab Elisabeths. Weil sich aber kein Wunder einstellt, schimpft die Mutter mit Elisabeth und droht ihr an, zu Hause gegen solche Wallfahrten Stimmung zu machen (168/2210 f.). Die Drohung hat Erfolg, noch auf dem Rückweg wird Beatrix geheilt. Diese und viele andere Bittsteller bei der Heiligen sind also keineswegs bereit, ihr widriges Schicksal demütig anzunehmen, und sie empfinden einen gewissen Anspruch darauf, dass Elisabeth für sie, die Armen und Leidenden, hilfreich da sei. Als Modell-Rezipienten der Legenda sehen sie Elisabeths freiwillige Leiden als Solidarität mit ihren unfreiwilligen Leiden an und fordern die Früchte dieser Solidarität auch ein. Erlösung steht ihnen zu – einfach deshalb, weil sie leiden und sich dies nicht einmal wählen konnten.

Märtyrerinnen

Als stark gilt für die Legenda vor allem, wer für Christus zu leiden und zu sterben bereit ist. Die meisten Heiligen der Sammlung sind Märtyrer, dies gilt auch für die weiblichen. Damit ist schon unabhängig vom Geschlecht eine kritische Lesart von Stärke impliziert, sind es doch lauter Opfer von Gewalt, lauter Sterbende, welche hier gefeiert werden. Dies führt jedoch keineswegs durchgehend zu einem Kult des Leidens und Sterbens als solchem, zu einer Überhöhung von Passivität. Die Erzählstrategie der Martyrien besteht vielmehr darin, die Opfer stets als die eigentlich aktiven, souveränen Gestalten in der Arena zu erweisen. Dies wird besonders heikel, wenn diese Opfer Frauen sind, denen gesellschaftlich solche Souveränität eigentlich gar nicht zusteht.

Dieser Zusammenhang wird dadurch noch deutlicher, dass alle Märtyrerinnen zunächst einmal durch das männliche Verlangen nach Sex bedroht werden. Dies ist durchgehend der erste, eigentliche Anlass ihres Martyriums. Bevor sie als Christinnen für ihren Glauben verfolgt werden, sind sie also Opfer von Sexismus.[5] Petronella (legendäre Tochter des Apostels Petrus) wird von dem Adligen oder Beamten Flaccus „wegen ihrer Schönheit" als Frau begehrt, aber sie stirbt lieber (ohne Gewalt, in einer Art mystischen Selbsttötung), als seinem Werben nachzugeben. Flaccus hält sich ersatzweise an Petronellas Freundin Felicula, die für ihre Weigerung zu Tode gefoltert und in eine Kloake geworfen wird (78/1050–1053). Agatha, „ein wunderschönes Mädchen", wird von Siziliens Statthalter Quintanius („gemein, geil [libidinosus], geldgierig") beansprucht, „weil er geil war, ihre Schönheit zu genießen". Weil sie sich weigert, wird sie zunächst der sprichwörtlichen „Dirne namens Aphrodisio" zur Verwendung im Bordell übergeben, später werden ihr bei der Folterung die Brüste abgeschnitten (9/548 f. und 552 f.). Die heilige Lucia bekehrt sich aufgrund des Vorbilds von Agatha an deren Grab – und weil sie daraufhin ihren Besitz den Armen verschenkt, klagt ihr Bräutigam sie an. Vor Gericht wird sie wegen der Veruntreuung als „Hure" beschimpft und ebenfalls zunächst ins Bordell verfrachtet (4/146–151). Anastasia, Tochter aus vornehmem Haus, entzieht sich durch vorgetäuschte Krankheit den „ehelichen Pflichten" gegenüber ihrem Ehemann Publius. Deshalb und um an ihren Besitz zu kommen, versucht er sie umzubringen, stirbt aber selbst. Anastasias „wunderschöne Mägde" mit den wiederum sprechenden Namen Agape (Liebe), Chionia und Irene (Friede) werden fast vom Präfekten Dulcitius vergewaltigt, der aber glücklicherweise verrückt wird und statt ihrer „Kochtöpfe, Pfannen und Kessel" als Objekt seiner Libido nimmt. Trotzdem versucht er noch vergeblich, sie zu zwingen, sich nackt auszuziehen; und später wird ein anderer Präfekt blind, als er sie in seinem Schlafzimmer zu vergewaltigen sucht (7/200–203).[6] Diese Geschichte stellt ihre schwankhaften Züge, bei denen es um lüsterne, aber zum Gelächter des Publikums immer wieder geprellte Männer geht, so in den Vordergrund, dass das Martyrium am Ende fast nebensächlich wird.

Die Motive wiederholen sich immer wieder: In die heilige Agnes verliebt sich diesmal der Sohn des Präfekten. Auch sie wird wegen ihrer Verweigerung ins Bordell gebracht, auch hier wird der erfolglose Bräutigam, als er sie vergewaltigen will, göttlich gestraft, nämlich „vom Teufel erwürgt" (24/394–399). Bei Juliana heißt der vergeblich begehrende Präfekt von Nikomedien Eulogius (43/572 f.), bei der heiligen Margareta heißt der Präfekt Olybrius; auch er „entbrannte auf den ersten Blick in Liebe zu dem hübschen Mädchen", auch bei ihr führt die Verweigerung zum Martyrium (93/1216–1223). Die heilige Euphemia dagegen gerät tatsächlich zunächst in die diokletianische Christenverfolgung, doch dann will der Richter sie erst vergewaltigen und dann – wundersam daran gehindert – als Geliebte gewinnen. Als das nicht gelingt, befielt er – in Parallele zu den sonstigen Bordellszenen – „alle lüsternen jungen Männer auf sie loszulassen". Doch auch davon bleibt sie verschont. Vom krönenden Martyrium natürlich nicht (139/1818–1823).

Ungewöhnlich variiert findet sich das Grundmotiv bei der Jungfrau Justina, welcher der Zauberer Cyprianus zunächst in der üblichen Absicht nachstellt, um am Ende aber von ihr bekehrt zu werden und mit ihr zusammen das Martyrium zu erleiden (142/1854–1863). Und schließlich ist auch die Heilige Ursula samt ihren 11 000 Jungfrauen lang nach der klassischen Zeit der Martyrien eine späte Variation der Grundhandlung, nach welcher fromme Frauen sich der besitzergreifenden Macht von Männern entziehen und dafür in den Tod gehen. Schließlich dient die gesamte Reise der britischen Königstochter Ursula samt Gefolge einer arrangierten Eheschließung, die sie zu umgehen trachtet. Dass sie in den Wirren der Völkerwanderungszeit schließlich den Hunnen zum Opfer fallen, sprengt die Form der üblichen Märtyrerinnen-Akte. Aber selbst hier staunt der Hunnenfürst, nachdem die übrigen Jungfrauen schon niedergemetzelt sind, „über ihre wunderbare Schönheit" und will sie heiraten. „Doch da sie das völlig verschmähte und er sich verachtet sah, richtete er einen Pfeil auf sie und erschoss sie, und so vollendete sie ihr Martyrium." (158/2047) Auch in diesem späten Reflex auf die Geschichten der Märtyrerinnen ist es also sehr fraglich, ob die Heilige nun für oder wegen ihres Glaubens stirbt oder nicht vielmehr wegen ihres Widerstands gegen sexistische Gewalt.

Ausnahmslos alle Märtyrerinnen der Legenda werden also ausdrücklich als Frauen verfolgt. Ihre Martyrien lassen sich von der Tatseite her als Femizide bezeichnen. Erst im Laufe ihrer Prozesse vor den heidnischen Richtern wird daraus dann die Bezeugung ihres christlichen Glaubens. Aber auch dann noch steht hier stets eine Frau einem Mann gegenüber, welcher Macht über sie hat, Macht über Leben und Tod. Auch abgesehen davon, dass diese Auseinandersetzung häufig, wie gezeigt, deutlich sexistische Züge trägt, werden die weiblichen Glaubensprozesse als Geschlechterkämpfe inszeniert. Ist es schon erstaunlich, wie betont und bewusst die Stoffe der Legenda weibliche Martyrien zum Anlass nehmen, Frauen in der Situation sexistischer Verfolgung durch das Patriarchat bzw. – gerade im Blick auf die vorausgesetzten römischen staatlichen Verhältnisse – Kyriarchat[7] zu portraitieren, so ist es noch bemerkenswerter, welche Handlungsmodelle für Frauen in diesen Prozessschilderungen gezeigt werden.

Zunächst einmal ist allein dies bemerkenswert, dass die Märtyrerinnen durch ihre Prozesse zu Frauen werden, welche in der Öffentlichkeit sprechen. Das Motiv, dass die Verfolgten vor den Verfolgern vollmächtig ein Glaubenszeugnis ablegen und dabei von den Heiden nicht zum Schweigen gebracht werden können, ist den Märtyrerakten gemeinsam, ob nun auf

Männer oder auf Frauen bezogen. In den Schilderungen der Märtyrerinnen läuft jedoch deutlich bemerkbar stets der Subtext mit, dass hier eine Frau vor einem mächtigen Mann souverän das Wort behält. Die heilige Christina wird sogar von ihrem eigenen heidnischen Vater gefoltert und schleudert also im wörtlichen Sinn dem Patriarchen ihr „Dummkopf, unseliger" entgegen (98/1269). Der Vater stirbt noch in der Nacht darauf. Andere übernehmen die in dieser Legende wieder einmal besonders „genussvoll" ausgemalten Quälereien, doch diese verfangen bei der Heiligen nicht. Als man ihr die Brüste abschneidet (ein Standard der sexistischen Folterungen in der Legenda[8]), blutet sie nicht, sondern den Brüsten entfließt Milch. Und als man sie zum Schweigen bringen möchte, indem man ihr die Zunge abschneidet, „verlor sie aber die Sprache keineswegs, nahm den abgeschnittenen Teil der Zunge, warf sie Julianus ins Gesicht und traf ihn gerade so ins Auge, so dass es erblindete" (98/1271). „The inability of the pagans to prevent the saints from speaking"[9] ist ebenso wie ihre wundersame Unantastbarkeit durch die Folterungen deutlich geschlechtsspezifisch konnotiert. Es sind die Brüste einer Frau, die noch abgetrennt ihre gute Funktion behalten, es ist die Zunge einer Frau, welche den Mann mit Blindheit schlägt.

Gerade in den Dialogen der Verfolgten mit ihren Verfolgern spielt die Legenda mitunter gezielt mit Missverständnissen zwischen den Geschlechtern. Als Agnes vor den Präfekten tritt, der, wie gesehen, zugleich der Vater ihres verschmähten Liebhabers und ihr Richter ist, beginnt sie eine Rede, in der sie ihren Bräutigam schildert: „Er ist edler als du an Herkunft und Ansehen, seine Mutter ist Jungfrau, sein Vater kennt keine Frau, die Engel dienen ihm, seine Schönheit bewundern Sonne und Mond, seine Schätze versiegen nie, sein Reichtum nimmt nie ab …"[10] Den Leserinnen ist natürlich klar, dass Agnes hier von Christus spricht, dass sie sich also in die Sprache weiblicher Brautmystik begibt. Theologisch gesehen zeigt diese Mystik zugleich einen eschatologischen Fluchttunnel aus der Verfolgung auf (welchen die verfolgten Christinnen, wenn auch ganz anders als in der phantastischen Legenden-Schilderung, sicher auch historisch gefunden haben, um standhaft zu bleiben bis in den Tod): Sie nimmt in ihrer Vision die himmlische Zukunft ihres Lebens mit dem Erlöser vorweg, welche ihr niemand nehmen kann. „The virgin martyrs … symbolically recompose present vulnerability into future spiritual gain. Immersed in a temporal flow, they move beyond themselves into the future".[11] Für ihre Hörer, die nur die irdische Gegenwart kennen, treibt Agnes diese Vision jedoch bewusst auf die erotische Spitze: „Schon bin ich von seinen keuschen Umarmungen umfangen, schon ist mein Leib mit seinem Leib vereint, er zeigt mir seine unvergleichlichen Schätze, die er mir versprochen hat.“ (24/395) Den ahnungslosen Sohn des Präfekten reizt sie mit dieser Schilderung eines überlegenen Liebhabers zur Eifersucht. Mit Erfolg: Am Ende dieses Prozesstages „warf er sich wie von Sinnen auf sein Bett; die tiefen Seufzer zeigen den Ärzten, dass er vor Liebe krank ist.“ (Ebd.)

Mitten im Martyrium wird hier Komödie gespielt. Es ist eine Komödie aus der Perspektive von Frauen, die über Männer lachen und sich so ihre Souveränität zurückholen. “Her sexually euphemistic words of devotion to Christ have the power to drive the aggressor insane with love.”[12] Agnes Agency[13] ist „linguistic violence“[14] aus einer strukturell unterlegenen Position. Der Präfekt lässt Agnes nun nackt in ein Bordell sperren, um die männliche Macht über sie wiederherzustellen. Doch dort steht ihr ein Engel bei und die Freier werden ob der Situation allesamt fromm: „So wurde das Bordell eine Stätte des Gebets.“ (24/397) Mit dem häufig auftauchenden Motiv des Bordells wird die sexuelle Gewalt über Frauen in den Legenden auch ökonomisch kontextualisiert: Es geht um sexuelle Ausbeutung. Das männliche Motiv, an das Vermögen reicher Frauen zu gelangen, spielt mehrfach eine Rolle. Emma Gatland macht deshalb darauf aufmerksam, dass Agnes’ aufreizende Reden die metaphorische Erotik ihres Bräutigams Christus verbinden mit dessen Reichtum, mit dem Geschenk eines Ringes, mit Schätzen. Sie hebelt neben der sexualisierten Gewalt auch die ökonomische Überlegenheit ihrer Verfolger rhetorisch aus. “Agnes replies to the pagans’ advances using vocabulary associated with cupiditas and money”. Sie lässt sich damit auf das von den Gegnern eröffnete Spiel ein und schlägt sie mit ihren eigenen Waffen. “Agnes exposes and then employs the very rules that cement the pagan males’ regulative system – of carnality and desire and of (economic) exchange.”[15]

Ob diese Regeln nur die einer zur Zeit der Legenda versunkenen heidnischen Welt spiegeln sollen, darf jedoch bezweifelt werden. Denn das Spiel wird noch weitergetrieben: Der liebeskranke Präfektensohn wird beim Versuch, Agnes im Bordell zu vergewaltigen, (wie schon erwähnt) vom Teufel erwürgt. Agnes wird daraufhin als Hexe und Zauberin angeklagt, „die den Sinn der Menschen verwandelt und ihren Geist in den Wahnsinn treibt“ (24/399). Dies sind in einem christlich-mittelalterlichen Erzählkontext gewichtige Worte. Denn diese Vorwürfe kennen zeitgenössische Frauen als Gefahr nicht von heidnischen Präfekten, sondern von christlichen Verfolgern. Wenn Agnes kurz darauf endlich den Märtyrerinnentod stirbt, erleidet sie ihn also zugleich für ihren Glauben an Christus (was sozusagen die „offizielle Ebene“ der Legende ausmacht), wegen der sexuellen Nachstellungen und schließlich wegen einer Anklage, welche Frauen in der christlichen Welt ebenso zum Verhängnis werden konnte.

Insgesamt bieten die Märtyrerinnen-Legenden unter der Oberfläche des klerikal und patriarchal geprägten Textes der LA also Erzählmaterial aus der Perspektive von Frauen, mit denen sich lesende oder hörende Frauen des Mittelalters identifizieren konnten, auch wenn sie nicht befürchten mussten, Glaubenszeuginnen vor heidnischen Gerichten zu werden. Gerade weil sie dies nicht befürchten mussten, funktionieren die frommen und wundervollen Geschichten auf dieser ihrer anderen, sublimeren und subversiven Ebene. Vorbilder werden die Heiligen für christliche Möglichkeiten, weibliche Handlungsoptionen zu erlangen und zu bewahren in einer männlich dominierten Welt. Die frommen Frauen, welche allesamt ihr Leben verlieren für Christus, besiegen mit ihm auf dem Weg dahin allesamt ihre männlichen Verfolger. Deshalb sind diese Legenden, voll von abstoßenden Gewaltphantasien, an einem wirklichen Leiden ihrer Heldinnen gar nicht interessiert. Sie erleiden paradoxerweise ihre Martyrien wundersam schmerzfrei. Neben dieser Schmerzfreiheit wiederholt sich immer wieder das Motiv, dass die folternden Männer ihre Opfer ganz buchstäblich nicht in den Griff bekommen, nicht körperlich manipulieren können – so wie etwa die heilige Lucia: Für sie lässt der Richter „tausend Männer kommen, um sie an Händen und Füßen zu binden, doch konnten sie sie kein bisschen bewegen“ (4/151). Hier ist es geradezu mit Händen zu greifen, dass die Wundersymbolik das Sich-Entziehen des weiblichen Körpers vom männlichen Zugriff meint.

Die Legenden der Märtyrerinnen dekonstruieren so auf sublime Weise ausgerechnet jene frauenfeindliche Konstruktion des weiblichen Geschlechts, welche die Legenda des Jacobus de Voragine auf ihrer Oberfläche prägt. Sie bestätigen die Analyse von Judith Butler, nach welcher die gesellschaftliche Konstruktion von Geschlechteridentitäten keineswegs einen banalen Determinismus bedeutet. „Das Subjekt wird von den Regeln, durch die es erzeugt wird, nicht *determiniert*“.[16] Zwar kann es diese Regeln nicht einfach außer Kraft setzen, es kann sich nicht jenseits seiner eigenen gesellschaftlichen Konstruktion stellen. Stets ist „eine Subversion der Identität nur *innerhalb* der Verfahren repetitiver Bezeichnungen möglich“[17] – aber tatsächlich liegt in der Wiederholung eine Subversion. So vollziehen die Märtyrerinnen einerseits immer wieder das Rollenmuster der Jungfräulichkeit, der sexuellen

Askese, der frommen Hingabe – aber sie vollziehen diese repetitive Bezeichnung der an sie gerichteten Erwartungen eben auf eine kreative, ermächtigende (theologisch sehr klar bezeichnet: von Gott her ermächtigte) Weise, welche den patriarchalen Zugriff auf sie abwehrt. So werden sie „starke Frauen" auch gegenüber dem ihnen von der Legenda selbst vor-geschriebenen Zuweisungen des schwächeren, Christus ferner stehenden, sündigeren Geschlechts. Die Erzählungen der Märtyrerinnen desavouieren die Theologie weiblicher Identität, welche die Legenda selbst betreibt. Gewiss ist auch diese Auslegung heikel, denn mit dem Herausarbeiten der subversiven Ebene im Text wird doch auch dessen Rahmenideologie gewissermaßen wiederholt, insofern die Auslegung eine Art Apologie des Wertvollen innerhalb der LA betreibt. Soweit sich meine Auslegungsmethode als eine Art Archäologie im Text verstehen lässt, handelt es sich hier um den Typus „Rettungsgrabung", welcher Stimmen archiviert aus einer Überlieferung heraus, welche dekonstruiert, ja destruiert gehört.

Judith Butler nennt als Mittel der Subversion von Geschlechterkonstruktionen vor allem die „Verfahren der Parodie".[18] Auch dies ließ sich in den Geschichten, in ihren komödiantischen Elementen verfolgen. Indem die Märtyrerinnen die ihnen aufgezwungenen Rollen der Ehefrau, der Geliebten, der Hure, denen sie faktisch nicht entkommen können, spielen, ohne sie sachlich wirklich auszufüllen, lassen sie die Männer als ohnmächtige Patriarchen, verschmähte Liebhaber, mit Verlaub: als geile Säcke bis in den Wahnsinn dastehen, geben sie wie in derben Schwänken der Lächerlichkeit preis. So aber wird entlarvt, was gesellschaftlich gespielt wird.

Butlers Ausführungen zu Subversion und Parodie beziehen sich allerdings nicht einfach auf die gesellschaftlichen Rollenzuweisungen an Frauen, sondern auf die Konstruktion starrer Zweigeschlechtlichkeit selbst. Und ausgerechnet dieser radikalere Aspekt der „gender trouble" findet sich in den Geschichten der Legenda in geradezu verstörender Deutlichkeit. Heilige Frauen entwinden sich nicht nur den Erwartungen an ihre weibliche Rolle, sie entziehen sich auch ihrer Definition als Frauen. Unter den Märtyrerinnen-Geschichten wird dies in der Geschichte der „Jungfrau aus Antiochia" (62/852–863) durchgespielt. Die keusche Jungfrau erlebt zunächst den typischen Gang der Dinge: „Je mehr sie die Blicke der Männer vermied, desto mehr entflammte sie die schamlosen Blicke. … So begann nun die Verfolgung." (62/853) Auch die besteht, der Typik gemäß, in der Alternative, „entweder zu opfern oder im Bordell sich preiszugeben". (Ebd.) Immer noch der Erzähltypik folgend, bleibt sie im Bordell wunderbar bewahrt, trotz großem

„Ansturm der Lüstlinge“ (62/855). Ein christlicher Soldat verschafft sich als scheinbarer Freier Zugang zu ihr, um sie zu retten – und zwar durch einen aus Literatur und Kino nur allzu bekannten Trick: durch Vertauschen der Kleidung. So kann die Jungfrau als Soldat verkleidet fliehen und die weiteren Freier stoßen zu ihrer Enttäuschung auf einen Kerl, eine wiederum schwankhaft gestaltete Szene, in der einer der Getäuschten sich so äußert: „Ein Mädchen kam herein, ein Mann scheint's zu sein. Aha, das sprichwörtliche ‚Hirschkuh statt Jungfrau‘ ist kein Märchen, doch hier haben wir eindeutig ‚Soldat aus Jungfrau‘. Ich hatte es ja gehört, aber nicht geglaubt, dass Christus Wasser in Wein verwandelt hat, nun aber beginnt er auch die Geschlechter zu verwandeln.“ (62/859)[19]

Was hier als Scherz geäußert wird, ist der Erzählung durchaus ernst. Angesichts des Kleidertausches heißt es zunächst kommentierend: „ein Soldat und eine Jungfrau, beide von Natur aus völlig verschieden, doch dank Gottes Erbarmen völlig gleich“. (62/859) Als staunender Ausruf zu dem Geschehen unter opfermütigen Christen in der Verfolgung kann dies auch als Kommentar zu dem berühmten Paulus-Wort Galater 3,28 gedeutet werden: „Da gilt nicht mehr: Jude oder Grieche, nicht mehr versklavt oder frei, männlich oder weiblich, denn alle seid ihr einer in Christus.“[20] Soldat und Jungfrau demonstrieren dies praktisch, indem sie die Grenzen der „Natur“ (wie sich die Legenda ausdrückt) – die in der paulinischen Zusammenstellung jedoch als Grenzen im Gesellschaftlichen deutlich werden! – im christlichen Handeln überschreiten. Und so beginnt der in ihnen wirkende Christus tatsächlich auch die Geschlechter zu verwandeln.

Fast nebensächlich – und deshalb in der Legenda unter lauter Reden und Deutungen auch nur noch kurz erwähnt – wird hier, nun ganz entgegen der Typik der Märtyrerlegenden, das Ende, der Märtyrertod, den Soldat und Jungfrau schließlich gemeinsam erleiden. Dabei diskutieren sie noch darüber, dass keiner der bzw. dem anderen diese Ehre nehmen solle. Wichtiger als das Martyrium selbst erscheint hier also ihr „eine/r sein in Christus.“

Travestie

Trotz dieser tiefen Deutung bleibt die Verwandlung der Geschlechter in dieser Märtyrergeschichte natürlich äußerlich, ein Tausch der Kleidung zum Zwecke der Täuschung. Es gibt jedoch ein weiteres Genre unter den Legenden von heiligen Frauen, in welchem das Spiel mit Geschlechteridentitäten wesentlich tiefer geht: die Gruppe der heiligen Travestien.[21] In diesen Geschichten ziehen Frauen nicht nur kurz, als Verkleidung, Männergewänder an, sondern sie führen über Jahre, meist für die gesamte Zeit ihrer Heiligkeit (d. h. ab ihrer Bekehrung, Berufung oder Umkehr) ein Leben als Männer. Meist wird dieser Geschlechtertausch erst nach ihrem Tod entdeckt. Das Motiv für diesen Schritt wird in den Legenden kaum erklärt oder religiös gedeutet. Die durchweg aus der Antike und dem Bereich der Ostkirche stammenden Geschichten[22] scheint schon der mittelalterliche westliche Kompilator Jacobus de Voragine in ihrer Fremdartigkeit übernommen und stehen gelassen zu haben. Man muss hier also noch mehr als sonst der Erzählpragmatik folgen, gilt es doch keine subversive Linie unterhalb der ausdrücklichen Ideologie zu entdecken, sondern überhaupt zu rekonstruieren, was hier warum geschieht.

Natürlich liegt es nahe, die weibliche Wahl einer dauerhaften Männerrolle in einer kyriarchalen Gesellschaft mit dem Motiv eines Zugewinns an Freiheit, an Möglichkeiten und gerade auch an religiöser Bedeutung zu begründen. Die Heiligen-Travestie hätte dann Ähnlichkeit zur bis heute in Albanien bestehenden Institution der „Schwurjungfrauen“ (Burrneshas), bei der sich unverheiratete Frauen für ein (dann zwangsläufig zölibatäres) Leben als Männer entscheiden.[23] Tatsächlich wählen die Frauen der Legenda auch nicht irgendwelche Männerrollen, sondern durchweg die von Mönchen – was allerdings zusätzlich verwirrt, weil gerade für das monastische Leben ja die Rolle der Klosterfrau zur Verfügung stand. Warum als Frau in ein Männerkloster eintreten?

Beginnen wir mit der Erkundung in einer Geschichte, die noch mit nun Bekanntem verknüpft ist, weil es sich um eine Märtyrerinnenlegende handelt. Die heilige Eugenia, eine wissenschaftlich ausgebildete vornehme Frau, Tochter des Präfekten von Alexandria, will sich – wir befinden uns wieder auf bekanntem Terrain – einer Verheiratung entziehen, wird Christin und tritt gemeinsam mit den Gefährten Protus und Hyazinthus in ein Kloster ein. (136/1771–1777)[24] Die Travestie ist hier also der Gefährtenschaft geschuldet: Man will zusammenbleiben, und so wissen die beiden Freunde (wie auch der kluge Abt) von dem Geschlechtertausch. Der Vorsteher des Klosters rechtfertigt Eugenias Handeln mit den Worten: „Mit Recht nennst du dich Mann, denn männlich handelst du, obschon du eine Frau bist.“ (136/1773) Nimmt man ihn beim Wort, dann wäre die Travestie heiliger Frauen also Ausdruck der patriarchalen Wertung der Geschlechter: Starke Frauen wählen das starke Geschlecht für sich. Heiligkeit ist primär mit

Männlichkeit konnotiert, deshalb kann Travestie eine Form weiblichen Strebens nach Heiligkeit sein.

Doch der Klostervorsteher behält in dieser Sache nicht das letzte Wort – schon deshalb, weil er bald stirbt und nun Eugenia „sein Nachfolger“[25] wird. Nun dreht sich das Motiv der sexuellen Nachstellung um: Eine reiche Frau Alexandriens, wo die Geschichte spielt, verliebt sich in Eugenius, will ihn/sie verführen und beschuldigt ihn/sie wegen ihres Misserfolgs nun der Vergewaltigung. Vor den heidnischen Präfekten – ihren Vater also! – geführt, soll Eugenius den wilden Tieren vorgeworfen werden, hat doch hier ein Christ die moralische Verkommenheit der neuen Religion entlarvt. Hier werden also wiederum Christenverfolgung und sexuelle Gewalt miteinander verbunden, nun aber unter verwirrenden Umständen. Erst um diese Verwirrung zu entwirren, um also ihr Christentum nicht in schlechtes Licht zu rücken, gibt sich Eugenia als Frau (und Tochter des Richters) zu erkennen – indem sie ihr Gewand zerreißt! Alles löst sich in Wohlgefallen auf (nur die böse Anklägerin Melanthia durch göttliches Feuer in Asche); Eugenia erleidet erst später in Rom dann doch das Martyrium.

So wie Eugenia zwischen den Geschlechtsidentitäten wechselt, bestätigt sie keineswegs das Wort ihres Amtsvorgängers im Kloster, nach dem es grundsätzlich besser ist, Mann als Frau zu sein. Vielmehr wechselt sie zwischen beiden Identitäten jeweils nach dem Moment, in dem eine der Geschlechtsidentitäten vorteilhafter erscheint, und zwar jeweils wörtlich im Sinne des Ansehens: als was gesehen zu werden, zu scheinen, in der jeweiligen Situation angemessener ist. “When recognised to be a man she has more authority then when she was recognised as a woman; then when recognised as female upon revelation of her naked female body her authority becomes greater than when she was recognised to be a male cleric”[26] – zumal einer unter Vergewaltigungsverdacht. Eugenia stimmt also faktisch, in ihrem Handeln, keineswegs dem patriarchalen Urteil zu, nach dem Frauen gut daran tun, „männlich“ zu handeln. Vielmehr verschafft sie sich Souveränität über die starre Zweigeschlechtlichkeit. Sie entlarvt zudem geschlechtsspezifische Klischees, indem sie als Frau den guten Mönch und Vorgesetzen verkörpern kann, aber auch, indem sie einmal eine Frau als Täterin in einem sexualisierten Konflikt dastehen lässt. Auf sehr ernsthafte Weise „parodiert“ Eugenia die Geschlechterrollen, welche sie einnimmt.

Nun sind die meisten Travestie-Heiligen der LA jedoch keineswegs solche von Anfang an souveräne Gestalten wie die wortgewandte Eugenia. Im Gegenteil: Sie sind ansonsten allesamt Büßerinnen. Dieser Stand (der nach altkirchlicher Bußordnung ja tatsächlich ein Lebensstand für Jahre sein konnte)[27] setzt voraus, dass man zuvor ein schwerer Sünder oder eine notorische Sünderin gewesen ist. So ist dies auch ein den Märtyrergeschichten gegenüber sehr verschiedenes Grundmotiv der Travestie-Legenden. Es wird aber in zwei gegensätzlichen Weisen variiert: Die Buße kann gerechtfertigt, die Büßerin kann jedoch auch eine eigentlich Unschuldige sein.

Die wohl berühmteste Büßerin dieser Legenden ist die legendäre Wüstenmutter Maria von Ägypten (56/772–779). Sie wird schon in der Legende als „legendär" inszeniert: In einer Rahmengeschichte sieht Abt Zosimas sie als schwarz gebrannte nackte Gestalt. Sie weiß alles über ihn, kann über dem Boden schweben und später auch über die Wasser des Jordan laufen. Am Ende wird er sie nach ihrem Wunsch und mit Hilfe eines Löwen begraben. Dazwischen erzählt sie ihm ihre Geschichte: 17 Jahre führte sie ein Lotterleben in Alexandria. Bei einer (durch Prostitution finanzierten) Reise nach Jerusalem bekehrt sie sich und geht in die Wüste, wo sie 47 Jahre lang völlig allein lebt, nur vom mitgebrachten Brot, während ihre Kleider allmählich zerfallen. Marias Legende erzählt also auf den ersten Blick keine Travestie, wohl aber eine Verwandlung. Dabei wird die für Heiligengeschichten gängige Verwandlung von der Sünderin zur Heiligen radikalisiert zu der einer Verwandlung von einer sehr körperlich lebenden Frau zu einer geradezu körper-transzendenten Erscheinung: Die ehemalige Hetäre verwandelt sich in ein Wesen, dass schwarz ist, nackt, schwebend oder über Wasser laufend, praktisch keiner Nahrung bedürftig, im Grund geschlechtslos. (17 Jahre habe sie gebraucht, um sexuelle Versuchungen zu überwinden. Es blieben ihr also genau 30 Jahre, ein Lebensalter, für eine Existenz jenseits der Triebe.) Maria von Ägypten ist eine Art außerirdisches Wesen geworden – genauso unwirklich wird sie auch in der Begegnung mit Zosimas eingeführt. Er weiß nicht recht, ob sie ein Mensch ist oder ein Geist.

Es mag sein, dass in dieser Überlieferung jener männliche religiöse Blick eine Rolle spielt, welcher den weiblichen Körper tendenziell als korrupt, sündig, unzuverlässig und gefährlich ansieht.[28] Jedoch scheint mir gewichtiger, dass Maria genau das verkörpert, wonach auch die zahlreichen Wüstenväter mit ihren männlichen Körpern strebten: die in der Einsiedelei in langen asketischen Jahren herausgebildete geradezu engelgleiche, den irdischen Bindungen enthobene Existenz. Als solche – und nicht als die tatsächlich ebenfalls sehr souverän auftretende Prostituierte ihrer frühen Zeit – strahlt sie tatsächlich „a dominant power" aus.[29] Die Legende der Wüstenmutter Maria hat so stark beeindruckt, dass sie maßgeblich die historisch zweifelhafte

Tradition über weibliche Wüstenheilige begründete.[30] Die Verwandlung einer Frau wird hier zur Symbolgeschichte für die in dieser Asketen-Szene maßgebliche Utopie erlösten Menschseins. Insofern mag Maria von Ägypten tatsächlich die Ausgeburt von Männerphantasien allerdings recht ungewöhnlicher Art sein.

Die Motive Buße und Verwandlung und der Verdacht auf Männerphantasien verbindet Maria von Ägypten mit den heiligen Travestien. Travestie im Sinne der Bekleidung von Frauen als Männer bzw. umgekehrt ist biblisch eigentlich verboten (Deuteronomium 22,5)[31] Umso bemerkenswerter ist es, dass der Rollenwechsel von Frauen zu Mönchen in den Legenden niemals kritisiert wird. Bei einigen Geschichten mag man dies darauf zurückführen, dass die Frauen den Rollenwechsel als Buße auf sich nehmen. Da ist etwa die heilige Theodora (92/1208–1215). Mit ihr bewegen wir uns zunächst örtlich und motivisch auf nun schon gewohntem Terrain: Wir sind in Alexandria, wir haben es mit einer reichen, schönen Frau zu tun. Allerdings ist sie schon verheiratet – und die übliche Nachstellung durch einen Verliebten kommt hier zum Ziel: Durch eine vorgeschickte Zauberin überredet, lässt sich Theodora auf Ehebruch ein. Dies bereuend, schneidet sie sich die Haare ab, kleidet sich in die Gewänder ihres Mannes und tritt unter dem Namen Theodorus in ein Kloster ein. Die Travestie erscheint hier also als Bußübung. Aber warum genügte dazu nicht der Eintritt in ein Frauenkloster? Wird hier nicht einer Sünde eine weitere, nämlich ein Betrug hinzugefügt? Doch die Erzählung kümmert das nicht. Sie scheint in der Travestie eine stärkere Form der büßenden Selbstverleugnung zu sehen. Denn als Theorora/us auf einem Besorgungsgang in die Stadt einmal ihrem Mann begegnet, der sie nicht erkennt, sagt sie zu sich selbst: „Weh mir, mein guter Mann, wieviel muss ich leiden, um von meiner Sünde loszukommen, die ich dir angetan." (92/1211) Die Travestie ist hier keine Erhöhung, keine Erweiterung der Handlungsmöglichkeiten, sondern eine freiwillig auf sich genommene Last.

Das Motiv der Selbstverleugnung durch Verleugnung des eigenen Geschlechts wird noch weiter getrieben durch eine Verwicklung, welche wir schon aus der Eugenia-Legende kennen: Eine Frau will den vermeintlichen Mönch Theodorus verführen. Weil diese jedoch widersteht, schläft das fremde Mädchen mit jemand anderem, wird schwanger und beschuldigt anschließend Theodorus der Unzucht. Darauf wird er aus dem Kloster verstoßen und erhält den vermeintlichen Sohn in Obhut (ein ungewöhnliches Motiv, in dem der Erzähler wohl doch nicht von Theodoras weiblicher Identität absehen kann, die dem handelnden Abt nicht bekannt ist: Hätte ein Mann statt der Mutter die Sorgepflicht übergeben bekommen?) Theodorus jedenfalls zieht in der Einsamkeit sieben Jahre lang das Kind auf, „mit der Milch von Ziegen und Schafen" (92/1213), danach wird er wie nach einer abgeschlossenen Bußzeit samt dem Jungen wieder ins Kloster aufgenommen.

Von Theodorus werden inzwischen eine Reihe heiligmäßige Taten berichtet: Er/sie treibt Teufel und Dämonen in die Flucht und widersteht in Verfolgung. Die Lesenden wissen also, dass die Buße angenommen, dass Theodora nun eine Heilige geworden ist. Sie hält jedoch weiter an der Bußrolle fest: Als sie von Brüdern heimlich in ihrer Zelle belauscht wird, spricht sie mit dem Jungen als „liebster Sohn" (92/1213), nimmt also auch ihm gegenüber die Vaterrolle an. Auch hier kann man sich fragen, ob dies von einem wirklichen Mann erzählt worden wäre. Den handelnden Personen jedoch wird erst nach Theodorus' Tod bekannt, dass es sich um die Frau Theodora handelte. Mann und Sohn werden daraufhin auch noch Mönche.

In dieser Erzählung wird die Travestie also mit der Rolle der sexuell sündigenden Frau als Büßerin geradezu verschmolzen. Theodora entkommt dadurch auch im Mönchsgewand ihrer weiblichen Rolle nicht: Sie wird als Verführerin angeklagt, sie muss als falscher Vater faktisch die Mutterrolle einnehmen. Die Travestie ist gewissermaßen nur nach außen eine solche – für die Leser der Legende dagegen tut hier eine Frau in Männerkleidern genau das, was eine fromme Frau tun sollte, und eben dadurch erwirkt sie ihre Heiligkeit. Theodora entkommt auch im Geschlechtertausch nicht der patriarchalen Erwartung an den weiblichen Weg zur Heiligkeit.

Travestie aus Buße nimmt auch die heilige Pelagia auf sich (150/1966–1971). Doch sie gewinnt dabei ein weitaus größeres Maß an Souveränität. Pelagia ist gewissermaßen die dunkle Schwester der schon behandelten Jungfrau aus Antiochien: Sie lebt in derselben Stadt, ist reich und wunderschön, doch im Unterschied zur Jungfrau auch „verschwenderisch und eitel, … verdorben an Leib und Seele" (150/1967). Doch später bekehrt sie sich, lässt sich vom Bischof taufen und als Büßerin in die Gemeinde aufnehmen und führt ein frommes Leben. Schließlich pilgert sie nach Jerusalem und lässt sich auf dem Ölberg, also am von Jesu Anwesenheit geheiligten Ort, als Einsiedler nieder – als männlicher also, „Bruder Pelagius genannt" (150/1969). Ein Diakon des Bischofs aus Antiochien, der als Pilger in Jerusalem weilt, wird vom Jerusalemer Bischof sogar zu diesem Einsiedler geschickt, weil dieser „ein wahrer Gottesknecht sei" (ebd.).[32] Pelagia/us erkennt den Diakon aus der Heimat, bittet um das Gebet seines Bischofs, doch dieser umgekehrt erkennt sie nicht. Offensichtlich ist dieses Versteckspiel von Erkennen und Nicht-Erkannt-Werden ein wichtiges Motiv der Travestien, durch welches die Frauen ein Stück Souveränität gewinnen; sie wissen etwas, was den anderen verborgen bleibt.[33] Erst nach dem Tod des Einsiedlers wird das Geheimnis der Travestie gelüftet und „alle wunderten sich sehr, sagten Gott Dank und begruben den Leib mit allen Ehren" (150/1971).

Warum erhält die Travestie solches Lob? Und warum wählt Pelagia sie, obwohl sie schon zuvor bekehrt wurde, Buße tat und als heiligmäßige Frau lebte? Führt vielleicht die merkwürdige Formulierung vom „wahren Gottesknecht" auf eine Spur zur Deutung dieses Motivs?

In der Legende der heiligen Marina (84/1084–1087) treffen wir auf eine Travestie, die nun gar nicht mehr durch vorherige Sünde ausgelöst wird. Dort tritt deren Vater in ein Kloster ein und nimmt seine Tochter mit, indem er sie als Sohn ausgibt. Das Motiv für die Travestie ist also ähnlich wie bei Eugenia wieder der Wunsch, zusammen zu bleiben, nur dass die Betroffene hier nicht gefragt wird. Marina wächst im Kloster auf und bleibt als Mönch Marinus auch nach dem Tod ihres Vaters dort. Später wird sie von einer Frau einer bekannten Familie, die von einem Soldaten schwanger war, der Vergewaltigung beschuldigt. Das Motiv der erlogenen Vergewaltigung ist also ebenfalls ein stereotypes Wandermotiv. Es scheint in den Travestien etwa jene Stelle einzunehmen, an der in den Legenden der Märtyrerinnen die sexuelle Gewalt durch Männer steht. Hier wird diese Gewalt als von Mönchen ausgehend geschildert. Zwar trifft der Vorwurf jeweils nicht zu, ist vielmehr Verleumdung – aber dass die Vorgesetzten ihn stets glauben, zeigt doch auch, dass er offensichtlich glaubwürdig sein konnte. So kommt es zu der paradoxen Situation, dass Frauen als Männer die Buße für nicht verübte sexuelle Gewalt erleiden müssen. Geht es zu weit zu sagen, dass hier Frauen gewissermaßen stellvertretend für männliche Täter gestraft werden? Frauen tragen hier die Folgen für die strukturelle Sünde der sexuellen Gewalt, die einem Mann jederzeit als wahrscheinliche Tat zugesprochen werden kann.

Warum verteidigt sich Marina nicht, indem sie sich outet, so wie es Eugenia tat? Die Geschichte erklärt sich nicht. Marina tut jedenfalls, aus dem Kloster ausgeschlossen, jahrelang Buße, obwohl sie im Unterschied zu Theodora auch zuvor keine Schuld auf sich geladen hat, die es zu büßen gelte. Auch Marinus wird später wieder ins Kloster aufgenommen, auch er erhält den vermeintlichen Sohn in Obhut, aber für seine Männerrolle angemessener als Erzieher. Außerdem wird von Marinus berichtet, dass ihm die Brüder „alle schmählicheren Arbeiten anhängten, doch er nahm alles heiter auf sich und führte alles geduldig und ergeben aus" (84/1085). Die Brüder sehen Marinus also weiter als einen gefallenen Bruder an, und er übernimmt weiter die Rolle des Büßenden. Erst nach seinem Tod offenbart sich, dass Marinus Marina war. „Da waren sie alle überrascht und bestürzt und gestanden sich ein, dass sie sich an der Dienerin Gottes versündigt hatten." (84/1085)

Diese Reaktion selbst ist nun ebenfalls überraschend. Die Brüder fühlen sich nicht getäuscht, sondern schuldig. Sie verurteilen nicht den Betrug der Travestie, sie reden sich auch nicht auf ihr Unwissen heraus, welches ihre Handlungsweise ja verständlich macht. Ihre Bestürzung wirkt vielmehr so, als seien sie selbst durch das posthume Outing von Marina überführt und nun ihrerseits in die Rolle von Büßenden gedrängt. Ohne hier eine absichtliche Anspielung des Verfassers einlesen zu wollen, erinnert diese Situation an den geheimnisvollen „Gottesknecht" aus Jesaja 53. Ähnlich wie das Kollektiv („sie alle") der Umstehenden um das Sterbebett Marinas, bekennt dort ein anonymer „Wir"-Chor, dass er den Knecht zu Lebzeiten „verachtet" habe: „Wir schätzten ihn nicht." (Jes 53,3): „Doch unsere Krankheiten, er hat sie getragen, und unsere Schmerzen, er hat sie aufgeladen. Wir aber hielten ihn für einen Geplagten, einen von Gott Geschlagenen und Gebeugten. Er aber war durchbohrt wegen unserer Abtrünnigkeiten, zermalmt wegen unserer Verschuldungen." (Jes 53 4.5a)[34] Von diesem leidenden Gottesknecht heißt es weiter: „Man gab ihm bei Frevlern sein Grab … obwohl er keine Gewalttat verübt und kein Betrug war in seinem Mund." (Jes 53,9) Auch dies geschieht Marina um ein Haar: Man plante schon, den Sexualverbrecher Marinus „an einem schmählichen Ort zu begraben", als man entdeckte, „dass es eine Frau war" (84/1085).

Im ursprünglichen Kontext steht der Knecht wohl für die nach Babylonien exilierten Judäer, welche von den Daheimgebliebenen als die Schuldigen am Untergang Jerusalems angesehen werden, während sie aus der Sicht des Autors die Schuld Israels insgesamt tragen. In der christlichen Theologie wurde dieser anonyme Knecht (schon in Apostelgeschichte 8,32 f.) auf den stellvertretend leidenden Jesus gedeutet. Diese christliche Tradition im Hintergrund, kann man die Travestie Marinas auch als eine Art stellvertretendes Leiden für die kollektive Schuld der Männer in dem in den Frauenlegenden der LA durchgehend geschilderten sexistischen System sehen.

Damit ist nun keineswegs gemeint, dass ihr diese Schuld – gar von Gott – auferlegt wird und sie dadurch die Männer reinwäscht. Es wird in einer theologischen Erlösungslehre insgesamt zu fragen sein, ob dies – schon im Gottesknechtslied, dann in der Deutung des Todes Jesu – überhaupt gemeint sein kann. Marinas Verhalten ist einfach eine faktische Stellvertretung. Sie trägt aus, lädt sich auf, wofür sie selbst nichts kann. Diese Stellvertretung wird durch die Travestie, ihre Verkleidung, geradezu symbolisch dargestellt: Marina ist Marinus und erträgt, was diesem zugeschrieben wird. Und dieses Verhalten hat – wie das des Gottesknechts und der Passion Jesu – aufdeckenden Charakter durch ihren Tod hindurch: Es führt zu Schulderkenntnis und Schuldbekenntnis der anderen. Dies scheint mir der tiefere Sinn zu sein, warum in den Legenden die Travestien weder eigens begründet noch moralisch kritisiert werden. Deshalb heißt Pelagia/us „servus dei – Knecht Gottes" und wird Marina „dei famulam – Dienerin Gottes" (84/1084) genannt. Sie haben eine prophetische, nämlich kritische, aufdeckende, subversive Funktion gegenüber den Verhältnissen, in denen dies alles geschieht (und auch, keineswegs auflösend oder durchschauend, erzählt wird).

Zur Geschichte der Marina gibt es eine Parallele, welche der Namen wegen gleich hinter der Legende der Pelagia angesiedelt ist: Pelagia wurde wegen ihrer (anfänglichen) Prunksucht auch „Margarita, die Perle" genannt (150/1969), während die heilige Margarita sich in ihrer Travestie umgekehrt Pelagius nennt (151/1972–1975). Margerita ist wie Marina eine unschuldig verleumdete Büßende. Sie – natürlich „ein wunderschönes Mädchen, reich und vornehm" (151/1973) – erkennt unpassenderweise erst in ihrer Hochzeitsnacht ihre Berufung zur Jungfräulichkeit und flieht deshalb um Mitternacht mit geschorenen Haaren und in Männerkleidern in ein Männerkloster. Dort bewährt sie sich so sehr – wir erinnern uns an Eugenia, welche ebenfalls die angeblich männlichen Fähigkeiten von Frauen demonstrierte –, dass der Abt ihr die geistliche Leitung eines Frauenklosters überträgt. Margerita übernimmt also verkleidet als Pelagius jene zweifelhafte Rolle des klerikalen Patriarchats, die nur deshalb nötig wird, weil angeblich Frauenklöster nicht autonom geleitet werden können. Und als Pelagius ereilt Margarita nun das Schicksal, das diese Institution männlicher Spiritualen von Frauenkonventen geradezu provoziert, und dies häufig sicher mit tatsächlichem Grund: Sie wird der Unzucht mit einer Nonne verdächtigt. Natürlich ist dies im Fall von Margerita eine Verleumdung; die schwangere Nonne ist außerhalb des Klosters ihrem Gelübde untreu geworden. Doch Pelagius wird verurteilt, in eine Felsgrotte gesperrt, bei Gerstenbrot und Wasser.

Margerita nimmt das Schicksal des Pelagius schweigend und demütig auf sich bis zu ihrem Tod. Aber sie hinterlässt einen Abschiedsbrief, in dem es heißt: „Ich habe mich nicht als Mann ausgegeben, um die Menschen zu hintergehen, was ich durch mein Wirken bewiesen habe. Aus der Verleumdung habe ich Tugend gewonnen, unschuldig habe ich Buße geleistet." (151/1975) Dies ist die einzige Stelle in den Mönchs-Travestien, an der ein möglicher Vorwurf gegen diese Praxis überhaupt erörtert – und abgewiesen wird. Zugleich ist es die einzige Stelle, an der eine Protagonistin selbst ihr Motiv nennt: Sowohl die Travestie selbst als auch die schweigende Duldung einer falschen Verurteilung sieht sie als Gelegenheit zur Tugendübung. Man kann darin natürlich mit guten Gründen eine der vielen Verstiegenheiten christlicher Demutsmoral sehen. Doch das heimliche Leben einer Frau als Mönch übersteigt, wie wir gesehen haben, in den meisten dieser Geschichten diese Funktion – und die Übernahme nicht irgendeines, sondern eines männlichen Sexualvergehens ist strukturell ebenfalls viel mehr als eine Demutsgeste. Margerita weiß dies, indem sie in ihrem Brief vorwegnehmend geradezu triumphiert, dass nach ihrem Tod ihre „Rechtfertigung" erfolge, indem „die Frauen die als Jungfrau erkennen", welche zuvor verurteilt wurde. Sie sieht also vor sich, wie die Nonnen ihren toten Körper versorgen und sie so als eine der ihren – Frau und Jungfrau – erkennen. Es liegt darin eine Geste der Gemeinschaft, der Solidarität. Und es liegt darin ein aufdeckender Akt, der nicht etwa den Betrug der Travestie betrifft, sondern die herrschenden Verhältnisse zwischen Männern und Frauen. Das ahnt der Schlusssatz der Erzählung durchaus, in dem es ausdrücklich von „Mönchen und Nonnen" heißt: Sie „taten alle Buße und begruben sie ehrenvoll im Frauenkloster".[35]

Apostolin der Apostel

Die wohl (außer Maria, der Mutter Christi) alle übrigen Frauenlegenden überragende Gestalt stellt Maria Magdalena dar (96/1234–1259). Obwohl keine Märtyrerin, vereinigt diese Heilige die sonstigen Typen erlöster Frauen in ihrer Person: Sie ist bekehrte Büßerin, sie übernimmt – ohne dass sie dafür einer Travestie bedürfte – männliche Rollen, sie wird „ganz nebenbei" auch noch zur Wüstenmutter.

Dieses Potenzial hat Maria Magdalena sicher durch den neutestamentlichen Ursprung ihrer Geschichte, durch ihre intime Nähe zu Jesus selbst, worin sie (wiederum außer dessen Mutter) keine andere Frau, aber auch kein Mann übertrifft. Die Legende kompiliert dafür mehrere biblische Gestalten: Die tatsächliche Maria aus Magdala wird identifiziert mit namenlosen Frauen wie jener, die Jesu Füße mit ihren Tränen salbte (Lukas 7) sowie mit Maria von Bethanien (der Schwester von Martha und Lazarus nach Lukas 10). Über biblische Kombinationsmöglichkeiten hinaus wird Maria auch noch in die Großfamiliengeschichte Jesu eingetragen, welche die Legenda durchzieht: Sie war angeblich die Braut auf der Hochzeit zu Kana – und der Bräutigam niemand anderer als der spätere Apostel und Evangelist Johannes, welcher wiederum (fälschlich identifiziert mit dem Täufer) ein Cousin Jesu war (die Jungfrau Maria also seine Tante)[36]. Auf jener Hochzeit habe Jesus nicht nur Wasser zu Wein verwandelt, sondern schließlich auch das ganze Fest gesprengt, indem er Johannes zu seinem Apostel berief – und damit in der Auffassung schon der antiken Legenden natürlich zur Ehelosigkeit. Maria Magdalena hatte das Nachsehen und geriet dadurch auf die schiefe Bahn.

Allerdings ist diese heilige Soap Opera älterer Quellen in der LA nur in Spuren aufgenommen. Hier lernen wir Maria zunächst als edles Burgfräulein kennen. Ihre Familie herrscht auf der Burg Magdalum und von ihr aus über die Gegend am See Gennesaret, über Betanien samt „einem großen Teil von Jerusalem" selbst (96/1237). Maria wird so für die Rezipientinnen der LA zu einer ihnen fasslichen, zeitgenössischen Gestalt, die Legende zu einer Art Ritterepos. In diesem spielt Maria zunächst die Rolle der reichen, schönen und verkommenen Frau, die ihre Privilegien genießt, während ihr Bruder Lazarus standesgemäß „mehr mit Kriegsdienst beschäftigt war" und die Schwester Martha „tüchtig die Güter ihrer Schwester, ihres Bruders und ihre eigenen" verwaltete (ebd.). Für Vertreterinnen und Vertreter der mittelalterlichen Oberschicht bieten sich hier Varianten der Identifikation und Selbsterkenntnis – samt der Möglichkeit, sich die Nachfolge Jesu standesgemäß vorzustellen. Denn als Maria sich unter dem Einfluss des Wanderpredigers Jesus in ihrer Gegend bekehrt – nun wird sie die Frau, die ihm die Füße salbt und aus der er „sieben Dämonen" austreibt –, wird sie natürlich nicht irgend eine unter den zahlreichen Jüngerinnen: Sie „entzündete sich völlig in Liebe zu ihm" und er „behandelte sie als seine vertrauteste Freundin" (ebd.). Ein geistlicher Minne-Roman und eine Phantasievorstellung, die zwischen die spröden neutestamentlichen Zeilen eingetragen wird und bis heute nachwirkt, bis zu „Jesus Christ Superstar" und Scorseses „Letzte Versuchung Jesu". Maria aus Magdala ist die Frau an Jesu Seite und darin ein weit emanzipierteres Role model für christliche Frauen als die heilige Jungfrau und Mutter.

Dies hat die männliche theologische Tradition im Blick auf das neutestamentliche Ende der Geschichte schon früh anerkannt: Dort ist Maria nach mehrfachem Zeugnis eine der Erstzeuginnen der Auferstehung (Markus 16 parr), noch vor den männlichen Aposteln, welche der Botschaft aus Frauenmund zunächst einmal nicht glauben. Nach der wundervollen Geschichte des Johannesevangeliums (Johannes 20,1–10) gewährt ihr Jesus noch eine Begegnung allein, im Garten, als sie ihn zunächst mit einem Gärtner verwechselt und dann Abschied nehmen muss: „Halt mich nicht fest“[37]. Aufgrund dieser herausgehobenen Rolle erkannten schon mehrere Kirchenväter Maria von Magdala den Titel einer „Apostolin der Apostel“ zu und die LA übernimmt dies (96/1239); allesamt allerdings ohne daraus analoge Schlüsse auf die kirchliche Rolle späterer Frauen zu ziehen wie dies die klerikale Theologie für die männlichen Apostel einschließlich ihres „Fürsten“ Petrus tat.

Wo die neutestamentliche Geschichte dieser Maria endet, beginnt die Legende im Grunde erst. Maria hält dabei die Rolle der selbstständigen Jüngerin und Apostolin bei. Zwar habe Petrus sie dem (erfundenen) heiligen Maximinus, „einem der 72 Jünger des Herrn“ anvertraut (ebd.), also als ihrem Spiritual unterstellt, wie dies für adlige Frauen mit geistlichen Ambitionen (siehe Elisabeth von Thüringen!) üblich war. Aber dieser Maximinus spielt nach seiner Erwähnung praktisch keine Rolle mehr in der Geschichte; Maria braucht ihn schlicht nicht. Beide werden in einer Verfolgung auf ein Schiff geladen, das führerlos auf der See treibt und wunderbar erhalten die südfranzösische Küste erreicht. Hier wird Maria nun zur Erstmissionarin der Provence von Marseille bis Aix. Sie übernimmt hier also tatsächlich jene legendär-historische Rolle der Gründungsgestalt, welche in diversen anderen Regionen von Spanien (Jakobus) bis Indien (Thomas) meist ihre männlichen Apostelkollegen innehaben. Und sie tut dies tatsächlich allein, sie predigt und bekehrt – insbesondere die einheimische Herrscherfamilie, die mit ihr wunderreiche Abenteuer erlebt, einschließlich einer Pilgerreise ins Heilige Land mit Schiffbruch, Errettung und mit dem heiligen Petrus als Reiseführer. Bei all dem missioniert Maria allein, in direktem Auftrag ihres Freundes Jesus und die Wirkung ihrer Predigt (einer weiblichen Laienpredigt also!) verdankt sich „ihrer Schönheit, ihrer Beredsamkeit und dem Reiz ihrer Sprachkunst“ (96/1241). Was mögen Frauen, gebildete zumal, beim Lesen dieser Geschichte gedacht haben?

Doch die Geschichte der Frau aus Magdala ist auch mit ihrer Rolle als Frankreichbekehrerin noch nicht zu Ende. Es fügt sich ihrem Triptychon noch ein dritter Flügel an. Auf diesem erhält Maria nun die Züge der Wüstenmutter Maria von Ägypten – und genau so ist sie in der christlichen Malerei in Mittelalter und Barock auch häufig dargestellt worden. Ihre letzten dreißig Lebensjahre habe sich Maria in die Einsamkeit zurückgezogen, „in die wildeste Einöde“ (96/1247). Ihr ägyptisches Vorbild übertrifft sie, indem sie sich all die Jahre nicht einmal von einem mitgebrachten Brotvorrat ernährt, sondern „nur mit himmlischer Speise“, und indem sie nicht einfach über dem Boden schwebt, sondern „von Engeln in die Lüfte gehoben“ wird (96/1249). Wie bei Maria von Ägypten entdeckt sie am Ende ein Priester, der zugleich ein benachbart lebender Einsiedler ist. Auch für ihn ist sie eine wundersame Erscheinung, fast übermenschlich, der er sich erst nicht zu nähern vermag und die er nicht richtig, also nicht körperlich sehen kann (96/1251).[38] Und wie bei Maria von Ägypten wird dem Priester im Grunde nur Audienz gewährt, damit sie ihm ihren nahen Tod ankündigen kann.

Doch im Unterschied zu der Ägypterin genügen bei ihr nicht ein einsamer Tod und ein Begräbnis mit Löwenhilfe. Vielmehr wird „der ganze Klerus … herbeigerufen“, Maria empfängt die Kommunion aus den Händen des Bischofs und stirbt dann vor der ganzen Versammlung (96/1250 f.). Was für ein Abschlussbild: Die Apostolin der Region verabschiedet sich feierlich und die gesamte Kirchenleitung des Bistums huldigt ihr. Gewiss diente diese Überlieferung einem strategischen Zweck, nämlich der Begründung einer Wallfahrt zu ihrer angeblichen Höhle und ihren Reliquien in La Sainte Baume östlich von Marseille.[39] Aus diesen im Mittelalter nur allzu üblichen und lukrativen Gründungslegenden sticht diese aber inhaltlich dadurch heraus, dass hier die Erzählung einer dem Klerus vor- und übergeordneten Frau darin eingeschlossen bleibt.

Im Kult um Maria Magdalena bleibt also stets eine Frauengeschichte lebendig, welche die bisher kennen gelernten Legenden weit übersteigt: Maria geht den Weg von der Büßerin zur Apostolin der Apostel ohne all jene Hemmungen und Rückschläge, welche die Frauenlegenden sonst prägen: ohne terrorisierende geistliche Vorgesetzte, ohne Kompromisse weiblicher Demutshaltungen, ohne das Versteckspiel der Travestien. Gleich zu Beginn der Legende wird ihr Name in einer der spielerischen Etymologien, die Jacobus de Voragine den meisten seiner Stücke voranstellt, zugleich als „ewige Angeklagte“ (manes rea) und als „‚befestigt‘ oder ‚prächtig‘“ übersetzt (96/1235). Diese Gleichzeitigkeit ist Programm: Die bleibende Erinnerung an die verruchte Lebefrau Maria und an die damit in einem merkwürdigen Gegensatz-Zusammenhang stehende Freundin Jesu lebt in der späteren Apostolin und Wüstenmutter stets fort, hängt ihr jedoch nicht wie ein beschwerliches Büßerschicksal an, sondern steigert die Stärke und Pracht dieser Figur eher noch. Die übrigen Frauen der Legenda – von der Mutter Jesu abgesehen – mögen in ihrer Verhaftung in den Patriarchalismus der Zeit gewissermaßen realistischer dargestellt sein – Maria von Magdala verkörpert geradezu eine Frauen-Utopie: was gewesen wäre, hätten Frauen von Anfang an eine dem Evangelium gemäße Rolle in der Nachfolge Jesu spielen und weiterspielen können. Maria Magdalena verkörpert die christliche Geschichte eines erlösten Menschen jenseits von Gender-Schranken: Sie ist die berufene und bekehrte Sünderin, sie ist Gefährtin und Freundin Jesu, eine Gestalt neben ihm also, auf Augenhöhe, sie ist Zeugin des Osterereignisses und von daher seine Apostolin, Gesandte und Missionarin des Evangeliums, und sie erreicht schließlich auch jene asketisch-monastische Vollkommenheit, in der das alte Christentum sozusagen seinen Lebensstil, seine Lebensform engster Nachfolge und Heiligkeit fand. Maria von Magdala stellt also alles dar, was auch christliche Männer nur sein konnten: Lieblingsjünger, Amtsträger, Mönch. Nur die Folgerungen, die man daraus für die Geschlechterrollen in der Kirche, für die Amts- und Machtfrage ziehen müsste, werden auch hier nicht gezogen.

So gesehen bietet die Legende der Frau aus Magdala eine gefährlichere feministische Erinnerung als die durch dogmatische Überhöhung und klerikalen Kult geradezu unfassbar gewordene Namensvetterin aus Nazareth. Maria Magdalena ist nicht sündenlos, sie ist weder Jungfrau noch Mutter – das seltene Bild einer alleinstehenden christlichen Frau, die ganz in ihrer Berufung aufgeht. Sie ist tatsächlich eine „Maria 2.0“, die passende Patronin einer katholischen Frauenbewegung.

Gewandelte Fremde

Inklusives Evangelium

Halten wir einen Moment inne, denn ich kann auf den verschlungenen Pfaden dieser Interpretation der goldenen Legende die kritische Frage nicht verdrängen, inwieweit ich hier tatsächlich nach Spuren christlichen Erlösungsverständnisses suche, erst recht: ob ich es denn auf diese Weise finde. Wir haben heilige und darin heilende Orte und Zeiten aufgesucht, welche in aller Heteronomie unbefreiten Lebens Strukturen wider die Entfremdung bieten; wir haben nun heilige Frauen getroffen, die in kyriarchalen Unterdrückungsverhältnissen, ohne diese aufheben zu können, doch ihre Handlungsfähigkeit bewahren, sogar überraschende Souveränität gewinnen. All dies geschieht im Namen des Christentums. Dieses Christentum gebärdet sich – an der Oberfläche der Erzählungen, welche mich weniger interessiert als die leisere, überlesbare Pragmatik dieses Erzählens – triumphal und heldisch: Wo nicht durch spektakuläre Wunder gesiegt wird, dort wird in spektakulärem Glauben gestorben. Aber ist das christliche Erlösung: Leben aus der Bergpredigt, Anbruch des Reiches Gottes? Macht das den Erlösungs-Komplex um Gnade und Rechtfertigung, Vergebung und Heiligung anschaulicher?

Die Ahnung meiner Spurensuche geht dahin, dass die Legenda gerade deshalb über weiteste Strecken so wenig direkt biblisch, evangelisch, christlich wirkt, weil sie einer inklusiven Logik folgt: Die Welt mit all ihren materiellen Dingen, die Gesellschaft mit all ihren Verhältnissen, die Menschen mit all ihrem Alltag werden inkludiert in die Heils-Geschichte des Evangeliums. Dadurch wird dessen Darstellung selbst jedoch synkretistisch – eine Darstellung voll von „Kombination, Verschmelzung, Umdeutung“[40]. Dieser Vorgang ist weit ambivalenter, verwirrender, als der einer (in ihrem Theoriehintergrund allerdings umso problematischeren) Inkulturation.[41] Der biblisch-christliche Erlösungskomplex ist weder ein sauber vom „Kulturellen“ isolierbares Phänomen (gar System), noch sind

„Kulturen“ selbst voneinander und von an sie herangetragenen Neuigkeiten abgrenzbare Einheiten. Vielleicht ist Inklusion gegenüber Synkretismus oder Inkulturation ein passenderer Terminus: Inklusion geschieht immer wechselseitig, als eine integrierende Relation, welche die Beteiligten gleichermaßen miteinander verändert.

Erlösung ist ein Inklusionsbegriff. Erlösung kann sich nicht an und für sich, sondern nur an etwas ereignen, als dessen Erlösung von dessen Unerlöstheiten. Deshalb lässt sich nie „rein“, nie vorweg, nie „an sich“ sagen, was Erlösung sei. Wohl deshalb ist in der kirchlichen Tradition zum Traktat der Soteriologie[42] so wenig definiert, dogmatisiert worden – im Unterschied zu den Traktaten über Gott (Trinität!), Christus, die Kirche. Bei diesen Größen mochte sich die Theologie der Illusion hingeben, sie seien theoretisch isolierbar und dann ließe sich von ihnen sagen, „was sie sind“. Bei der Erlösung schwindet diese Illusion, sobald man sie zu umkreisen beginnt und begreift, dass es um einen selbst geht.

Was dies für die Legenda aurea bedeutet, möchte ich – abgesehen davon, dass dieses ganze Buch davon handelt – an zwei Schlaglichtern verdeutlichen.

Zunächst eine recht negative Belichtung: In einer kontextlosen Geschichte[43] begegnet Ambrosius auf einer Wanderung durch die Toscana einem Gutsbesitzer, der aus seinem Glück keinen Hehl macht: „Mein Leben, Herr, war immer glücklich und angenehm und meine Stellung ehrenvoll. Denn siehe, ich verfüge über unendliche Reichtümer, habe denkbar viele Knechte und Dienerinnen, habe eine große Anzahl von Kindern und Enkeln, alles ging mir stets nach Wunsch, nie geschah mir etwas Widerwärtiges, noch trat etwas ein, was mich betrübt hätte.“ (57/793) Über solch ein Bekenntnis staunt Ambrosius natürlich, um dann aber seine Gefährten gleich aufzufordern: „Auf! Wir wollen so rasch wie möglich von hinnen fliehen, denn der Herr ist nicht an diesem Ort.“ (Ebd.) Sie gehen – und tatsächlich öffnet sich kurz darauf die Erde und verschluckt den Mann mit samt seiner ganzen Habe.

Der Kommentar Bruno W. Häuptlis erinnert daran, dass diese Geschichte deutlich Züge der antiken Literatur trägt, in welcher allzu ungetrübtes Glück den Neid der Götter erregt und deshalb gefährlich ist, zugleich aber auch daran, dass im biblischen Denken Gott keine Neider beseitigt, sondern sein Zorn Sünder straft.[44] Mich erinnert die Glücksschilderung des Mannes allerdings weder an Krösus noch an die Rotte Korah, sondern an Hiob. Von ihm heißt es zu Beginn des Buches, noch bevor ihn die Hiobsbotschaften treffen: „Sieben Söhne und Töchter wurden ihm geboren. Er besaß siebentausend Stück Kleinvieh, dreitausend Kamele, fünfhundert Joch Rinder und fünfhundert Esel, dazu zahlreiches Gesinde. An Ansehen übertraf dieser Mann alle Bewohner des Ostens." (Hiob 1,3) Der selbstzufriedene Vertreter der Toscanafraktion erscheint wie ein Hiob redivivus. Hiob wurde jedoch weder durch den Neid der Götter ins Unglück gestürzt noch als Strafe für seine Sünden, sondern weil Gott ihn einer fiesen Wette mit dem Satan wegen dessen Hand überließ. Hiob ist das Objekt eines satanischen Tests. Der soll die Glaubenstreue Hiobs für seinen Gott erweisen, die sich erst im Elend zeige, kann doch jeder im Glück Gott leicht einen guten Mann sein lassen.

Von solch einem Prolog im Himmel erfahren wir in der merkwürdigen Ambrosius-Legende nichts. Wird in ihr also doch einfach antike „heidnische" Schicksals-Furcht – „Hochmut kommt stets vor dem Fall" – ins Christliche übertragen? Ambrosius spricht bei seiner eiligen Flucht von Gottes „Rache", dass er „zürnt", und von den „Sünden" der Menschen. Aber womit sündigt dieser feiste Mann? Einfach durch seine Selbstsicherheit? Der Schlüssel zur Geschichte scheint mir in dem merkwürdigen Satz des Ambrosius zu stecken, nach dem der Herr nicht an diesem Ort sei. „Der Herr" ist in christlichem Sprachgebrauch meist nicht Gott, sondern Jesus. Von Jesus weiß man, dass er nicht bei den Superreichen weilte, sondern ihnen das Gericht weissagte. Jesu Botschaft predigt eine göttliche Option für die Armen: „Selig ihr Armen, denn euch gehört das Reich Gottes. … Aber weh euch, die ihr reich seid, denn ihr habt keinen Trost mehr zu erwarten." (Lukas 6,20b.24) Legt Ambrosius' Schauder, seine Unheilsahnung, nicht beides übereinander, die Hiobsgeschichte und die Berg- oder Feldpredigt: Wer in Saus und Braus lebt und zudem kein Bewusstsein für die prekäre Situation (geschweige denn für die der Armen) hat, bei dem ist Christus abwesend, der ist vielleicht schon dem Wirken satanischer Schicksalsmächte preisgegeben. Wo scheinbar gar nichts zu erlösen ist, keinerlei Erlösungsbedürftigkeit und -bereitschaft besteht, da kann nur deren Schattenseite, das Gericht, hereinbrechen.

Wäre dies der Sinn der Geschichte, dann würde hier tatsächlich das Evangelium ungenannt, rein negativ in die antike Schicksalssaga inkludiert. In den dunklen Horror vor dem allzu reinen Glück schleicht sich eine andere Ahnung ein. Das Landgut der Toscana scheint ein vollkommener Ort zu sein, dem nichts mangelt, der nichts bedarf. Er ist damit aber gerade keine Utopie, kein Ort der Sehnsucht – sondern jener Ort, an dem keine Sehnsucht mehr aufkommt, an dem jede Utopie zerschellt. Es ist ein Ort ohne Möglichkeiten, ein unerlöster Ort, Negativ des Reiches Gottes.

Für diese Deutung mag die Fortsetzung sprechen. Sie ist erzählerisch nicht mit der beschriebenen Anekdote verbunden, nicht auf sie bezogen, sondern leitet den Tod des Ambrosius ein. Und doch heißt es unmittelbar nach der Geschichte vom Ende des zufriedenen Toscaners, Ambrosius habe gesehen, „dass die Wurzel allen Übels, die Habgier, bei den Menschen mehr und mehr zunahm, und vornehmlich bei denen, die in mächtiger Stellung waren, bei denen man alles für Geld kaufen konnte, aber auch bei denen, die für die heiligen Sakramente eingesetzt waren" (57/795). Weil er das alles sieht, will Ambrosius lieber sterben. Was der Heilige sieht, illustriert geradezu den Weheruf Jesu über die Reichen. Und er schließt darin den kirchlichen Klerus mit seiner Gier, aus der Religion Gewinn zu schlagen, mit ein. Was Ambrosius in den Todeswunsch treibt, ist also wiederum ein Anti-Bild zum Reich Gottes, eingeprägt ausgerechnet ins Bild der Kirche, der Institution, die doch diesem Reich Gottes dienen sollte. Wahrlich ein Grund für einen heiligen Bischof, lebensmüde zu werden! Die Kirche, die jenem satten Landgut der Toscana gleicht, ist eben auch ein Ort ohne Utopie, ein Ort, wo der Herr nicht ist, ein Ort ohne Hoffnung auf Erlösung, reif dafür, dass die Erde ihn verschluckt.

Es gibt durchaus direktere Zeugnisse für diese kirchenkritische Lesart des Evangeliums in der Legenda, insbesondere bei einem der wenigen ostkirchlichen, im Westen eher unbekannten Heiligen in der Sammlung. Was von Johannes dem Almoser (27/426–441), immerhin Patriarch von Alexandrien im 6./7. Jahrhundert, berichtet wird, kommt einer Auslegung des Evangeliums als Option für die Armen gleich. Dabei hat dieser Almoser eine anarchische Ader, wie sie sonst in der LA nur noch bei Franz von Assisi begegnet. Er nennt die „Armen seine Gebieter", die Bedürftigen und Bettler „Herren und Helfer" (27/427). Seine Praxis, die sich nach dieser Umkehrung gesellschaftlicher Hierarchie richtet, ist mehr als nur eine paternalistische, sich herabbeugende Barmherzigkeit. Mit bewusst gespielter Naivität unterläuft Johannes das Spießertum kirchlich verwalteter Caritas, wenn er etwa einem Bettler, der immer neu verkleidet an der Pforte erscheint, immer erneut und immer mehr Geld auszahlen lässt: „Es könnte mein Herr Jesus Christus sein, der mich versuchen will, ob er mehr erbetteln als ich geben kann." (27/433) Reichen luchst er geschickt immer neue Gaben ab, „indem er sagte, dass man die Reichen in der Absicht, die Armen zu beschenken, so ausplündern könne, ohne zu sündigen." Und selbst verkauft er um der Armenhilfe einmal sogar ein Evangelienbuch, weil es besser sei, das Evangelium zu befolgen als es zu besitzen (27/437).[45]

In Geschichten wie denen rund um den Almoser – oder auch um Franziskus – wird das richtige Leben des Evangeliums gewissermaßen frontal gegen das falsche Leben der Welt geführt; Erlösung ereignet sich als Durchbrechung, in Konfrontation. Doch bildet dies eher die Ausnahme in den unterschiedlichen Erzähllogiken der LA. Meist ist diese Erzähllogik in der Welt durchaus zu Hause – spektakuläre Wunder und Tugendexempel können dann noch so übernatürlich wirken, sie durchbrechen doch die weltlichen Regeln weit weniger als solche Anarchisten des Evangeliums (so wie etablierte Religion insgesamt mit dem Übernatürlichen vertraut umgeht, evangelische Radikalität jedoch regelmäßig einhegt und nivelliert). Bei aller Wunder-Seligkeit und Glaubenshelden-Dramaturgie verkündet die LA das Evangelium überwiegend nicht direkt-konfrontativ, sondern inklusiv. Erlösung ereignet sich nicht so sehr dort, wo die Fanfaren erklingen (selbst wenn der Redakteur der LA dies so gemeint haben mag), sondern wo sie sich in das Erzählen einschleicht und sich so zeigt, indem die erwartbaren Geschichten ganz leicht „ver-rückt“ werden. Dies lässt sich oft am besten an den Rändern der Geschichten beobachten – und auch an Gestalten an den Rändern. Solchen möchte ich mich im Folgenden widmen.

Juden

In der christlichen Erzählwelt der LA treten Nichtchristen entweder als Gegner auf – verfolgende Heiden, oder als Gestalten am Rand – zu missionierende Heiden. Einen prekären Sonderfall stellen jedoch die Juden dar: Minderheit mitten in der christlichen Welt, Ungläubige im Sinn der Kirche und doch Volk der Bibel, des Ersten Bundes. Die LA ist sich dieses Sonderstatus durchaus bewusst. Jacobus de Voragine kann etwa in ihren theoretischen Passagen den jüdischen Gelehrten Maimonides (Moses ben Maimon) ausdrücklich als „Rabbi Moses“ und „großen Philosophen“ zitieren,[46] fast als gehöre er zur Gelehrtenfamilie der Scholastiker dazu. Und Rabbi Gamaliel, Zeitgenosse von Jesus und Paulus (und nach Apostelgeschichte 22,3 der Lehrer des Letzteren), erscheint in der Legende des Märtyrers Stephanus ausdrücklich als „heiliger Gamaliel“ (8/215)[47]. Doch dies sind prominente Ausnahmeerscheinungen. Interessanter wirkt, wie namenlose jüdische Zeitgenossen in die Legenda integriert werden.

Da gibt es etwa einen jüdischen Geldverleiher in der Legende des Heiligen Nikolaus (3/138–141). Er hat einem Christen Geld geliehen und der hatte die Rückzahlung mit einem Eid über dem Grab des Heiligen versprochen. Die Anlage der Erzählung versetzt den Leser in eine üble Spannung: Schon das Motiv des Juden als Kreditgeber lässt heute – aber wohl auch schon im späteren Mittelalter, der Rezeptionszeit der LA – antisemitische Klischees erwarten. Und der Schwur bei einem christlichen Heiligen lädt den Konflikt religiös hoch auf. Doch die Geschichte entwickelt sich ganz entgegen der Erwartung, die man mit angehaltenem Atem hegen mag: Der Christ ist ein Betrüger. Er behauptet, schließlich sogar unter erneutem Eid vor Gericht, das Geld schon zurückgezahlt zu haben. Der Jude erscheint als gutgläubig und der List nicht gewachsen: Beim Schwur des unredlichen Geschäftspartners hält er dessen Gehstock, in dem dieser das Gold versteckt hat (so dass der Schwur in diesem Moment pro Forma zutrifft). Später verunglückt der Betrüger jedoch tödlich, der Stock zerbricht dabei und das Geheimnis fliegt auf. Und nun überrascht uns der Jude erst recht: Obwohl „man ihn von vielen Seiten drängte, das Gold wieder zu nehmen, lehnte er entschieden ab, es sei denn, der Tote werde durch die Fürbitte des heiligen Nikolaus wieder zum Leben erweckt" (3/141). Natürlich geschieht dies – und der Jude lässt sich daraufhin taufen. Doch eine Bekehrungsgeschichte im üblichen Sinn entsteht durch diese Pointe nicht. Denn der Jude war zum einen von Anfang an der Gerechte und Gute in diesem kleinen Drama – und zum anderen glaubte er ja offenbar von Anfang an die Heiligkeit des Nikolaus. Seine Selbstlosigkeit angesichts des Todes des Betrügers demonstriert das, was man gemeinhin „christlich" zu nennen gewohnt ist. In gewissem Sinn wird hier die Parabel vom barmherzigen Samariter (Lukas 10,25–37) neu kommentiert: Nun ist der Jude dem Christen gegenüber das Vorbild von außen, welches in der Erzählung Jesu der randständige Samariter für die Juden ist. Mit dieser Umbesetzung gelingt der Erzählung eine Fortschreibung des Evangeliums, ohne in die Falle des Antijudaismus zu geraten.

Wenn Jesu Adressaten Juden waren, die Adressaten der Legende nun aber Christen, muss auch das Personal wechseln, um die entsprechende Pointe vom Vorbild des Außenstehenden beizubehalten. Erzählerisch kommt diese Umbesetzung dabei völlig beiläufig daher: Gerechtigkeit und Gläubigkeit des Juden werden keineswegs besonders herausgestrichen; dieser erscheint nicht als erstaunliche Ausnahme. Gerade in dieser Zurückhaltung wirkt die Geschichte subversiv innerhalb der üblichen Aufteilung der Welt in erlöste Gläubige und verworfene Ungläubige.

Die Subversion, welche darin liegt, das Unerwartete als Normalität zu schildern, verstärkt sich dadurch, dass die LA sogleich eine weitere Geschichte über einen jüdischen Nikolaus-Anhänger anschließt.[48] Dieser nun hatte die wundertätige Macht des berühmten Heiligen beobachtet und sich ein Nikolaus-Bild angeschafft. Dies stellte er als Aufpasser in sein Haus mit dem Auftrag, bei Abwesenheit sein Hab und Gut zu bewachen. Und für den Fall, dass Nikolaus seiner Aufgabe nicht gerecht wird, werden ihm Prügel angedroht. Auch hier ist ein mögliches Gefälle zu antijüdischen Klischees also angelegt: Ein offenbar reicher Jude in Angst um seinen Besitz, der einen christlichen Heiligen für seine Zwecke missbrauchen möchte, einschließlich der Androhung von Gewalt. Doch auch diesmal unterläuft die Erzählung solche Erwartungen: Nicht einmal zwischen den Zeilen wird der Jude wegen seiner Umgangsweise mit der Ikone getadelt. Er erscheint eher in der selbstverständlichen Gesellschaft mit christlichen Gläubigen, welche ihrem Vertrauen auf die Hilfe von Heiligen mitunter ruppigen Ausdruck verleihen konnten.[49] Die Geschichte setzt eine magische Religiosität einfach voraus, welche Juden und Christen teilen. Und bei der Wahl magischer Mittel ist man angesichts erwiesener Wirksamkeit nicht dogmatisch.

So wird diese Praxis vom heiligen Nikolaus schließlich auch belohnt. Zunächst allerdings wird der Jude tatsächlich zum Einbruchsopfer, ohne dass die Ikone ihm hilft. Wütend darüber prügelt er den gemalten Nikolaus ordentlich durch: „haut es tüchtig und prügelt es tüchtig" (3/141). Spätestens an dieser Stelle würde man eigentlich ein himmlisches Eingreifen und eine Strafe für den Juden erwarten: Begeht er denn nicht so etwas wie ein Sakrileg? Die Erzählung sieht es ganz anders: Nikolaus erscheint den Dieben, welche gerade ihre Beute teilen wollen. Der Heilige blutet und ist grün und blau geschlagen und er stellt die Übeltäter zur Rede, woran das wohl liegt? Um die Sache wieder zurechtzubiegen, befielt er den Dieben die Rückgabe der gestohlenen Dinge. Das geschieht und – wiederum – der Jude lässt sich am Ende taufen.

Die Geschichte lehrt also: „Voodoo wirkt" – und die Glaubensrichtung spielt dabei keine Rolle. Denn auch hier wird der Jude am Ende ja zu einem Glauben bekehrt, den er zuvor schon teilte. Dieser Glaube beruht auf dem medizinischen Prinzip magischer Religiosität: Wer hilft, hat recht. Es ist sicher auch der Transport solch irdisch-handfesten Erlösungsverständnisses, welches die LA gelehrten Theologen wie Nikolaus von Kues und später den Reformatoren suspekt erscheinen ließ. Dabei sind solche direkt spürbaren Erweise „des Geistes und der Kraft" (1 Korinther 2,4) auch biblischen

Geschichten nicht ganz fremd. So häufig ihre Wundergeschichten eine interne Kritik äußerlicher Wundergläubigkeit mitbringen, so sehr beharren sie doch darauf, dass Erlösung sich dadurch erweist, dass sie tatsächlich geschieht und erlebt wird. Und das Vertrauen darauf kann man dann wieder umgekehrt kritisch gegen einen Theologenglauben wenden, welcher die Rechtgläubigkeit der Konfession prüft, anstatt unvoreingenommen danach zu suchen, wo der Glaube jemand tatsächlich geholfen hat (gemäß Matthäus 9,22). Eine solche Rechtgläubigkeit wäre dem Juden schnell zum Verhängnis geworden.

Im historischen Kontext bleibt die Darstellung des eine Ikone prügelnden Juden allerdings keineswegs unschuldig.[50] Im byzantinischen Raum lässt sie sich vor dem Hintergrund des Bilderstreits deuten: Ikonoklasten bekämpfen die Ikonenverehrung – Juden mit ihrem strengen Bilderverbot können so von christlicher Seite als schlimmste Ikonoklasten verstanden werden. In Westeuropa gehört zum Repertoire der antijüdischen Verleumdungs-Anklagen auch das der Schändung christlicher Bilder. Ob die Geschichte der LA in diesen Kontext gehört, ist allerdings zweifelhaft. Die Textüberlieferung klagt den Juden keineswegs an. Eine Art antijüdisches Framing bleibt allerdings darin erkennbar, dass der „gute Jude" am Ende ein bekehrter, getaufter Jude sein muss. Bildliche Darstellungen, welche die LA rezipieren, zeigen jedoch entweder (wie in einem Deckenbild in der Kölner Kirche Maria im Kapitol) auch die reumütigen Diebe – oder die Darstellung wurde (wie im Freiburger Münster) sogar von Kaufleuten in Auftrag gegeben, deren Patron Nikolaus ist. Diese identifizieren sich also gerade mit dem Schutzverlangen des Juden gegenüber dem Heiligen. Ebenso verhält es sich wohl mit den Darstellungen beider Nikolauslegenden im „Kannegießerbalken" im Kölner Dom und im Gewölbe der Nikolauskapelle in der Kölner Kirche St. Maria Lyskirchen:[51] Die Pointe, nach welcher jeweils Christen die Betrüger und Diebe sind, der Jude jedoch gläubig und nachsichtig, werden hier bildlich herausgestellt. Wahrscheinlich propagieren die Darstellungen die (aus durchaus auch eigennützigen Motiven) judenfreundliche Politik der Kölner Erzbischöfe im späten 14. Jahrhundert. Solche Darstellungen verstanden also die selbstkritische Tendenz des Textes der LA. Antijudaismus entsteht dann eher aus einer Rezeption, welche diesen Kontext nicht mehr mitliest.

Auf die Spitze getrieben wird das subversive Erzählen gegen die klaren Grenzziehungen der Orthodoxie in der LA angesichts der Urfigur christlichen Antijudaismus: Judas, dem Verräter.[52] Wie gelangt Judas unter die

Heiligenlegenden? Seine Geschichte bildet die Vorgeschichte zur Legende des Apostels Matthias, der als Ersatz für den Verräter in den Zwölferkreis gewählt wurde. Diese Vorgeschichte ist in den Evangelien und dem Beginn der Apostelgeschichte enthalten. Dort lernen wir Judas als einen der Apostel kennen (Markus 3,19 parr), erfahren, dass er die Kasse verwaltete und veruntreute (Johannes 12,6), dass er schließlich Jesus an seine Feinde verrät (Markus 14,10 f. u. 44 f. parr), dies nach dessen Tod aber bereut und sich selbst umbringt (Matthäus 27,3–10) – oder aber qualvoll stirbt (Apostelgeschichte 1,15–20). Obwohl dies nirgends im Neuen Testament ausdrücklich gesagt wird, erscheint Judas so als die düstere Gegenfigur zur Erlösergestalt Jesus, als Prototyp dessen, der sich der Erlösung verweigert, letztlich als der Verdammte: „Für ihn wäre es besser, wenn er nie geboren wäre." (Markus 14,21 parr) Doch die LA erzählt nicht diese biblische Geschichte, sondern greift weit dahinter zurück und entwickelt einen ganzen Judas-Roman.

Jacobus de Voragine ist sich sehr bewusst, wie heikel dieses Verfahren ist. Zum einen zehrt es nicht aus kanonischen, biblischen, sondern aus apokryphen Quellen.[53] Zum anderen erscheint die Geschichte ihm auch inhaltlich so fragwürdig, dass es zweifelhaft sei, „ob man sie vorlesen soll". In einer merkwürdig widersprüchlichen Volte will Voragine dies einerseits „dem Ermessen des Vorlesers überlassen", urteilt andererseits selbst, dass „man sie eher weglassen als einfügen sollte" (45/595), hat sie aber selbst, als er dies schreibt, gerade nicht weggelassen, sondern eben eingefügt. So kann man sich des Eindrucks nicht erwehren: Er konnte es einfach nicht lassen. Die Versuchung, dieses Material zu bringen, war zu groß, siegte über das Zensurbewusstsein des Inquisitors. Anders gesagt: Die Lust am Erzählen, die Kraft der Fabel, siegte hier über die Scheren im Kopf des Theologen.

Wenn man die Geschichte nun liest, kann man es ihm nachfühlen. Judas' Eltern, Simon und Cyborea, leben in Jerusalem, und Cyborea hat schon nach der Zeugung des Jungen den bösen Traum „einen schändlichen Sohn zu gebären, der den Untergang unseres Volkes verursachen würde" (45/591). Die Formulierung deutet auf die antijüdische Sicht der Folgen von Judas' Tat: die angebliche Verstoßung des schuldigen Bundesvolkes nach dem Tod Jesu. Aber sie formuliert diese Aussicht aus der Sicht der Betroffenen. Nicht die angebliche Verwerfung der Juden, sondern ihr Untergang – also ihr Schicksal im Schatten des herrschenden Christentums – wird erahnt. Es folgt, was das Grundschema der Tragödien ausmacht: Die Handelnden befördern die befürchtete Zukunft, indem sie diese zu verhindern suchen. Als Judas geboren ist, setzen sie den Säugling in einem Korb auf dem Meer aus.

Er wird an eine Insel gespült, wo ihn eine Königin findet, die das Kind – weil selbst ohne Nachwuchs – als den eigenen Sohn ausgibt und großzieht.

Als sie später doch noch einen eigenen Sohn bekommt, entfaltet sich das typische Drama um falsche Geschwister: Judas ärgert den kleinen Bruder, die Mutter bevorzugt den leiblichen Sohn und behandelt den anderen schlecht. Schließlich bleibt nicht mehr geheim, warum – und der gekränkte, eifersüchtige Judas ermordet den Stiefbruder. Daraufhin muss er natürlich von der Insel fliehen.

Bis hier hin ist Judas eine Art negativer neuer Mose: ausgesetztes Kind, Findelkind, an einem fremden Hof erzogen, nach dem Mord an einem Einheimischen auf der Flucht. Sein Schicksal ist also eine Art Spiegelbild zu dem des Retters Israels aus Ägypten. Doch der flüchtige Judas geht nicht in die Wüste und findet Gott, sondern er gelangt nach Jerusalem und wird dort ausgerechnet Angestellter und bald die rechte Hand des Statthalters Pontius Pilatus. Ein Bibel-Sandalenfilm hätte das nicht besser einfädeln können.

Pilatus' Palast grenzt dann auch noch an das Grundstück der Eltern des Judas. Eine Banalität – oder eine Art Wiederholung des biblischen Sündenfalls? – treibt das Drama voran: Pilatus will unbedingt von den verführerischen Früchten dort im Garten kosten und schickt Judas zum Äpfelstehlen. Dabei wird er von seinem Vater erwischt. Es kommt zwischen den beiden – die sich natürlich nicht erkennen – zum Handgemenge und Judas tötet den Vater. Judas flieht unerkannt – und Pilatus übergibt seinem Adlatus den gesamten Besitz des Opfers, einschließlich der Witwe zur Frau.

Natürlich fällt jedem gebildeten Leser auf, dass hier die Ödipus-Sage auf Judas übertragen wird: Der vorsorglich aus der Familie Verbannte kommt gerade deshalb dazu, den Vater zu töten und die eigene Mutter zu heiraten.[54] Allerdings scheint mir das Motiv der Gier des Herrschers und der Aneignung des Besitzes eines machtlosen Nachbarn auch auf das Alte Testament anzuspielen: Da ist zum einen König David, der seine Nachbarin Batseba begehrt und dafür deren Mann Urija in den Tod schickt. Der Prophet Natan vergleicht die Tat mit einem reichen Mann, der dem armen Nachbarn sein einziges Lamm stiehlt (2 Samuel 11 und 12). Zum anderen ist da der israelitische König Ahab, der zusammen mit seiner Frau Isebel den Nachbarn Nabot heimtückisch aus dem Weg räumt, um in den Besitz von dessen Weinberg zu kommen (1 Könige 21). Verfolgt man diese Linie, dann tritt Judas nach seiner Negativkopie des Mose auch in die schuldbehafteten Fußstapfen der altjüdischen Könige. Andererseits ist sein Anstifter jedoch der Römer Pilatus, also kein Jude, und sein Schicksal ähnelt in seiner vertrackten Unausweichlichkeit dem des griechischen Helden Ödipus. Die Geschichte hat also einen epischen und tragischen Charakter, keinen moralistischen.

Das wird in der Folge noch deutlicher: Die unglückliche Cyborea erzählt dem neuen Ehemann später ihre Geschichte, und aus dieser erkennt Judas, dass er ihr verlorener Sohn sein muss. „Von Reue getrieben schloss sich Judas auf Anraten Cyboreas unserem Herrn Jesus Christus an und flehte ihn um Gnade für seine Verbrechen an." (45/595) Damit endet die Legende – denn ab jetzt kann ja der bekannte biblische Bericht übernehmen. Die Legende stellt also eine Art „Episode 1" für die neutestamentlichen Evangelien dar. Außerdem soll sie in der LA ja eigentlich wiederum nur die Vorgeschichte für den heiligen Apostel Matthias bilden – allerdings nimmt sie über die Hälfte von dessen Legende ein!

Judas ist in dieser Geschichte sicher kein guter Charakter. Aber er ist auch nicht der Erzbösewicht, auf den man alles häuft, was den christlichen Judenhass begründen hilft. Vielmehr ist Judas eine tragische Figur: Verstoßenes Kind, ungeliebter falscher Sohn, der Mann fürs Grobe in der Hand eines größeren Bösewichtes. Er mordet zwar, aber die Tragweite seiner Taten ist ihm nicht bewusst. Als sie das wird, versucht er als Jünger Jesu sein Schicksal doch noch umzukehren. Warum auch das schließlich nicht gelingt, erzählt die Geschichte nicht. Aber gerade in dieser Unbestimmtheit reiht sie sich in all die literarischen Versuche – bis hin zu Amos Oz' Judasroman[55] – ein, die dunkle Gestalt des Judas doch noch zu erhellen, sie zu erklären, sich irgendwie in sie hineinzudenken. Indem dazu Motive der Bibel und der Tragödie verwendet werden, wird Judas zum Prototypen der Unerklärlichkeit menschlichen Schicksals, der Unentwirrbarkeit von Vorbestimmung und eigener Schuld, von der Macht der Umstände und der Fatalität eigener Entscheidungen. Der Judas der LA taugt nicht zur einfachen Verdammung. Er ist auch nicht der verurteilte Repräsentant der ungläubigen Juden und dadurch eine Gestalt, über welche sich die Leser leicht erheben, gegen die sie sich abgrenzen können. Der Judas dieses Romans ist ein Spiegel menschlicher Verstrickung.

Damit ist er natürlich für eine Erzählung viel interessanter als ein eher blasser Heiliger wie der Apostel Matthias – und deshalb kann sich der Redakteur der LA diese Geschichte wider sein theologisch-moralisches Urteil nicht verkneifen. Warum aber kommt sie ihm so fragwürdig vor? Sicher nicht einfach, weil sie apokryphen Quellen entstammt (was für einen großen Teil seiner biblisch inspirierten Legenden gilt), oder weil sie historisch unglaubwürdig wäre. Es wird vielmehr eben diese Ambivalenz des Tragischen sein, welche nicht so recht in die Schwarz-Weiß-Moral der Legenden passt, die sie Voragine suspekt erscheinen lässt. Am Ende bleibt: Judas unter den Heiligen! Judas als tragischer Schuldiger bildet gewissermaßen den fremden Anderen, den Gegen-Typos zum strahlenden, aber meist auch eindimensionalen Heiligen. Aber so ist ausgerechnet Judas der Mensch, dem die Erlösung gelten müsste, der ihrer bedarf, der sie ja auch ersehnt, und der sie doch nicht zu ergreifen vermag. Er ist der Mensch. Wenn nicht für ihn, wäre es sinnlos, all diese Geschichten auf Goldgrund zu erzählen.

Inder

Die Juden sind die nahen Anderen der Christen; gerade das macht ihr Verhältnis so heikel. Die wirklich Anderen, die fernen Fremden, werden dagegen mitunter gar nicht mehr in ihrer Fremdheit erkannt. Das Exotische ist leichter zu romantisieren und anzuverwandeln als die Nachbarschaft.

So erscheint der Legenda das ferne Asien offensichtlich als Sehnsuchtsort und insbesondere „Indien voll von Christen und Mönchen" (180/2323). Die Religiosität des Subkontinents, insbesondere seine asketische Tradition, wird einfach vereinnahmt. Die Grundlage dafür bildet die Geschichte von Barlaam und Josaphat. Zur Zeit des Jacobus de Voragine ist sie in Westeuropa schon weit verbreitet. Es gibt sie in lateinischen Fassungen, u. a. von Otto von Freising. Später wird daraus durch Rudolf von Ems ein mittelhochdeutsches Versepos. Es existiert auch eine französische Fassung. All diese abendländischen Ausgaben gehen zurück auf einen griechischen Roman, den man traditionell Johannes Damascenus (8. Jh.) zuschrieb – der wahrscheinlich aber erst um das Jahr 1000 im byzantinischen Reich entstand, und dies wiederum aufgrund von arabischen Quellen, welche ihrerseits aus manichäischen Quellen schöpften.[56] Es handelt sich also um die stete Westwanderung einer Geschichte, deren eigentlicher Ursprung tatsächlich in Indien zu suchen ist: Der lateinische Name Josaphat geht auf die griechische Fassung Joasaph zurück und diese verballhornt den Sanskrit-Namen Bodhisattva.[57] Durch diese Überlieferung ist Buddha also ein christlicher Heiliger geworden, mit einem Fest am 27. November.

Wie in den buddhistischen Quellen ist der Held der Erzählung der Sohn eines Fürsten, in der LA gar eines Königs. Dieser erscheint nun aber als ein Heide, welcher die indischen Christen verfolgt. Als ihm ein wunderschöner

Sohn geboren wird, erhält er die Weissagung, dieser werde später „ein Anhänger jener christlichen Religion sein, die du verfolgst" (180/2325). Es folgt, wie stets nach solchen Orakeln, der Versuch, die geweissagte Zukunft zu vereiteln, welcher sie natürlich erst recht herbeiführt. Der Sohn wird ferngehalten von allem, was ihn auf negative, weltabgewandte, religiöse Gedanken bringen könnte, fern also „von Tod, Alter, Krankheit, Armut und sonst etwas, was ihn traurig machen könnte" (ebd.). Umso mehr will der Jüngling bald diesem goldenen Käfig entfliehen, und obwohl seine Ausfahrten sorgfältig arrangiert werden, begegnet er einem Aussätzigen und einem Blinden, welche ihm das Leid zeigen, und später einem Greis, welcher ihm den Tod vor Augen führt. Hier werden deutlich die Motive der Buddha-Legende aufgenommen.

Josaphat ist der Mensch, dem die Erfahrung der Erlösungsbedürftigkeit erspart bleiben soll, der sie jedoch unweigerlich machen muss – und durch diese Bewahrpädagogik umso heftiger macht. Vielleicht ist es dieses so moderne wie offenbar zeitlose Motiv, das die Erzählung so universal erfolgreich machte. Doch diese Universalisierung kappt die abendländische Fassung. Denn die Erlösung wird Josaphat im Unterschied zu Buddha nicht durch einen individuellen Suchweg mit einer individuellen, aber universalisierbaren Erleuchtung zuteil – sondern durch die Begegnung mit der christlichen Botschaft. Sie lernt der Königssohn durch den Einsiedler Barlaam kennen, Mönch aus „der Wüste des Landes Sennaar". (180/2329)[58] Barlaam predigt dem Josaphat angeblich „von der Erschaffung der Welt, vom Sündenfall des Menschen und der Fleischwerdung des Sohnes Gottes, seinem Leiden und seiner Auferstehung", schließlich auch „vom Tag des Gerichts und von der Belohnung des Guten und der Bestrafung des Bösen". (180/2331) Mit anderen Worten: Er lehrt eine ordentliche christliche Normaldogmatik.

Merkwürdig nur, dass in den langen Reden Barlaams, welche die Legenda über Seiten wiedergibt, davon überhaupt nicht die Rede ist! Hier erzählt der Mönch vielmehr phantasiereiche Gleichnisse, deren Bilderwelten von Königsfamilien, von Schatztruhen, von einer sprechenden Nachtigall, von Mäusen und einem Einhorn und einer einsamen Insel märchenhaft und klischeemäßig orientalisch wirken. Die Lehre dieser Gleichnisse ist gänzlich ohne christliche Orthodoxie zu verstehen: Es geht stets darum, das Innerliche und Wesentliche vom Äußeren zu unterscheiden, nicht den Schein der Oberfläche, sondern die Güte zu wählen, welche sich nur dem erschließt, der der Welt entsagt. Die Überlieferungsgeschichte der Legende bringt also eine merkwürdige Überkreuzung zustande: Einerseits wird die indische

Spiritualität rigoros verchristlicht, andererseits wird unter dem Etikett des Christlichen eine universale Weisheit verkündet, welche sich keineswegs auf Sündenfall und Inkarnation bezieht. Die Erlösung hat hier der Weise, der Asket selbst in der Hand.

Die Geschichte wird dann noch dramatisch, weil Josaphats Vater, der heidnische König, mit allen Mitteln verhindern möchte, dass sein Sohn Christ wird. Nachdem die auch in den Wüstenvätergeschichten typischen Versuchungen – insbesondere natürlich durch schöne Frauen – nicht verfangen, inszeniert der Vater eine Religionsdisputation zwischen Christen und Heiden, welche ein Zauberer als Double des Barlaam vorsätzlich verlieren soll. Josaphat durchschaut den Schwindel und zwingt den Zauberer, die Sache Barlaams nun wirklich gut zu machen und so die überlegene Wahrheit des christlichen Gottes gegenüber den heidnischen Göttern zu erweisen. Die Disputation folgt dabei als Leitfaden dem frühchristlichen griechischen Apologeten Aristides[59] und trägt dadurch einen weiteren Verfremdungseffekt in den Roman ein: Inder diskutieren nun die Streitfrage westlicher Spätantike, Polytheismus versus Monotheismus. Noch verfremdeter muss die Situation den mittelalterlichen Zeitgenossen der LA vorgekommen sein, kannten sie doch die inszenierten und auf den Sieg des rechtgläubig-katholischen Parts abgestimmten Zwangs-Disputationen zwischen Katholiken und Juden. Die Disputation geht denn auch so aus, wie es dieses Vorbild nahelegt: Auch der heidnische Vater bekehrt sich, das Reich wird christianisiert.

Die Inkulturation der Buddha-Legende ins christliche Abendland – traditionsgeschichtlich via Byzanz und muslimisches Arabien – bewirkt also eine merkwürdige Überkreuzung religiöser Denkformen: Einerseits kündigt Barlaams Predigt christliche Dogmatik an, bietet aber weisheitlich-asketische Spiritualität ohne konfessionellen Zuschnitt. Andererseits vollzieht sich die Bekehrung des Buddha-Josaphat und seines indischen Königreichs anhand der westlichen Wahrheits- bzw. Gottesfrage und deshalb als konfessionelle Konversion (Taufe). Spirituelle „Selbsterlösung", wie sie dem Osten zugeschrieben wird, und doktrinär orientierte Rechtfertigung aus Glaube und Sakrament, wie sie für den Westen als typisch gelten, überlagern einander. Natürlich ist dies eine moderne, historisch-kritische Perspektive. Jacobus de Voragine ist noch bewusst, dass er von Indien erzählt, nicht jedoch, dass seine Geschichte vom Buddha handelt. Aber gerade indem die verarbeiteten inneren Widersprüche nicht auffallen, werden sie erzählend bearbeitet. Kommt Erlösung durch den richtigen Glauben oder durch die Wandlung des Herzens und der Praxis? Fragt ein religiös Suchender wie Josaphat nach der Wahrheit oder nach (s)einem Weg?

Claude Lévi-Strauss hat beklagt, dass der christlich-muslimische Gegensatz des Mittelalters den in der Spätantike (via Manichäismus, nestorianischer Mission oder auch baktrischem Hellenismus) angelegten Dialog zwischen biblischer und indischer Religiosität unterbrochen hat. Der Gegensatz zwischen Abendland und nahem Osten verhinderte die Begegnung mit dem fernen Osten, welche die Kulturgeschichte hätte verändern können.[60] In dieser Perspektive zeigt die Inklusion Buddhas in den Heiligenkalender eine verwehte Spur dieser nicht verwirklichten Möglichkeit. Gerade angesichts der Frage danach, was Erlösung sei, bleibt diese Spur noch freizulegen.

Ein Riese

Noch fremder als Juden und Inder sind jene Wesen vom Rand der Welt, von denen man nicht recht weiß, zu welcher Art man sie rechnen soll. Das Mittelalter ist bekanntlich voll von Berichten über fremdartige Bewohner der Ferne, Zwerge oder Riesen, Mischwesen, Aliens. Es hat diese Kunde schon aus der Antike übernommen, wo in Afrika und hinter Indien Gestalten leben, welche Plinius der Ältere geradezu katalogisiert: Es leben da die „Androgynen, Kyklopen, Pygmäen, Kentauren, Satyrn, Huffüßler, Schattenfüßler, Kynokephalen u. a."[61] Gilt auch ihnen die Botschaft von der Erlösung?

Wir wissen, dass den Fernen, als sie in den Erkundungskreis des christlichen Abendlandes gerieten, zwar Mission adressiert wurde, aber ganz überwiegend in Gestalt von Unterwerfung, Versklavung, ja Vernichtung.[62] Der LA ist solch ein imperialistischer Universalismus noch fern, mag er in den triumphalistischen Geschichten um den Sieg des Christentums über die Heiden auch vorgebildet und angelegt sein. Doch auch die inklusive Dynamik des Evangeliums dringt in der Legende bis an die Ränder des Menschseins vor, und dies in einer rein fiktiven Gestalt, welcher auch die antimythische moderne Reform des Heiligenkalenders nicht ihre Popularität nehmen konnte: nämlich mit dem Heiligen Christophorus.

Kaum jemand, dessen Auto eine Plakette des Nothelfers ziert, dürfte wissen, dass dieser Christophorus kein Mensch der Spezies Homo Sapiens war, sondern einer der eben genannten Kynokephalen: also ein Hundeköpfler. Auch die LA bringt diese Information aus der ursprünglichen griechischen

Christophorus-Legende des 8. Jahrhunderts[63] nur noch versteckt zwischen den Zeilen: Christophorus verdeckt dort bei seinen Begegnungen mit Menschen mehrfach sein Gesicht mit einem Tuch, und als ihn ein König unverhüllt erblickt, erschrickt er so, dass er gleich ohnmächtig vom Thron fällt (100/1300 f.). Was den Heiligen so unheimlich macht, müssen Leserinnen bzw. Hörerinnen der LA sich selbst denken oder von woanders her schon wissen. Ausdrücklich sagt die Legenda nur, dass Christophorus „einen schrecklichen Blick“ hatte; außerdem „eine riesige Gestalt“, denn diese „maß zwölf Ellen“, was etwa 5,40 Metern entspricht. (100/1295) Christophorus war also ein furchterregender Riese. Nach Voragines Quelle war er sogar ein Menschenfresser, den der Apostel Bartholomäus bei seiner Indienmission bekehrt hatte. „In der Ostkirche wird Christophorus deshalb manchmal mit Hundekopf dargestellt“.[64]

Im Westen wird Christophorus dagegen stets, seinen Namen interpretierend,[65] als starker Mann mit Stab in der Hand dargestellt, wie er das Christuskind auf seiner Schulter trägt. Diese Szene wird in der Legende tatsächlich berichtet, aber erst nach einer spannenden großen Vorgeschichte (100/1295–1299): Der Riese hat sich vorgenommen, „den größten Fürsten, den es auf der Welt gebe, zu suchen“, um nur ihm zu dienen. So lässt er sich zunächst an einem mächtigen Königshof anstellen. Als er aber bemerkt, dass der fromme König sich bei der Erwähnung des Teufels stets ängstlich bekreuzigt, schließt er, dass der Teufel mächtiger sein müsse – und tritt in dessen Dienst, der ihm bezeichnender Weise als „ein wilder, schrecklicher Soldat“ erscheint. Der Teufel wiederum weicht auf ihren Wanderungen ängstlich jedem Kreuz aus – also muss der dort Abgebildete noch größer und mächtiger sein.

Bis hier hin entwickelt sich die Geschichte als ein Schelmenroman: Der starke Riese ist eine Art Simplicius, ein kraftstrotzender, angstloser Simpel mit einer sehr schlichten, aber auf ihre Weise treffenden Logik. Auch der Humor des Schelmenromans lässt sich finden, etwa in dem Chiasmus, dass sich die Macht des Teufels am Bekreuzigen der Christen ablesen lässt, die Macht Christi aber an der Kreuzflucht des Teufels. Dieser Humor wird auch beibehalten und vertieft, als Christophorus nun bei einem Einsiedler in die Lehre geht, um Christus zu finden. Wer Christus dienen will, muss viel fasten, erklärt der Einsiedler, und Christophorus erwidert sofort: „Das kann ich auf keinen Fall erfüllen.“ Man sieht den Muskelprotz schon förmlich vom Fleisch fallen![66] Der Einsiedler legt nach: viel beten müsse man auch! „Darauf Christophorus: ‚Ich weiß nicht, was das ist, und einen derartigen Dienst kann ich nicht leisten.'" Der Riese ist offenbar – um mit Jürgen Habermas zu sprechen – „religiös unmusikalisch"[67]. Also stellt sich die ernsthafte Frage, ob so ein Kerl der Nachfolge Jesu fähig ist und ob er so erlöst werden kann. War die Suche dieses Starken nach dem weltweit Stärksten, dem er dienen möchte, überhaupt ein Ausdruck echter Erlösungssehnsucht? Der Einsiedler beantwortet diese Fragen positiv. Er tadelt den Riesen nicht für seine Weigerung, zu fasten und zu beten, sondern findet eine für den großen, starken Grobian angemessene Berufung: Er soll sich am Fluss niederlassen und dort alle Reisenden übersetzen. So wird Christophorus also zur Ein-Mann-Fähre, deren Stärke erst da fast ins Wanken gerät, als er dieses unerklärlich schwere Kind durch die Flut trägt. Der Knabe erklärt ihm nach getaner Arbeit:

> „Wundere dich nicht, Christophorus, denn du hast nicht nur die ganze Welt auf dir gehabt, sondern auch den, der die Welt erschaffen hat, hast du auf den Schultern getragen. Ich bin nämlich Christus, dein König, dem du mit deiner Arbeit dienst."

In dieser Geschichte steckt tatsächlich das Evangelium für die religiös Unmusikalischen – hier aber weniger für die Intellektuellen, sondern gerade für die Arbeiter unter ihnen. Jeder kann Christus dienen und ihn so finden, wenn er seine eigene Stärke in den Dienst der anderen stellt. Die Geschichte ist so ein Kommentar zum berühmten Jesuswort: „Was ihr dem geringsten meiner Brüder getan habt, das habt ihr mir getan." (Matthäus 25,40) Dieser Kommentar ist zudem nicht nur erfrischend un-religiös, sondern auch erfrischend wenig moralisierend erzählt. Christophorus leistet ja keine typischen Werke der Nächstenliebe. Er übernimmt einfach ohne Murren einen Job, für den er geeignet ist, im wörtlichen Sinne „gut gebaut".

Auf schlichte Weise formuliert dieser Schelmenroman höchste Theologie. In seiner Suche nach dem, der stärker ist als er, ja der stärkste der Welt, und der Pointe, dass darin eine anonyme Gottessuche steckt, kann man den Gottesbeweis Anselms von Canterbury wiedererkennen, welcher von der Selbstevidenz dessen handelt, der größer nicht gedacht werden kann und zugleich größer ist als alles, was gedacht werden kann.[68] Christophorus sucht dies, ohne das Konzept „Gott" zu kennen, und sucht darin nach der Legende eben wirklich Gott. Man kann in Christophorus so auch den „anonymen Christen" Karl Rahners[69] sehen: Er folgt Christus nach, trägt ihn sogar, ohne dies zu wissen, ohne dass dies seine ausdrückliche Motivation oder gar sein Bekenntnis wäre. Er wird so nach seiner Einweisung durch den Einsiedler zugleich zum „religionslosen Christen“ Dietrich Bonhoeffers[70], denn er ist Christusträger ohne religiös zu sein, ohne dass ihm religiöse Vollzüge wie beten oder fasten plausibel wären.

So viel komplexe, höchst umstrittene und höchst moderne Theologie implizit in einer oberflächlich betrachtet naiven Legende! Ihre narrative Theologie leistet tatsächlich dies: Sie inkludiert die Gestalten vom äußersten Rand, die denkbar Fremdesten – zweifelhaft selbst, ob sie eigentlich Menschen sind! – ins Evangelium. Es gilt ihnen und sie können es leben. Dass Christophorus am Ende auch noch das Martyrium für Christus erleidet, wäre dafür gar nicht nötig gewesen.

Ungeheuer

Mit einer weiteren äußerst populären Gestalt der Hagiografie (insbesondere ihrer Ikonografie in den Kirchen) dringt die LA noch tiefer in die Welt der – aus moderner Sicht gesprochen – Phantasiewesen und Heldensagen vor: Zum heiligen Georg gehört in fester Assoziation der Drache, so als sei er die fromme Variante des Siegfried. Und was jener schon im Namen trägt, scheint auch hier demonstriert zu werden: dass Erlösung Sieg und Vernichtung bedeute. Jedoch: Welche Art Sieg ist hier gemeint und wer wird hier eigentlich vernichtet?

Dazu müssen wir näher erkunden, was Drachen sind. Diese Wesen, die in der Fantasy-Welt bis heute nicht nur überlebt, sondern sich sogar prächtig vermehrt haben, begegnen in der LA keineswegs nur beim heiligen Georg, sondern in zahlreichen Variationen. In insgesamt zehn Legenden gibt es regelrechte Drachen-Episoden. Sie setzen schon bei neutestamentlichen Gestalten ein, beim Evangelisten Matthäus, bei den Aposteln Philippus und Jakobus und bei der heiligen Martha.

Bei Matthäus treten zwei Drachen als tödliche Begleiter von Zauberern, heidnischen Gegnern des Missionars, auf. (140/1828–1831) Das Gefährliche an ihnen ist der „Schwefeldampf aus Maul und Nüstern“, ein drachen-zoologisches Detail, das in Varianten immer wieder auftaucht: Im Unterschied zu dem heute geläufigeren Feuerspeien dieser Ungeheuer bedrohen die Drachen der LA die Menschen meist durch ihre übelriechenden Ausdünstungen. Ansonsten verläuft die Episode bei Matthäus jedoch erstaunlich undramatisch: „Sobald ihn die Drachen erblickten, schliefen sie zu seinen Füßen ein". (140/1831) Als dann das Volk zusammenkommt, schickt Matthäus die Ungeheuer „im Namen Jesu" einfach fort. Hier müssen die Drachen also nicht bekämpft werden. Das Evangelium befriedet sie und nimmt ihnen jeden Schrecken – den sie zuvor ja als Begleittiere übler Zauberer hatten. Zu dieser Logik passt, dass Matthäus gleich im Anschluss seinen Zuhörern von dem entrückten, aber immer noch vorhandenen irdischen Paradies erzählt, der Utopie eines lieblichen Gartens Eden mit Rosen ohne Dornen, ewig jungen Menschen, harfenden Engeln und Vögeln, die auf die Menschen hören.[71] Das Matthäusevangelium der Legende atmet offenbar den Geist einer durchaus irdischen Friedensutopie. Wo Jesu Erlösung Einzug erhält, verkrümeln sich die Drachen von selbst.

Die Erfahrung des Missionskollegen Philippus passt dazu: Er entdeckt einen Drachen unter einer Götterstatue, dessen „stinkender Hauch alle anderen krank" machte. (65/903) Auch hier ist ein Kampf unnötig: „Philippus befahl dem Drachen, an einen einsamen Ort zu gehen, damit er sicher niemandem mehr schade. Der Drache machte sich sogleich davon und ließ sich danach nicht mehr blicken." (Ebd.) Die Lösung vom Heidentum vertreibt auch hier die Drachenängste. Das Evangelium reinigt die Luft.

Die heilige Martha – in der Legenda bekanntlich[72] Schwester der Maria Magdalena und mit ihr samt dem Bruder Lazarus nach Südfrankreich verschlagen – ist die einzige biblische Frau, die es mit einem Drachen zu tun bekommt. Der „hauste in einem Wald jenseits der Rhone zwischen Arles und Avignon", er war „halb Landtier, halb Fisch, dicker als ein Ochse, größer als ein Pferd, die Zähne scharf wie ein Schwert, beidseitig gepanzert wie eine Schildkröte". (105/1333) Oberflächlich betrachtet ist dies die detailreichste drachen-zoologische Beschreibung der LA, offensichtlich dadurch motiviert, dass wir es hier mit einem Sonderfall, einem amphibischen Drachen zu tun bekommen. Doch dann schiebt der Text eine Notiz zur Vorgeschichte dieses Ungeheuers nach, welche zeigt, dass sie sich des überlieferungsgeschichtlichen Hintergrunds dieses Wesens durchaus bewusst ist: „Er war aus Galatien in Kleinasien übers Meer gekommen, gezeugt von Leviatan, der allerschrecklichsten Wasserschlange." (Ebd.)[73]

Leviatan ist tatsächlich ein mythisches Ungeheuer aus dem Orient. Die Einwanderung aus dem Mittelmeer vor Kleinasien zeichnet das genau nach. In der Bibel schwankt das Bild des Leviatan: Einerseits ist er die Verkörperung des Urchaos vor der Schöpfung – ein Chaos, welches zugleich die Wasserflut darstellt, die das bewohnbare Land stets begrenzt und bedroht. Als solches wird er von Gott besiegt bzw. bezähmt (Psalm 74,14 und Jesaja 27,1). Andererseits wird er, vielleicht schon in Abgrenzung von diesem Mythos, verniedlicht zu einem schlichten Wassertier, einem Geschöpf Gottes (Psalm 104,26). Und selbst die Beschreibung des provenzalischen Drachens als „beidseitig gepanzert" kann man als biblische Anspielung lesen: taucht doch Leviatan im Buch Hiob (Hiob 40) neben Behemot, dem Nilpferd, als mythische Überhöhung des Krokodils auf, auch hier bewusst uneindeutig zwischen mythischem Ungeheuer und wildem Tier changierend.[74] Dieser biblische Leviatan wird schon in der griechischen Übersetzung (der Septuaginta) als δρακων (drakon = Drache) bezeichnet.[75] Und das Untier aus der Marthalegende ist offenbar sein Sohn.

„Gegen diesen Drachen zog Martha auf Bitten des Volkes aus und fand ihn in einem Wald, wo er gerade einen Menschen auffraß." In starkem Kontrast zu dieser schrecklichen Szenerie genügt eine Geste der heiligen Freundin Jesu, um das Problem zu beseitigen: „Sie besprengte ihn mit Weihwasser und hielt ihm ein Kreuz entgegen. Da war er sogleich besiegt und stand da wie ein Schaf." (105/1335) Genauso wie bei Matthäus und Philippus ist es das Evangelium in seinen Symbolen, welches das Symboltier des Chaos, der bedrohlichen Wildnis, bezähmt. Selbst das Chaos kann integriert werden, wie schon die biblischen Lobpsalmen wissen: „Preist IHN von der Erde her, Seedrache, Urwirbel ihr alle." (Ps 148,7)

Wenn wir anschließend noch erfahren, dass der Drache mit dem Namen Tarascurus vom begleitenden Volk getötet wird, erscheint das demgegenüber geradezu unnötig, ja unangemessen – stellt aber wohl den Akt dar, in dem eben nicht Martha, sondern das Volk sich endlich seiner Angst entledigen kann. Die Schlussnotiz der Episode berichtet von einer Umbenennung des Ortes, der früher „Nerluc, d. h. niger locus ‚schwarzer Ort" geheißen habe, „weil dort schattige, schwarze Wälder waren". (Ebd.) Mit diesem Schwarzwald befinden wir uns endgültig in der Welt der Märchensymbolik: Der dunkle Wald ist die Außenseite der unbewältigten Ängste, die Ausgeburt der Unheimlichkeit, wo jedes Grauen möglich ist. Wie Gott den Leviatan bannt und zum kontrollierten Geschöpf befriedet, so wandelt die christliche Missionarin den Schrecken des Walddunkels zum friedlichen Schaf. Nur dass die so erlösten Menschen eben dazu neigen, gerade friedliche Schafe zu schlachten.

Beim Apostel Jakobus finden wir diesen Kippmoment weiter überschritten. Hier kommt der Drache erst nach dem Tod des Heiligen ins Spiel. Beim Überführen seiner Leiche zum feierlichen Begräbnis wird der

Trauerzug von einem diesmal tatsächlich „feuerspeienden Drachen" angefallen, doch die Begleiter des Leichenwagens schlitzten ihm „mit entgegengehaltenem Kreuz den Bauch auf" (99/1281). Der Drache erscheint hier wie ein Untier der bergigen Wildnis (seine narrative Stelle hätte durchaus auch ein Wolf oder Bär einnehmen können), und das Kreuz mutiert vom Symbol der Erlösung zur praktischerweise bei der frommen Prozession zuhandenen Waffe.

Damit verlassen wir die ursprünglich biblischen Gestalten. Bei einer uns schon bekannten Märtyrerin, der heiligen Margareta[76], begegnet uns eine neue Dimension des Drachenwesens. Nach blutiger Folter in ihrer Gefängniszelle betend, bittet Margareta darum, dass ihr sichtbar erscheine, wogegen sie tapfer kämpft. Und so materialisiert sich das Böse vor ihren Augen als „ein ungeheuerlicher Drache". (93/1219) Genau das hat sie wohl gewollt, denn nun ist der Gegner einfacher besiegbar: „Sie machte das Kreuzzeichen und er verschwand sogleich." Jacobus de Voragine ergänzt allerdings, dass es eine Variante der Erzählung gebe, in der Margareta von dem Drachen verschlungen wird, den sie dann durch das Kreuzzeichen von innen zum Zerbersten bringt. Doch diese Version gelte „als apokryph und albern". (Ebd.) Ich neige hier ausnahmsweise der rationalistischen Seite Voragines zu: Schließlich ist der Drache in der ursprünglichen Erzählung ganz klar als erbetene visionäre Erscheinung eingeführt. Er wird geradezu als Symbol vorgeführt, als sichtbare Gestalt des unsichtbaren Bösen, welches die verfolgte und gequälte Margareta peinigt. Und so kann symbolisch anschaulich gemacht werden, dass ihr Glaube an die Erlösung im Kreuz sie diese Pein bewältigen lässt. Die Drachengeschichte ist hier zu einer Glaubensgeschichte sublimiert – deshalb verträgt sie keine erneute Vergröberung durch „Fressen und Bersten" (ebd.).

Bestätigung und Ergänzung findet diese Deutung in einer Geschichte über den Papst Silvester. Der erfährt, dass auch (oder gerade?) nach der Bekehrung des Kaisers Konstantin zum Christentum unterhalb des römischen Kapitols[77] ein Drache haust, der „über dreihundert Menschen täglich mit seinem Hauch umbrachte". (12/285) Informiert durch eine Erscheinung Petri, des Protopapstes, steigt Silvester in diese Grube im Trapejischen Felsen hinab, predigt dem Drachen von Christi Erlösung und redet ihn dabei als „Du Satan" an. Silvester verbindet dem Drachen nach dieser Erklärung schlicht das Maul – „so wurde das römische Volk von einem doppelten Tod erlöst, von der Anbetung des Teufels und vom Gift des Drachens". (12/287) Auch hier muss der Drache also nicht getötet, nicht einmal vertrieben werden: Unter den heidnischen Trümmern Roms haust er weiter, aber er muss das Maul halten! Um die vorchristliche Vergangenheit zu bannen, reicht offenbar nicht die Konversion des Herrschers, die Christianisierung der Macht. Der Bischof muss auch noch die Unerlöstheit des Volkes besiegen, die hier ausdrücklich in einer doppelten Dimension gesehen wird: als Teufel (Satan) und als giftiger Drache. Der verkörpert also beides: das religiöse und moralische Böse und das allzu natürliche Übel, den Unglauben und die Ängste. Evangelisierung befreit in beiden Dimensionen; sie bringt zum Schweigen, was sonst als giftiger Hauch immer noch aus den Ritzen der Unterwelt aufsteigt.

Bleiben wir noch in Rom und bei den Päpsten: Der heilige Gregor der Große, Mönch, dann Diakon, wird vom Volk als Papst gewollt und dann auch gewählt, weil er die ewige Stadt von einer Seuche zu befreien half. Diese Seuche, in der Legenda als Pest bezeichnet, historisch wohl eine Mischung aus epidemischer Geschlechtskrankheit und Typhus[78], wird durch ein Hochwasser des Tibers ausgelöst, weil dies „eine Menge Schlangen und einen großen Drachen ins Meer“ schwemmte, dann wieder an den Strand spülte, so dass deren Verwesung „die ganze Luft mit ihrem fauligen Gestank“ verpestete. (46/611) Der Drache ist hier ganz in vormoderne Naturwissenschaft integriert: Er ist einfach ein Wasserwesen wie die Schlangen auch, und Seuchen entstehen aus giftigen Dämpfen. Gregor kämpft also gar nicht mit einem Drachen, sondern er organisiert Bittprozessionen, d. h. es gelingt ihm, den gläubigen Widerstand des Volkes gegen die Seuche zu mobilisieren, so dass diese schließlich zurückgeht. Diese Episode belegt ebenso wie die Geschichte des heiligen Donatus, welcher eine giftige Quelle dadurch reinigt, dass er den darin versteckten Drachen erlegt (115/1452 f.), die natürliche Seite der Drachensymbolik. Hier verkörpern sie nicht Satan, sondern unerklärliche Unbill, Krankheit und Vergiftung, von der man sich Erlösung erhofft.

Dieser schon nahezu aufgeklärte Umgang mit den Drachen scheint Jacobus de Voragine der angemessenste zu sein. Drachen sind für ihn einerseits einfach natürliche Wesen, Ungeheuer eben, die es tatsächlich zu geben scheint. Sie gehören in die Zoologie: Es gibt „eine Art von Tieren, die man Drachen nennt“, formuliert Voragine anlässlich der Theorie, nach welcher fliegende Drachen, sexuell erregt, ihren Samen auf die Erde fallen ließen, wo er in Brunnen und Flüsse gefallen Seuchen auslösen könnte. Dagegen entzünde man traditionell die Feuer der Johannesnacht aus Tierknochen – und an diesem Brauch „halten auch heute noch einige fest“. (86/1115) Dieser Brauch der Sommersonnwende kommt also auch Voragine schon antiquiert vor, und seine mögliche Erklärung trägt er keineswegs als Mythologie, sondern als mittelalterliche Naturwissenschaft vor.

Die Drachen selbst scheinen zu seiner Zeit schon ein wenig aus der Zeit gefallen. Sie tauchen nämlich nur bei den antiken, nicht jedoch bei den mittelalterlichen Heiligen auf. Eine Ausnahme macht hier ausgerechnet Voragines Ordensgründer, der für ihn fast zeitgenössische Dominikus. Doch bezeichnenderweise erscheint diesem der Drache nur „in einer Vision": Er sieht, dass dieser Drache seine Brüder verschlingen möchte und nimmt dies zum Anlass, sie zur Standhaftigkeit zu ermahnen. (113/1422–1425) Tatsächlich wenden sich kurze Zeit später auch eine Reihe von Brüdern von ihm ab. Der Drache ist also hier nur noch ein visionäres Symbol. Die unrealistische Wendung seiner Quelle, nach der dieser visionäre Drache die Brüder schließlich doch buchstäblich auffrisst, hat Voragine bewusst nicht übernommen[79] – er sah sie offensichtlich genauso als „apokryph und albern" an wie in der Geschichte der heiligen Margaretha.

Die Drachen der LA tummeln sich also zwischen diesen beiden Extremen: ihrer zoologischen Naturalisierung und ihrer spirituellen Sublimierung. Lebendig sind sie dort, wo sie etwas von beidem verkörpern: Sie sind Ausgeburten des Bösen, Inkarnationen des Satans, zugleich aber auch Personifizierungen natürlicher Schrecken und Übel. Auf die subjektive Seite gewendet: Sie symbolisieren Unglauben ebenso wie Ängste.

Einem durch diese Uneindeutigkeit quicklebendigen Drachen begegnen wir nun eben auch in der populären Legende des heiligen Georg. Ihre Popularität rührt sicher auch daher, dass wir es hier eindeutig mit einem Märchen zu tun haben: In einem exotischen Land – genannt Libyen – gibt es eine unbekannte Stadt – hier: Silena –, in der Nähe einen großen See, besetzt mit einem schrecklichen Ungeheuer.[80] Dieser Drache verlangt als Tribut, um die Stadt von seinem tödlichen Hauch zu verschonen, täglich zwei Schafe als Futter, oder auch als Opfer, nämlich „um seine Wut zu beschwichtigen". Als der Stadt die Schafe auszugehen drohen, geht die Bevölkerung zu Menschenopfern über und übergibt dem Drachen regelmäßig Söhne und Töchter, jeweils durch das Los bestimmt. Schließlich trifft dieses Los auch die einzige Tochter des Königs. Der möchte sich gern loskaufen, doch das Volk empört sich über diese schreiende Ungerechtigkeit, und so muss der König tränen- und wortreich von seiner Tochter Abschied nehmen.

So ist der dramatische Knoten mit allen Zutaten eines bewegenden Märchens geschürzt; es fehlt nur noch der plötzliche Auftritt des rettenden Ritters – und den gibt eben der heilige Georg. Er begegnet dem weinenden Mädchen, dass am See schon sein Schicksal erwartet, und natürlich besiegt er den Drachen, hoch zu Ross, bewaffnet sowohl mit Kreuz als auch mit Lanze. Er tötet den Drachen jedoch nicht sofort, sondern führt ihn gebunden zur Stadt. Die Prinzessin darf ihn führen und es „folgt ihr der Drache wie der zahmste Hund“. Erst jetzt wird aus dem Märchen eine Heiligenlegende. Denn Georg spricht zum Volk:

> „Fürchtet euch nicht, der Herr hat mich zu euch gesandt, dass ich euch von der Plage des Drachen erlöse. Glaubt nur an Christus. Jeder von euch soll sich taufen lassen, und ich werde diesen Drachen töten.“

Ausgerechnet in dieser zuvor so unspezifischen Geschichte, die bei Tausendundeiner Nacht ebenso wie bei den Gebrüdern Grimm zu finden sein könnte, wird am Ende die Quintessenz der Drachen-Theologie bündig formuliert: Es geht um Erlösung und konkret darum, dass das Christwerden (Glaube und Taufe) von allem zu befreien vermag, wofür die Drachen stehen. Dabei erzählt dieses Märchen die Symbolik tatsächlich tiefer und breiter aus als die übrigen Drachengeschichten der LA: Hier ist ein Gemeinwesen regelrecht vom Drachenübel belagert und kann sich seiner nur durch furchtbare Opfer erwehren – Opfer, die es allmählich zerstören müssen. Diese narrative Symbolik ist offen dafür, gefüllt zu werden mit unterschiedlichsten Erfahrungen der immer gleichen Struktur: Dass menschliche Gesellschaften bereit sind, furchtbare Tier- und Menschenopfer zu bringen, um das Übel in Schach zu halten, das sie doch gerade dadurch in Schach hält. Der menschenfressende Drache ist der Lohn der Angst. Die Stadt Silena spielt das Paradox menschlicher Selbsterhaltungsstrategien durch Selbstzerfleischung durch. Die Geschichte erzählt den dunklen Kern von Religion, von Gewalt, von Ökonomie.

Die kurze Predigt des Georg lese ich wie einen Kommentar jener semantischen Unklarheit am Ende des Gebetes Jesu, wo sich die Übersetzungen nicht sicher sind, ob es heißen sollte: „und erlöse uns von dem Bösen“ oder „und erlöse uns von dem Übel“. Im Urtext bei Matthäus (6,13) steht mit *ρυσαι* ein Verb, das eher „retten“ als schon religiös gefüllt „erlösen“ bedeutet. Und *πονηρου* ist eben jenes Übel, welches das moralische, physische oder metaphysische Schlechte miteinschließt.[81] In diesem Sinn sind die Drachen tatsächlich jene Macht des Bösen, welche die Welt auch in der Erfahrung Jesu gefangen hält, die Menschen in Angst und Versuchung bannt, und von der allein das anbrechende Reich Gottes Erlösung verheißt. In diesem Sinn stellen die Drachengeschichten an die christliche Soteriologie, die theologische Erlösungslehre, die Frage nach einer ebenso umgreifenden wie konkretisierenden Inklusion der Deutung von Übel und Bösem und deren Überwindung in Rettung, Befreiung, Erlösung.

Erlöste Tiere[82]

Mit Christophorus sind wir schon an den Rand der Menschheit gelangt. Mit den Drachen haben wir sie überschritten. Die Ränder der Menschheit werden in der LA ins Evangelium inkludiert. Die Drachen müssen gerade dazu ausgeschlossen werden – allerdings, wie gesehen, keineswegs immer vernichtet, sondern mitunter nur in ferne Reservate verwiesen oder zum Schweigen gebracht.

Nun sind Drachen jene Wesen, durch welche die Natur – da diese Wesen für die Überlieferung ja gewissermaßen zur Zoologie gehören – im Bann des Bösen, sozusagen mit einem Bein im von Gott nicht geschaffenen, sondern durch seine Schöpfung gerade verworfenen Nichtigen steht.[83] Sie sind deshalb zugleich – auch schon im Verständnis der Legendenerzähler – mythische Wesen, der Sphäre des Dämonischen zugehörig. Was aber ist mit der geschaffenen Natur jenseits des Menschen? Gilt das Evangelium auch ihr? Berührt die Erlösung und Heiligung der Welt, von der die Legenda erzählt, auch sie?

Tier-Rettungen

> „Ein kluger Vogel, der sprechen gelernt hatte, begann, als ihn ein Sperber verfolgte, zu rufen, wie er es gelernt hatte: ‚Heiliger Thomas, steht mir bei!' Und sogleich fiel der Sperber tot zu Boden, und der Vogel entkam." (11/261)

Diese kurze Notiz findet sich unter den posthumen Erhörungswundern des Thomas von Canterbury. Es handelt sich also um eine der jüngsten Geschichten der Legenda: Die Ermordung Thomas Beckets in seiner Kathedrale liegt zur Zeit der Redaktion Voragines noch keine hundert Jahre zurück. Tiere erscheinen auch in der Gegenwart der Legenda also noch unter den Subjekten von Wundergeschichten: Hier ist ein kleiner Vogel der erhörte Beter. Zweifellos steckt Humor in den wenigen Zeilen der Episode: Der

Vogel hat offensichtlich sprechen gelernt, wie man es von Papageienvögeln kennt. Vielleicht hat er in einem frommen Haushalt die zitierte Gebetsanrufung oft gehört. Aber er weiß sie in Todesgefahr situationsgerecht anzuwenden und wird so zum Nutznießer eines Wunders des Heiligen. Steht der Märtyrer aus den kirchenpolitischen Wirren Englands also auf der Seite von Beutetieren – gegen Greifvögel wie den Sperber? Und wie ließe sich dies theologisch rechtfertigen, wo doch beide Geschöpfe Gottes sind und der Sperber doch nur gemäß seiner Natur handelt? Mit welchem Recht trifft ihn dafür gleich der Tod?

Heiligengeschichten, in denen das torpediert wird, was die moderne Biologie die Nahrungskette nennt, finden sich häufiger. So befreit der irische Bischof Moling – der allerdings in der LA nicht vorkommt – einmal einen kleinen Vogel aus den Fängen eines Mäusebussards, dann aber auch gleich eine Mücke aus dem Schnabel des geretteten Vogels.[84] Hier wird also die Nahrungskette regelrecht rückwärts aufgerollt. Der Heilige steht offenbar auf der Seite der Opfer; er trifft eine Option für die Gefressenen. Er deutet damit an, dass eine Welt des Fressens und Gefressen-Werdens – welche (wohl nicht nur) gerade die Moderne für die natürliche Normalität hält – jedenfalls keine erlöste Welt sein kann.

Die Heiligen der LA betätigen sich vielfach als Tier-Retter. Vom heiligen Martin, sonst für seine Bettler-Hilfe und seine unfreiwillige Nähe zu Gänsen bekannt,[85] wird sogar erzählt, dass er eine von einem Dämon besessene Kuh heilte. Diese war offenbar wild und stößig. Martin sah den Dämon auf ihrem Rücken

> „und schrie ihm zu: ‚Weiche von diesem Tier, du Unseliger, und hör auf, ein unschuldiges Wesen zu plagen.‘ Da verschwand der Dämon sogleich, die Kuh legte sich dem Heiligen zu Füßen und kehrte auf sein Geheiß in aller Friedlichkeit zu ihrer Herde zurück.“ (166/2157)

In dieser Geschichte einer Dämonenaustreibung aus einem Tier deutet sich an, dass die Tierliebe der Heiligen – die sich in der LA also keineswegs auf den dafür bekannten Franziskus beschränkt zeigt[86]– mehr bedeutet als Mitleid mit den „Mitgeschöpfen“ (wie es heute gern formuliert wird).[87] Dämonenaustreibungen sind in den Evangelien zusammen mit Krankenheilungen die bevorzugte Weise Jesu, die verwandelnde, real erlösende Kraft des nahenden, anbrechenden Reiches Gottes zu demonstrieren. Die Jünger sollen dies fortführen (etwa nach Matthäus 10,8 parr) – und die Heiligen führen dies entsprechend auch fort. Wo geheilt und wo die Dämonen vertrieben werden, da bricht das Reich Gottes in Jesu Sinn an. Nach dem heiligen Martin, der keineswegs der einzige Tierheiler in der Tradition ist, gilt diese Verheißung also auch den Kühen.

Martin teilt mit Thomas von Canterbury und Bischof Moling auch die Parteinahme innerhalb von Tierkonflikten. So missbilligt er die Fischjagd der Haubentaucher so sehr, dass er „den Vögeln befahl, das Wasser zu verlassen und in verlassene Gegenden zu fliegen und sogleich flogen sie im großen Schwarm in Berge und Wälder". (166/2159) Die Geschichte stellt sich nicht die Frage, wovon die Haubentaucher in dieser Einsamkeit gelebt haben mögen – und da Martin die Beutegier der Vögel zuvor mit der Seelenjagd der Dämonen vergleicht, mag hier mehr ein Gleichnis versucht sein, als wirklich eine Aussage über Tiere.

Aber die Parteilichkeit der Heiligen zieht sich doch wie ein roter Faden durch zahlreiche Legenden: Der heilige Marianus, Klosterbruder beim heiligen Mamertinus (in dessen Legende er deshalb auch unterkommt), zeigt seine Vollkommenheit nicht nur dadurch, dass er „in einem Wald zufrieden Ochsen und Kühe hütete", er rettete auch ein Wildschwein, das sich vor Jagdhunden „in seine Zelle geflüchtet hatte". (129/1721) Auch seine Option für die Gejagten hat durchaus eine gewisse Paradoxie in sich. So befreit er eines Nachts heimlich eine Bärin aus der Schlinge, welche ihr seine Brüder gelegt hatten, weil sie den Schafen des Klosters nachstellte. „Flieh rasch, flieh, damit man dich nicht erwischt", ruft er ihr nach. (129/1723)

Auf solche Art subversiv zeigen sich die Tierrettungen der Heiligen vor allem gegenüber den Jägern. Die Verfolgung des Blasius, Vorgeschichte seines Martyriums, beginnt nämlich, als die Soldaten des heidnischen Statthalters sich bei diesem über den Einsiedler beklagen: Vor seiner Höhle sammelte sich das von ihnen verfolgte Wild, das sie dort auf wundersame Weise nicht fangen oder erlegen konnten. (38/540 f.) Diese Jagdfeindschaft der Heiligen ist jedoch keineswegs auf heidnische Jäger begrenzt. Der heilige Aegidius, Wald-Einsiedler auch er, lebt mit einer ihm von Gott „als Amme" gesandten Hirschkuh zusammen. Die wird einmal von den Knappen des Königs gejagt, aber wunderbar vor Hunden und Pfeilen bewahrt. Auf die Kunde hin ziehen auch König und Bischof in den Wald. Im Gedrängel schießt einer der Jäger einen Pfeil ab und „fügte dem Gottesmann, der für die Hirschkuh betete, eine schwere Wunde zu". (130/1727) So müssen Bischof und König Abbitte tun. Der Heilige nimmt seine nicht mehr heilende Wunde als Gottes Schickung zur eigenen Vervollkommnung an; er steht also als Beinahe-Märtyrer für seine Hirschkuh da, der ja der Pfeil eigentlich galt. Ein Heiliger, der für ein Tier zu sterben bereit ist, könnte gut Patron der Tierrechtsbewegung werden.

Mitunter werden aber auch Jäger bekehrt: Der heilige Placidus oder Eustachius jagt ein Rudel Hirsche, bis ihm im Geweih von einem „die Gestalt des heiligen Kreuzes, die heller als die Sonne leuchtete" erscheint, und Christus durch den Hirsch zu ihm spricht „wie seinerzeit durch den Esel des Bileam". (161/2069) Auf die Rolle von Tieren als Offenbarer wird zurückzukommen sein. Hier gilt es zu betonen, dass solch eine Begegnung natürlich ausschließt, dass der Jäger weiter seinem Handwerk nachgeht. Umso grotesker erscheint es von daher, dass der heilige Hubertus, auf den dieses Wandermotiv der Geweih-Erscheinung überging, zum Patron der Jäger wurde. Kann man ernsthaft auf Tiere schießen, wenn man diese als Epiphanie-Möglichkeit Christi anerkennt?

Die Taten der Heiligen an Tieren reichen, wie schon gesehen, immer wieder bis zu den wohl spektakulärsten, weitreichendsten Wundern (auch bei Jesus) überhaupt: zu Totenauferweckungen. So erweckt der heilige Germanus sogar eine schon verspeiste Kuh aus ihren übrig gebliebenen Knochen wieder auf. (107/1350 f.) Das wirkt an dieser Stelle (und innerhalb einer recht burlesken Szene) eher wie eine Art magisches Recycling. Dennoch stellen Tierauferweckungen indirekt sehr wohl die neuralgische Frage nach dem ewigen Leben, der Eschatologie-Fähigkeit der Tiere.[88] Auch Jesu Totenauferweckungen an der Tochter des Jairus (Markus 5 parr) oder an Lazarus (Johannes 11) riefen die Menschen ja zunächst nur in ihr irdisches, erneut sterbliches Leben zurück, galten aber als Vorschein und Deklaration der endgültigen Auferstehungshoffnung. Kann man eine tätige Option für die gejagten Tiere treffen, ohne dass sich die Frage stellt, wozu, zu welchem Ende, modern gesprochen: nicht nur als Mittel, sondern als Zweck, Tiere erschaffen wurden?

Die eschatologische Frage ist nur die letzte Frage – zeitlich wie logisch – nach der Erlösungsfähigkeit von Geschöpfen insgesamt. Und diese Frage stellen die Tiergeschichten der Legenden auch dadurch, dass Tiere in den Umkreis der Themen Schuld und Vergebung gestellt werden. Solche „moralisierenden" Geschichten empfinden wir heute als falsche Anthropomorphismen, als naive Vermenschlichung. Das gilt erst recht, wenn die Tiere sich dabei eminent wenig „artgerecht" verhalten. Für viele solcher Beispiele mag hier der berühmte Löwe des Hieronymus stehen:

In der erst im Mittelalter breit ausgestalteten Legende, wie sie in die LA Eingang fand, kommt dieser Löwe zunächst hinkend zum Kloster und lässt sich die von Dornen zerstochene Pranke heilen.[89] Anschließend lebt er als Haustier im Kloster und erhält ausgerechnet die Aufsicht über einen Lastesel als Aufgabe. Als er beim Eselhüten einmal einschläft, wird der Esel von vorbeiziehenden Händlern gestohlen. Die Mönche jedoch glauben, der Löwe sei nun doch seiner Raubtiernatur verfallen und habe den Esel gefressen. Zur Strafe muss er die Holzträgerarbeit des Esels übernehmen – und nimmt diese Buße auch demütig und klaglos an.

Das Motiv erinnert an das der unschuldig eines sexuellen Fehltritts angeklagten Frauen, die heimlich als männliche Mönche in Klöstern lebten.[90] Ob diese Parallele ganz zufällig ist? Mit dem Tier lebt ja ebenfalls ein gegenüber der klerikalen Männerwelt anderes Wesen eine Berufung, die man ihm so nicht zutrauen würde. Jedenfalls endet wie bei den Travestien auch hier die Geschichte mit einer Rehabilitation. Irgendwann sieht der Löwe die Händler mit dem gestohlenen Esel wieder und treibt sie brüllend zum Kloster, wo sie ihren Diebstahl gestehen müssen. Der Löwe aber fühlt sich wie befreit, er

> „warf sich den einzelnen Brüdern zu Füßen und wedelte mit dem Schweif, als ob er für den Fehltritt, den er nicht begangen hatte, um Verzeihung bäte."

Hier wird das große Drama um Schuld, Buße, Vergebung und Rechtfertigung als kleine Komödie erzählt, die umso leichter daherkommt, als es im Unterschied zur großen Erlösungslehre um einen Unschuldigen geht. Doch ist dies ja keine banale natürliche Unschuld: Der Löwe musste zuvor eine Umkehr vollziehen. Deshalb erweist sich seine Unschuld daran, dass er den Esel nicht gefressen hat, obwohl dies für ihn „normal" gewesen wäre. Sollte es sich hier um eine Parabel handeln – d. h.: wollte man diese Geschichte als Parabel lesen –, dann wäre der Vergleichspunkt der Mensch, der begnadet (geheilt von den Dornen, die in ihm stecken) nicht mehr der Sünde lebt, die ihm doch so natürlich war. Überträgt man die Metapher dieser Geschichte jedoch nicht gewohnheitsmäßig auf den Menschen (als müsse jede Tiere vermenschlichende Geschichte eine Fabel sein), sondern auf den auch nichtmenschliche Tiere betreffenden Aspekt des Evangeliums, dann geht es darum, dass die ganze Schöpfung dem Ruf zur Verwandlung, heraus aus ihren Raubtierverhältnissen, unterliegt.

Manches spricht dafür, dass diese Geschichte keine Fabel ist. Der Löwe spricht nie. Was er sagen will, zeigt er bei aller Vermenschlichung auf

Löwenweise – etwa so, wie es die klugen Hunde oder Delphine in Kinderfilmen tun. Der Löwe ist ein frommer Löwe, aber er bleibt ein Löwe. Sollte diese Geschichte über ihren rührenden naiven Unterhaltungswert hinaus auch von Zeitgenossen der LA schon metaphorisch gelesen worden sein, war der Übertragungsweg kein rein anthropozentrischer. Die Geschichte handelt dann wirklich von Tieren, auch wenn die Tiere der Legende sich nicht so verhalten wie die Tiere in der alltäglichen Erfahrung – zumal sich auch die Menschen der Legende nicht so verhalten wie die Menschen im Alltag der Rezipienten.

Tier-Vernunft

Um dies zu verstehen, müssen wir noch etwas eingehender hinschauen, wie die LA tatsächlich von Tieren erzählt und diese dabei ins Erlösungsdrama einbezieht.

Zur Zeit der Entstehung der LA ist philosophisch und theologisch längst entschieden, dass Tiere keine Vernunftseele haben. Sie sind also für die Scholastiker, insbesondere für die Aristoteliker, vom Menschen nicht nur graduell unterschieden. Tiere werden, auch in den Heiligengeschichten, unter die „unvernünftigen Geschöpfe" gerechnet.[91] Angesichts der erzählten Tiergeschichten ist allerdings genauer zu fragen, was hier mit Vernunft oder Verstand jeweils gemeint ist. Die philosophischen Kategorien stehen hier in Spannung zur narrativen Logik – und gerade aus dieser Spannung lässt sich durchaus ein theologischer Sinn erschließen.

So können Tiere zu Medien religiöser Erkenntnis bzw. übernatürlicher Wirklichkeit werden. Wie schon zitiert, bringt etwa ein Hirsch eine Botschaft Christi.[92] Der Hirsch wird dabei mit dem Esel Bileams aus Numeri 22 verglichen. In der dortigen Geschichte erscheint dem heidnischen Seher Bileam ein Engel Gottes, doch ausgerechnet der Prophet vermag ihn nicht zu sehen – wohl aber der Esel, welcher deshalb bockig wird. Bileam schlägt den Esel, bis Gott ihm den Mund öffnet.[93] Hierin besteht der Vergleichspunkt der Legende: Tiere können normalerweise nicht sprechen. Das Wunder besteht also darin, dass Gott ihnen Sprache verleiht. Es besteht aber nicht darin, dass der Hirsch etwas von Christus weiß oder dass der Esel den Engel sieht. Über das innere Wissen der Tiere, über ihre Beziehung zu Gott, ihrem Schöpfer, wissen wir nichts. Dies ist also mit dem Verdikt der „vernunftlosen Geschöpfe" nicht berührt.

Dass die Legenden hier einen Unterschied machen, lässt sich an Szenen belegen, welche Tiere in ähnlicher Rolle wie der des wahrsagenden Hirsches (oder Esels) zeigen, auch ohne dass es zu einem Sprachwunder kommt. So heißt es etwa in der Legende der heiligen Elisabeth:

> „Als sie gestorben war, sah man auf dem Giebel der Kirche viele Vögel versammelt, wie man es nie zuvor gesehen hatte. Die sangen so herrliche Weisen und in so vielfältiger Gestalt, dass sie alle in Erstaunen versetzten, weil sie ihr gewissermaßen das Grabgeleit gaben." (168/2199)

Hier wird deutlich herausgestrichen, dass es sich um keinen normalen Vorgang, kein erfreuliches Zusammentreffen von Ereignissen handelt, sondern um einen „bewussten" Akt der Vögel, auch wenn diese dabei ganz Vögel bleiben und tun, was Vögel tun können: auf einem Kirchengiebel sitzen und singen. Das Wunder besteht darin, dass die Vögel um Elisabeth wissen, um ihren Tod und um ihre Heiligkeit. Das Wunder besteht also in einer spirituellen Wahrnehmung der Tiere, die sie zu Verkündigern macht.

Diese Rolle nehmen Tiere erstaunlicherweise nicht nur innerhalb der erzählenden Legenden ein, sondern auch in den rahmenden Erklärstücken des scholastisch gebildeten, durchaus rationalen Theologen Jacobus de Voragine. So berichtet er etwa in der Erklärung des Weihnachtsfestes, dass „Ochs und Esel" an der Krippe Jesu „darauf verzichteten, von diesem Heu zu fressen", auf dem auch der Gottessohn lag. (6/181) Die Tiere sind in die apokryphe Ausgestaltung des Weihnachtsevangeliums geraten, um als lebendige Zeugen ein Prophetenwort wahr werden zu lassen: „Der Ochse kennt seinen Herrn, der Esel seine Krippe." (Jesaja 1,3)[94] Auch hier geht es also um die spirituelle Wahrnehmung von Tieren, die ihr inneres Verstehen des Heilsgeschehens in einem ungewöhnlichen Verhalten kundtun, das aber durchaus im Bereich ihrer natürlichen Möglichkeiten bleibt.

So wie für den Beginn der Erlösung bei Jesu Geburt erwartet die LA dies auch für das Ende der Tage. Zu den Vorboten, an denen man das Jüngste Gericht erkennen kann, gehört u. a., dass

> „alle Vögel des Himmels auf den Feldern sich sammeln, jede Gattung für sich, nicht fressen, nicht trinken, in Furcht vor der nahen Ankunft des Richters." (1/85/87)

Diese Notiz findet sich in Voragines Erklärung des Advents, in dem die Christen eben nicht nur die Geburt Jesu, sondern auch seine Wiederkunft erwarten. Warum merken die Vögel das Nahen der Apokalypse offensichtlich früher als die Menschen, die deshalb deren merkwürdiges Verhalten als prophetisches Zeichen deuten sollen? Und warum fürchten sich die Tiere vor der Ankunft des Richters? Wird denn auch ihnen das eschatologische Drama des letzten Tages gelten?

Die Vögel als Boten des Weltendes sind mit Ochsen und Esel als stummen Propheten der Inkarnation eng verbunden. Beide gehören zu Advent und Weihnachten. Wie beim Esel Bileams, wie bei den Vögeln der Elisabeth geht es darum, dass Tiere etwas wahrnehmen, was den Menschen noch nicht klar ist. Sie haben gewissermaßen einen „siebten" (oder noch höher zu zählenden) Sinn für das, was sich heilsgeschichtlich ereignet – und was gerade den rationalen, in ihrer Ratio jedoch auf das Irdische, das Sichtbare bezogenen Menschen unsichtbar bleibt.

Der Franziskanertheologe und Franziskus-Biograf Bonaventura (an dessen Lebensbeschreibung sich die Franziskus-Legende der LA stark orientiert) sprach im Zusammenhang mit der besonders engen Tier-Beziehung des Armen von Assisi tatsächlich von einem „besonderen Sinn" der Tiere für das Geheimnis.[95] Dies ist eine in der christlichen Legendentradition, etwa in den antiken Apostel-Akten tief verankerte Überzeugung: „Tiere sind auch in ihrer Funktion als Mittlerwesen in der Lage, das Göttliche wahrzunehmen, z. B. indem sie (…) Apostel erkennen und verehren, die christliche Botschaft verkünden".[96] Der Ausschluss der Tiere aus dem Begriff menschlicher Vernunft – der Scholastikern wie Bonaventura und Voragine selbstverständlich ist – bedeutet also keineswegs, dass ihnen eine eigene Art der Vernunft im wörtlichen Sinn, eine Art des Vernehmens, des Wahr-Nehmens abgesprochen wird. Und mit diesem nun wiederum den Menschen unzugänglichen, geheimnisvollen Vernehmen des Geheimnisvollen sind sie in das Erlösungsgeschehen von der Schöpfung bis zur Eschatologie (Jüngstes Gericht!) einbezogen. Sie stellen keineswegs – wie das erst dem viel radikaler anthropozentrischen modernen Empfinden naheliegt – die „stumme Natur", das rein bio-logische Leben dar, welches mit der Welt ethischer und religiöser Bedeutungen nichts zu tun hat. In der Behauptung dieses Dazugehörens dürfte der tiefste Grund auch für das Tierverhältnis des Franz von Assisi liegen, von dem es in der LA geradezu mottohaft heißt:

> „Die Tiere nannte er alle Brüder und Schwestern." (149/1951)

Tierfrieden

Der Einbezug der Tiere in das Erlösungsgeschehen umkreist gewissermaßen immer neu den berühmten Text aus dem Prophetenbuch Jesaja:

> „Dann gastet der Wolf beim Lamm, / der Pardel lagert beim Böcklein, / Kalb und Jungleu mästen sich vereint, / ein Knabe treibt sie einher, / Kuh und Bärin sind Weidegenossen, / ihre Jungen lagern mitsammen, / der Löwe frisst Stroh wie ein Rind. / Der Säugling erlustigt sich / an der Höhle der Viper." (Jesaja 11,6–8)[97]

In dieser Verheißung geht es sowohl um den Frieden der Tiere untereinander als auch um den zwischen Tieren und Menschen: Die „Raubtiere" überwinden gewissermaßen ihre Raubtiernatur, werden offenbar Vegetarier, und so können auch die Menschen von Kindheit an friedlich in diesem Multispezies-Paradies mitleben.

Merkwürdigerweise reflektiert der Text allerdings nicht den gewalttätigen Anteil der Menschen selbst an diesem Beziehungsgeflecht: Müsste nicht gerade der Mensch, der laut Genesis „Furcht und Schrecken … auf alle Tiere der Erde" legt (Gen 9,2), seine Raubtiernatur überwinden, damit dieses Paradies möglich wird? Was würde Böcklein, Kalb und Rind die Friedlichkeit von Panther, Löwen und Bärin nutzen, blieben sie weiterhin des Menschen Schlachtvieh? Diese Lücke hat in der Auslegungstradition mitunter dazu eingeladen, die Verheißung als Metapher für einen doch nur anthropozentrisch gemeinten, sozialen und politischen Frieden zu deuten. Schließlich wird der Text durch diese Perspektive gerahmt und geht über in die Formulierung: „Man tut nichts Böses mehr …" Doch sind die Tiere des Textes ganz offensichtlich wirkliche Tiere, zielt die Prophetie also auf eine Erlösung von Gewalt, welche das einbezieht, was wir heute „die Natur" nennen.[98] So haben auch die Heiligenlegenden diese Verheißung narrativ rezipiert: Die den Heiligen gehorsamen, die frommen, die um Hilfe nachsuchenden Tiere sind Boten der beginnenden endzeitlichen Erlösung, Vorzeichen des anbrechenden Reiches Gottes. Die Souveränität der Heiligen über die wilden Tiere ist deshalb auch nicht einfach eine Machtdemonstration – wiewohl dieser Aspekt vorkommt –, sondern ein Ausweis ihrer Antizipation erlöster Verhältnisse.[99] Und deshalb sind diese Heiligen eben auch veränderte Menschen, auch in ihrem Verhältnis zu den Tieren.

In den Traditionen, die vor der LA liegen, lässt sich diese prophetische Perspektive mitunter weitaus radikaler finden, als das Kompendium des Jacobus de Voragine sie rezipiert hat. In den apokryphen Apostelakten etwa aus den ersten christlichen Jahrhunderten finden sich Berichte über die Tierbeziehungen neutestamentlicher Gründerfiguren, welche über die Geschichten der LA deutlich hinausgehen. So wissen diese Überlieferungen etwa von einem Löwen, den der Apostel Paulus eigenhändig taufte – und der ihm später im römischen Zirkus wiederbegegnet und ihm die Angst vor den Bestien der Arena nimmt.[100] Ein Löwe, welcher die Taufe begehrt und sie in einer regelrechten frühchristlichen Taufliturgie gespendet bekommt, steht dafür, dass sich die „Erfüllung des Heilsplans … auf die Erlösung der ganzen Schöpfung von Tod und Gewalt" bezieht[101] – aber mehr noch dafür, dass die nichtmenschlichen Tiere in dieser Erlösung nicht nur Objekte von Befreiung und Befriedung, sondern selbst Subjekte einer Gottesbeziehung sind.

Diese Subjektwerdung der Tiere im Erlösungsgeschehen bezieht in den Philippusakten[102] sogar das Meerungeheuer Leviatan mit ein – und überschreitet damit die in der LA beobachtete Theologie der Drachenwesen.[103] Angesichts einer Sturmstillung, die der Apostel Philippus wie sein Messias Jesus, nun aber sogar auf hoher See, vollbringt, kommen die Meeresbewohner zu einer Art kosmischer Liturgie zusammen: Das Meer wird von innen her erleuchtet und

> „als die Meeresungeheuer und die Fische und die Tiere diesen Glanz im Meer erblickten, bildeten sie einen Kreis, huldigten dem Licht und sangen Loblieder in ihren Sprachen."

Die Vernunft, das Gott-Vernehmen der außermenschlichen Schöpfung, vollzieht sich hier darin, dass die Meeresgeschöpfe – die sonst besonders deutlich für das Stummsein der Natur stehen – zur Sprache kommen und so gewissermaßen das Pfingstwunder gegenseitigen Verstehens (Apostelgeschichte 2,5–13) vervollständigen.

In den Philippusakten werden auch – so wie bei Paulus und Thekla ein Löwe – ein Leopard und ein Ziegenkitz zu gegenseitigem Frieden und zum christlichen Glauben bekehrt. Dies geschieht ausgerechnet in einer Landschaft, die hochsymbolisch „die Wildnis der Drachenfrauen" genannt wird.[104] Der Leopard wünscht ausdrücklich, „dass ich meine wilde Natur ablegen kann" und die Apostel Philippus und Bartholomäus beten darum, dass den Tieren „ein menschliches Herz geboren" werde.[105] Die Erzählung deutet darauf hin, dass diese Tiere auch „an der Eucharistie teilnehmen werden", so dass die apostolische Mission insgesamt darauf hinausläuft, „eine Kirche zu bauen und die Tiere in ihr zuzulassen ‚als ein Zeichen für die, die glauben'".[106]

Nun mag man in dieser Weise narrativer Überwindung eines soteriologischen Anthropozentrismus zugleich den Gipfel von Anthropomorphismus sehen: Die Tiere werden zu Subjekten der Erlösung um den Preis, dass sie völlig vermenschlicht dargestellt werden und so wieder eher Fabeltieren gleichen, deren Theologisierung sich nur schwer auf die real erlebte Tierwelt übertragen lässt. Möglicherweise ist dies ein Grund dafür, dass diese Überlieferungen sich gerade in der westlichen Tradition nicht durchgesetzt haben, so auch nicht in die Rezeption der LA gelangten. Ein übersteigert fabulierender Anthropomorphismus in der Tierdarstellung mag sogar eine Symbolik tierlicher Gottesbeziehung – wie sie etwa in den vorsichtig gezeichneten Vögel-Szenen der Franziskus- oder Elisabeth-Legenden zum Ausdruck kommt – eher behindern; so wie Tiere in Märchen häufig eher verzauberte als bezaubernde Tiere sind.

Doch gibt es wohl noch einen anderen Grund, warum diese frühchristlichen Tiergeschichten nicht verbreiteter rezipiert wurden. Hinter diesen Apostelakten stehen wahrscheinlich christliche Gruppen, die „von der etablierten Kirche des 4. Jh. wegen ihres asketischen Lebensstils und ihrer als fragwürdig wahrgenommenen theologischen Ansichten kritisch beäugt" wurden. Bei ihnen standen strenge sexuelle Askese, „vegetarische Ernährung (…) und die Einbeziehung von Tieren in das Erlösungsgeschehen" für einen tendenziell utopischen Glauben daran, „dass es eine Alternative zu der sozialen und politischen Unterdrückung gibt", welche die Welt prägt.[107] Solche Stimmen fanden nicht in den Mainstream der kirchlichen Überlieferung – und so verstummten mit ihnen auch die Stimmen der Tiere. Die LA haben diese Geschichten also gar nicht erst erreicht. Es bleibt spekulativ, ob etwas von ihnen trotz der anthropozentrischen Rahmen-Ideologie in die Sammlung Eingang gefunden hätte. Wir stehen hier also an einer analogen Stelle wie bei der Betrachtung der laikalen, der anti-kyriakalen, der die Anderen und Fremden in Spiel bringenden Erzählungen: Werden sie im klerikalen, sexistischen, dogmatischen Rahmen der LA-Redaktion still gestellt – und bleibt meine Grabung nach ihnen dann doch ein ebenso apologetisches wie hilfloses Unternehmen? Im Blick auf die Tiere mag diese Befürchtung sogar noch naheliegender sein: Der philosophische und theologische Speziesismus kirchlicher Ideologie dürfte noch lückenloser, noch tiefer in unhinterfragten Voraussetzungen verankert sein. So bedeutet die „Rettungsgrabung" hier gleichzeitig Anzeige und Fehl-Anzeige.

Als Anzeige beharrt sie auf der Bedeutung verschütteter Bestände von Erlösungshoffnung, die es für ein Entwirren des Erlösungskomplexes zu heben gilt. Deshalb habe ich hier den Exkurs zu den Apostelakten (vor-)konstantinischer Zeit eingeschoben: Gerade aus dieser Zeit, gerade aus dem christlichen Osten und gerade aus der Tradition asketischer Randgruppen haben sich Erzählungen bis in die LA erhalten. An ihrem Ende – bevor es mit Barlaam und Josaphat ins ferne Indien geht (180/2322–2347)[108] und mit einem langen Geschichtsbericht, geradezu einer abendländischen Chronik ausgehend vom Papst Pelagius (181/2348–2405), sowie mit der Deutung des Kirchweihfestes (182/2406–2435)[109] der Schlussakkord der LA gesetzt wird – stellt Jacobus de Voragine eine Auswahl von Überlieferungen der Wüstenväter zusammen, die sich nicht mehr an die Reihenfolge des Heiligenkalenders halten. Dem Dominikaner Voragine scheint diese Betonung monastischer Spiritualität im Ausklang seiner Legenda wichtiger gewesen zu sein als das sonst durchgehaltene Gliederungsschema der Heiligenfeste.

Mit den Wüstenvätern gelangt eine deutlich fremde Note in die Legenda: Spektakuläre Handlungen, Wunder und Martyrien treten in den Hintergrund. Es geht nun vornehmlich um weise Sprüche, um spirituelle Belehrung. Diese Lehre ist auf Individuen zugeschnitten, ebenso kritisch gegenüber dem Treiben der Welt wie gegenüber jedweden Institutionen einschließlich der Kirche. Es wirkt fast, als würde hier der buddhistische Geist des Barlaam schon Einzug halten:

> „Wenn du Ruhe finden willst in dieser Welt und in der künftigen, dann sprich in jeder Lage: ‚Wer bin ich?' – Sitz in deiner Zelle, die wird dich alles lehren. – Fliehe die Menschen und schweig."[110]

Dies sind die typischen Weisungen von Vätern wie Pastor (Poimen), Moses oder Arsenius. Gerade die letzte Aufforderung, die Menschen zu fliehen, haben viele Wüstenväter darin wörtlich befolgt, dass sie sich stattdessen für ein Leben mit Tieren entschieden. In solchen Geschichten aus den Apophtegmata Patrum, den Sprüchen der Väter, begegnen die Einsiedler nicht nur vereinzelt Tieren, sondern sie leben regelrecht unter ihnen, mit Gazellen an einer fernen Oase, mit Löwen oder Hyänen in einer Höhle oder mit einer drachenartigen Schlange an einem Feigenbaum, dessen Früchte man brüderlich aufteilt.[111]

Doch auch hier gilt es, eine auffällige Enttäuschung zu notieren: In den Exzerpten der LA aus den Wüstenväter-Überlieferungen kommen Tiere nicht vor. Es bedürfte einer eingehenden redaktionskritischen Untersuchung, um zu klären, ob dies einfach der Quellenlage Voragines geschuldet ist[112] oder ob sich darin eine Tendenz niederschlägt, die Bedeutung der Tiere in einer westlichen und scholastischen Perspektive zu marginalisieren. Gegen zweitere Annahme sprechen jedoch nicht nur die bisher schon referierten Tier-Geschichten auch westlicher berühmter Heiliger. Wenn etwa der schon erwähnte Blasius[113], Einsiedler auch er, nicht nur unter den Tieren des Waldes lebt, sondern „ihnen die Hand auflegte und sie segnete" (38/541), dann drückt sich auch darin eine Begegnung auf Augenhöhe aus. Segnen und Handauflegen sind typische Bestandteile von Sakramenten (wie der Firmung und der klerikalen Weihen) und Sakramentalien.[114] Ganz so weit entfernt von einer Taufe von Tieren steht dieses Motiv also nicht. Doch darüber hinaus hat die LA Tiermotive der Wüstenväter-Legenden an anderen Stellen sehr wohl übernommen – etwa bei der durch Löwen beerdigten Wüstenmutter Maria.[115]

Die erstaunlichste Übernahme findet sich jedoch in der Legende des heiligen Einsiedlers Paulus – mit dem wir (seinem Festtag am 10. Januar geschuldet) nicht nur an den Anfang der LA zurückspringen, so als würde das Wüstenvätermotiv die LA doch auch ein wenig rahmen, sondern auch an den Beginn der Einsiedlerbewegung: soll dieser Paulus doch „der erste Einsiedler" (15/333) und so auch noch ein Vorgänger des berühmten Antonius gewesen sein. Allerdings ist dies historisch gesehen eine Fiktion: Paulus dürfte eine Erfindung des Schriftstellers Hieronymus sein, der – eifersüchtig auf den Bestseller-Erfolg des Alexandriner Patriarchen Athanasius mit seiner „Vita Antonii" – dieser noch eine „Episode 1" vorschalten wollte.[116]

Um seiner Fiktion fiktionale Glaubwürdigkeit zu geben, muss Hieronymus seinen Ureinsiedler mit dem schon bekannten, zu entthronenden Ureinsiedler Antonius in Beziehung setzen. Deshalb berichtet er eine Art Pilgerbesuch des Antonius bei Paulus, bei dem der angeblich Jüngere dem Älteren seine Reverenz erweist. Und ausgerechnet diese Geschichte wird in der LA zur Kern-Legende des Paulus. Auf seinem Weg zu Paulus durchläuft Antonius nun genau den Weg, den unsere Erkundung in den vorigen Abschnitten genommen hat:

Zunächst begegnet er „einem Hippokentauren, einem Mischwesen aus Mensch und Pferd, der ihm mit der Rechten den Weg wies". Gleich darauf begegnet er einem Mischwesen aus Mensch und Ziege, und schließlich einem „Wolf, der ihn zur Zelle des heiligen Paulus führte".[117] Antonius muss also symbolisch zum Rand der Welt vordringen, dorthin, wo wir dem Hundeköpfler Christophorus begegnet sind.[118] Jenseits dieses Übergangsfeldes der Spezies gelangt er zu den wirklichen Tieren – und gleich geleitet ihn ein zahmes Raubtier. Beim folgenden gemeinsamen Mahl der beiden asketischen Heroen bedient sie ein Rabe – der Vogel für die Essensversorgung seit dem Propheten Elia (1 Kön 17,2–6), in der LA aber auch beim heiligen Benedikt (49/658 f.). Als Antonius gerade Abschied genommen hat, stirbt Paulus und es kommen – wie bei Maria von Ägypten – „zwei Löwen, gruben ein Loch, begruben ihn und kehrten in den Wald zurück."

Damit wird – entgegen der Tierlosigkeit der übernommenen Väter-Sprüche – der Ur-Mythos der Wüstenmönche geradezu identifiziert mit einem erlösten Leben in der Wildnis, unter und mit den Tieren. Virginia Burrus hat die merkwürdige Stellung des Antonius zwischen den Dämonen in der Vita des Antonius und den Tieren in der Vita des Paulus gedeutet als Symbolik einer Erlösung des Menschen, die nur durch Transformation über das rein Menschliche hinaus möglich ist: "Human hope for salvation rests on the possibility of the transformation effected through both ascetic training and divine grace."[119] Beides ist notwendig: der Kampf mit den Dämonen, den sozusagen übernatürlichen Versuchungen des Menschlichen, und die geschenkte neue Einmütigkeit mit den Tieren, als Zeichen und Wirklichkeit der wieder mit sich selbst versöhnten Natur des Tieres Mensch.

Nur wenn der Mensch sich seinem Zug der Hybris, Engel sein zu wollen, gar Gott gleich (dem Sündenfall von Genesis 3,4 f.), der ihn regelmäßig zu den Dämonen führt, wieder entzieht, und stattdessen Frieden schließt mit der Natur, wird er zu sich selbst und zu Gott finden. Des Antonius Reise von seinen Dämonen über die Mischwesen zu den Tieren und zum Einsiedler Paulus erzählt genau diese Reise. Es ist eine Art spiritueller Reisebericht und Wegweisung zum Tierfrieden von Jesaja 11. Dieser Tierfriede ist dann immer noch anthropozentrisch, nämlich vom Menschen aus gedacht, als Weg seiner notwendigen Erlösung. Aber davon haben dann auch die Tiere etwas, insofern es ihr Friede sein wird, befreit vom Raubtier Mensch, vom Alptraum seines einseitigen Herrschaftsauftrags (Genesis 1,28). Diese Erlösung wird eine sein, die auch die Tiere zu feiern haben.

UTOPIE

Meister der Osservanza, Sankt Antonius und der Berg von Gold
(ca. 1435. New York, Metropolitan Museum of Art)

Die Ruhe der Wüstenväter[1]

„Sammle, Bruder, einen Schatz im Himmel,
denn grenzenlos sind die Äonen der Anapausis."
Abbas Hyperechios (923, I 317)[2]

Mit ihrem literarischen Bruch im Schlussteil, den nicht mehr dem Kalender folgenden Zusammenstellungen von Wüstenväter-Anekdoten und -Sprüchen (in LA 175–179/2298–2321) gibt die Legenda des Jacobus de Voragine ein deutliches und merkwürdiges Zeichen über sich selbst hinaus. Stilistisch ist fühlbar, dass hier nicht mehr der übliche Legendenton vorherrscht. Eine Tür in eine fremde Welt wird aufgestoßen, so als habe alles zuvor noch nicht genügt.

Was gerade zuvor stand, war die unsägliche Gewaltorgie über Jakobus, „den Zerschnittenen".[3] Die heroische Märtyrer-Prosa wird hier auf die Spitze getrieben und gewissermaßen auch ad absurdum geführt. Was nun folgt, kann also auch der Leser wie eine Erlösung erleben: Ab jetzt ist Ruhe. Und ab jetzt geht es auch um die Suche nach Ruhe, bis hinein in die den Wüstenvätern folgende Geschichte über Barlaam und Josaphat.[4]

Eine Legendensammlung ist eine offene Form. Die LA hat dies in ihrer Rezeption durch ihr Auswuchern in unterschiedliche Übersetzungen und Ergänzungen erfahren. Aber auch die ursprüngliche Fassung demonstriert es durch ihr ausfaserndes Ende gewissermaßen selbst. Sogar die Rahmenlogik des Heiligenkalenders muss die LA für das Einbringen dieser Stoffe verlassen, die Daten des Heiligenkalenders springen von Legende zu Legende, weil die Reihenfolge nun den behandelten Gestalten gilt. Offenbar war es für die monastische Spiritualität der Dominikaner wichtig, diese Stoffe – weniger Geschichten als vielmehr Spruch- und Anekdotengut – prominent und geschlossen gegen Ende der Sammlung zu präsentieren.

Ich nehme diese Form deshalb als Einladung, am Ende unserer Erkundungen mit den Wüstenväterlegenden über diese hinaus, vielmehr: hinter diese zurück zu deren Quellen zu steigen. Schon die Tiere der LA haben mich ja am Ende zu diesen Vätern geleitet. Ich frage also nach einem Aspekt des Erlösungsverständnisses in der Heiligenüberlieferung, der sich in den in die LA eingestellten Stoffen nur sporadisch, in den von ihr genutzten Quellen jedoch deutlich breiter niedergeschlagen hat. Zugleich hat dieser Schluss durchaus auch einen systematisch-theologischen Sinn: Der offene Schluss einer Erlösungslehre, einer Soteriologie, wird immer in einer Lehre von den „letzten Dingen", einer Eschatologie bestehen müssen. Um eine solche aus-Sicht vom Vorletzten ins Letzte geht es bei den Wüstenvätern. Ich gehe also gewissermaßen durch die Tür, welche Voragine mit den letzten Räumen der LA öffnet, und tue einen Blick hinaus in die Landschaft, von der er sich nur einige Bilder in seine Räume gehängt hat.

Seine Ruhe haben wollen

„Was habt ihr denn sehen wollen, als ihr in die Wüste hinausgegangen seid?" (Lukas 7,24), fragt Jesus die Fans des Asketen, Propheten und Täufers Johannes. Ähnlich muss sich wohl fragen lassen, wer sich heute für die Wüstenmönche des frühen Christentums interessiert. Wandern wir lesend zu ihnen aus Neugier und Faszination für eine Zeit, als die „Religion noch nicht langweilig war"[5]? Es gibt ja genug Sensationelles zu bestaunen: ungestüme Radikalität, eine Askese, die mitunter Abenteuergeschichten produziert. Oder sind wir auf der Suche nach Anknüpfungspunkten für unsere eigene christliche Spiritualität, nach deren Quellen in der Tradition? Wir werden dann viele wirklich weise, seelenkundige, auch paradoxe Sprüche finden, die buddhistischen Weisheiten nicht nachstehen. Wir werden auch auf körperliche und seelische Selbstquälerei stoßen, auf eine Frauenfeindlichkeit und eine geradezu krankhaft anmutende Sexual-Phobie, die nicht nur fremd, sondern auch abstoßend wirkt.[6]

Vielleicht gehen wir aber auch forschend in die Wüste, um die Frage umzudrehen, um sie zunächst einmal an die frühen Einsiedler zu stellen: „Was habt ihr denn sehen wollen, als ihr in die Wüste hinausgegangen seid?" Was haben sie dort gesucht, was haben sie dort – wie man so sagt – „verloren gehabt"?

Ich bin bei dieser Nachfrage auf ein Wort gestoßen, dass vielfach variiert in den Sprüchen und Geschichten der Wüstenväter auftaucht: Anapausis (αναπαυσισ, als Substantiv) oder anapauein (αναπαυειν, als Verb).[7] Es scheint eine zentrale Rolle zu spielen bei dem, was die Väter in der Wüste suchten. Es bezeichnet auch das, was sie tatsächlich verloren hatten. Oft bezeichnet es aber auch etwas, das sie vermeiden möchten oder sollen, vor dem sie geradezu fliehen. Das ist ein verwirrender, paradoxer Befund – und gerade deshalb eine heiße Spur auf der Suche nach dem, worum es diesen frühen Radikalen einer sich gerade etablierenden Christenheit ging.

Anapausis bedeutet so viel wie Ruhe.[8] Es steckt ja unser Wort Pause darin, und auch in diesem schlichten Sinn wird Anapausis häufig gebraucht: als Unterbrechung von der Arbeit, als Ausruhen. Das Projekt der Einsiedeleien in der Wüste, also die Trennung von der „bürgerlichen" Existenz, von den Siedlungen und ihrer Lebensweise, erscheint davon abgeleitet als eine große Unterbrechung der Normalität, wie das Betätigen einer Pausentaste, die den Gang der üblichen Geschäftigkeit still stellt. Der Aufbruch in die Wüste ist eine Befreiungstat. „Die Freiheit, um die es in der Wüste geht, ist zunächst eine Freiheit von etwas."[9]

„Ich möchte sorglos sein, wie die Engel sorglos sind, die nicht arbeiten, sondern ununterbrochen Gott dienen", bekennt Johannes Kolobos am Anfang seines Weges ganz ungeschützt (317, I 128). Der Schritt „aus der Welt" hinaus erfolgt also in der Sehnsucht nach einem engelgleichen Leben, das man sich sorglos und deshalb beruhigt vorstellt. Die Wüste ist für die Mönche „der Ort, wo die Seele sich finden kann, und noch stärker, wo sie ‚atmen kann'"[10], aufatmen, Luft holen. „Mönch werden" wird in den Sprüchen mitunter einfach mit „Ruhe finden wollen" gleichgesetzt (z. B. 385, I 148). „Offensichtlich ist … die Absicht, Mönch zu werden bzw. sein zu wollen, mit der Suche nach Ruhe identisch".[11] Bei manchen Wüstenvätern wird auch deutlich, dass dies einen sehr greifbaren biografischen Hintergrund hat: dass sie etwa vor Steuereintreibern und Erbproblemen oder Militärdienst[12], vor den Ansprüchen kirchlicher Autorität oder aus einer kriminellen Vergangenheit[13] flohen. Die gesuchte Ruhe ist durchaus nicht nur „spirituell" gemeint.

Hesychia und Anapausis

Oft wird diese gesuchte Ruhe auch als *Hesychia* (ησυχια) bezeichnet[14] – also mit dem Wort, das in der asketischen Tradition der Ostkirche später Karriere machen sollte, als die Mönche, welche das Herzensgebet als ständige Meditationspraxis betrieben, Hesychasten genannt wurden. In den Apophtegmata erscheint Hesychia aber keineswegs in einem spirituell aufgeladenerem Sinn als Anapausis. So klagt etwa Abbas Moses, dass er nicht ruhen *(hesychazo)* könne, weil ihn so viele Brüder ständig besuchten, und Abbas Makarios rät ihm, einfach noch tiefer in die innere Wüste zu ziehen, und dort findet er dann auch Ruhe, die nun, am Ziel, *anapausis* genannt wird (475, I 183). Oder es wird ein schlichtes Ausruhen zwischendurch in der Zelle (dem Kellion) *hesychazo* genannt. Offenbar ist Hesychia hier also eher die aktive Ruhe, die Tätigkeit, die Übung des Ruhig-Seins,[15] und Anapausis eher die passive Ruhe als Zustand.[16] Zumindest ist die Abgrenzung zwischen beiden Begriffen nicht klar.[17] Hesychia kann neben dem einfachen Ruhen auch die innere Stille der Meditation, des „Sitzens" bezeichnen[18] – oder wie Abbas Johannes es einmal nennt: „die Ruhe meines Geistes" (340, I 135). Aber genauso ist auch Anapausis mitunter „ein Zustand seelischer Ruhe, der Versenkung, der (gegenstandslosen) Meditation, des vollkommenen Friedens".[19] Auch im Koine-Griechisch außerhalb der Apophtegmata Patrum (bis hinein in spätneutestamentliche Schriften) kann Anapausis sowohl „‚von Zeit zu Zeit' Halt bzw. Rast machen" meinen als auch (im jüdischen Kontext) die Sabbatruhe.[20] In der wichtigen Traditionslinie der Väter Pambo und Poimen kann der Hesychia-Begriff auch fehlen und durch den des Schweigens ersetzt werden[21]; in dieser Traditionslinie ist dann eher von Anapausis die Rede.[22] In jedem Fall scheint es mir der Mühe wert, den Anapausis-Begriff aus dem Schatten der Hesychia herauszuholen und einmal für sich zu betrachten.

Die Mönche gehen also in die Wüste, um schlicht ihre Ruhe zu haben. Manchmal wird auch die konkrete Wahl der Einsiedelei oder der Entschluss, sich einem erfahrenen Altvater anzuschließen, so begründet: „Ich habe eine solche Hoffnung, dass ich mich bei dir zur Ruhe bringe", sagt dann etwa ein asketischer Anfänger (Guy 7,62, III 39).

Das gilt auch im Blick auf den asketischen Entschluss zur Einsamkeit, insbesondere für den Verzicht auf Frau und Familie. Gewiss sind die Einsiedler ständig damit beschäftigt, ihre sexuellen Anfechtungen zu überwinden. Aber ein Mittel, sie zu überwinden, kann darin bestehen, sich die Alternative vor Augen zu halten, wie das etwa Abbas Olympos tut: „Der stand auf und machte einen Lehmteig, formte eine Frau und sagte zu sich: Sieh, deine Frau! Nun musst du viel arbeiten, damit du sie ernährst. Und er arbeitete und mühte sich viel ab. Und nach einem Tag machte er wieder einen Lehmteig, formte sich eine Tochter und sagte: Deine Frau hat geboren. Du musst mehr arbeiten, damit du dein Kind ernähren und bedecken kannst." (572, I 218)[23]

Olympos macht sich also klar, dass ein Nachgeben gegenüber der Sehnsucht nach einer Frau in der Konsequenz seine Suche nach Ruhe nachhaltiger zerstören würde als es jetzt der innere Kampf mit der Versuchung tut. Im Grunde macht er sich so rückblickend noch einmal klar, warum er überhaupt gegangen ist. Das wirkt, denn es heißt: „dann hatte er Ruhe." (Ebd.)

Dennoch wissen die Mönche, dass mit dem Gang in die Wüste die Ruhe noch keineswegs erreicht ist – und durch die mönchische Lebensweise allein auch gar nicht erreicht werden kann. „Ich bin schon siebzig Jahre im Mönchsgewand, und noch keinen einzigen Tag fand ich Ruhe", bekennt Abbas Theodoros von Pherme (269, I 113). Schließlich sind auch die Einsiedler nicht wirklich allein, sondern meist umgeben von anderen Einsiedlern. Das führt zu so viel Streit und Zwietracht, dass ein Bruder ausrufen kann: „Ich habe keine Ruhe, bis ich mich nicht gerächt habe." (804, I 285) Hier muss ein anderer Mönch seelsorgerisch dafür sorgen, dass der Bruder Ruhe findet vor seinen Rachegelüsten; wie es an anderer Stelle heißt: „Wirf von dir alle Verfehlungen und alles Böse, damit du Ruhe findest." (Guy 3,46, III 23) Denn die Ruhe ist auch die des guten Gewissens (Guy 9,4, III 41), sie hat mit dem Verhältnis zu den anderen zu tun: „Verachte niemanden, verurteile niemanden, verleumde nicht, dann gewährt Gott dir Ruhe." (Guy 9,11, III 41) Und weil dies so häufig nicht gelingt, sind auch Reue und Buße ein Weg zur Ruhe zurück: „Vertrau dich Gott an mit vielen Tränen, und du hast Ruhe." (Guy 11,66, III 55)

Pause machen

Wer also ausgezogen ist, um in der Wüste Ruhe zu finden, muss feststellen, dass sie auch dort nicht einfach da ist, sondern erst gefunden, erst hergestellt und erreicht werden will. „Eine Wüstenerfahrung … ist gleichbedeutend mit einer Reise ins Innere, auf der man doch immer wieder mit der Welt konfrontiert wird."[24] Die Existenz des Einsiedlers soll Ruhe von der Welt sein. Aber weil sie das dann doch nicht ist, weil „die Welt" mit und in den Brüdern mitgezogen ist, gilt es, die Unterbrechung, die Pause nun in der asketischen Existenz einzuüben, zu praktizieren.

Das bedeutet auch für die strengen Wüstenmönche, mitunter Pause zu machen, auch von der Askese und den geistlichen Übungen. Für frisches Wasser zu sorgen, kann *anapauo* heißen, also erfrischen, erquicken (so 483, I 185). Anapausis kann heißen, regelmäßig eine Pause vom Fasten zu machen und besser jeden Tag ein halbes Brot zu essen als nur jeden zweiten Tag ein ganzes (536, I 206). Anapausis in diesem schlichten Sinn bedeutet also tatsächlich, einmal eine Pause zu machen, zu entspannen. Auch das Mönchsein benötigt eine Pausentaste, welche das Geschehen zwischendurch anzuhalten vermag – und „aufhören" oder „anhalten" ist tatsächlich auch eine der gewöhnlichen Wortbedeutungen von *anapauein*.

Nun verbinden wir heute die Pause vor allem mit der Arbeit. Ihr gilt ja unsere ganze Anspannung, sie ist unsere Hauptbeschäftigung. Als Pause von der Arbeit dienen uns deshalb auch Entspannungstechniken, die mitunter geradezu mönchisch anmuten, etwa Meditation oder Yoga oder einfach das Aufsuchen von Stille. Für Gläubige kann der Besuch in einer leeren Kirche, kann ein Gebet eine Pause, ein Innehalten darstellen. Wir müssen uns deshalb klar machen, dass es für die Wüstenmönche geradezu umgekehrt aussieht: Ihre Hauptbeschäftigung ist das meditierende Sitzen, das Gebet, das Schweigen. Allerdings arbeiten sie auch. Aber diese Arbeit soll gerade keinen hohen Eigenwert haben. Sie muss zwar auch dem Lebensunterhalt dienen, soll aber wie nebenbei ablaufen, soll „leicht von der Hand" gehen.[25] So berichtet eine anonyme Geschichte davon, wie ein großer Alter sich die Arbeit jüngerer Brüder vorführen lässt: Seile flechten oder Binsenmatten oder Siebe anfertigen, all das heißt er gut, auch das Schönschreiben. Aber: „Für das Leinenweben habe ich nichts übrig, weil es geschäftig ist." (1375, II 170) Offenbar ist diese Tätigkeit zu sehr auf das Produkt gerichtet: Zum einen weil die Tätigkeit des Webens zu sehr die konzentrierte Aufmerksamkeit auf sich zieht; sie lässt sich nicht, ohne Fehler zu machen, quasi automatisch und nebenher erledigen. Zum anderen aber wohl auch, weil das Produkt zu wertvoll ist. In jedem Fall wird solche Arbeit zum eigentlichen Zweck, sie absorbiert den Mönch, und damit auch seine Ruhe.

Der Mönch soll sich nicht an seine Arbeit verlieren, indem es ihm in der Arbeit um das Produkt geht. Die Leinenweb-Produkte nehmen für den anonymen Altvater offenbar einen zu massiven Warencharakter an, sie drohen zum Fetisch zu werden. Die marxistische Terminologie ist durchaus angebracht: Der Mönch soll sich nicht in seiner Arbeit von seiner eigentlichen Lebensform entfremden. Und doch ist die Entfremdung hier geradezu gegensätzlich zu Marx aufgefasst: Dieser sah sie gegeben, wenn der Arbeiter sich nicht mehr mit dem Produkt als Frucht seiner Arbeit identifizieren konnte. Dann wird ihm mit der Welt der Dinge auch er selbst fremd. Denn Arbeit dient idealerweise dazu, sich die Welt anzueignen.[26] Der Mönch dagegen soll sich gerade nicht mit seinen Produkten identifizieren. Er soll zur

Welt der Dinge Distanz, ja Indifferenz gewinnen, um zu sich selbst zu finden. Die Arbeit der Mönche dient gerade ihrer Loslösung von der „Welt". Deshalb werden in den Apophtegmata Pausen von der Arbeit nie Thema. Eher hat die Arbeit selbst Pausencharakter, ganz im Wortsinn unseres Leitbegriffs: weil sie ruhig sein soll.

Versacken

Doch nun die irritierende Gegenprobe: Anapausis ist an einer Vielzahl von Stellen ein deutlich negativ besetzter Begriff. Anapausis ist geradezu das, wovor der Mönch geflohen ist – und was er unter allen Umständen zu vermeiden hat, was er sogar „hassen" (Guy 15,26, III 62) soll!

Zunächst einmal gibt es die falsche, satte, bürgerliche „Ruhe dieser Welt" (439, I 166). Das kann die „leibliche Ruhe" sein (612, I 232), oder auch „Gewinn und Ehre" (Guy 10,31, III 43), also natürlich auch „Geld", das bekanntlich beruhigt (Guy 11,30, III 51), aber auch die eigenen „Wünsche und die Selbstrechtfertigungen" (Guy 10, 129, III 45 f.). All dies wird in offensichtlich ablehnendem Sinn mit Anapausis identifiziert. Von ihr wendet der Mönch sich gerade ab. „Kennzeichen des zur wahren αναπαυ-σισ führenden Weges ist der von Mühe und Entbehrung gekennzeichnete Anfang; wo das Gegenteil der Fall ist, handelt es sich um eine irdische, gewissermaßen teuflische Ruhe."[27]

Denn es gibt auch eine falsche Ruhe der Mönche: Da freut sich zum Beispiel einer, dass er die Leidenschaften überwunden hat: er habe Ruhe gefunden und keinen inneren Kampf mehr. Doch Johannes Kolobos tadelt den selbstsicheren Bruder: „Geh und bitte Gott, dass der Kampf (wieder) zu dir komme, und die Not und Demut, die du vorher hattest. Denn durch die Kämpfe schreitet die Seele fort." (328, I 131) Offenbar kannte auch die Welt der Wüstenväter schon jene klerikale Selbstzufriedenheit und Bräsigkeit, die sogenannte Geistliche mitunter penetrant ausstrahlen, jene kirchliche Gemütsruhe, welche auch den ruhigsten Wüstenvater zweifellos auf die nächststehende Wüstenpalme gebracht hätte. Gegenüber diesem geistlichen Phänomen spricht ein anonymer Alter ganz bewusst paradox von einer Anapausis, welche das *anapauo* verhindert: „Solange du mit Zufriedenheit (*anapausis*; d. h. die Ruhe, die satte Zufriedenheit) handelst, solange kannst du Gott nicht beruhigen *(anapauo)*." (Guy 21,49) Hier schlägt die Rede von der Anapausis in einem Satz von der gewonnenen eigenen

Ruhe zur verlorenen Ruhe um, die eigentlich die Ruhe Gottes selbst ist. Mit unserer Bräsigkeit machen wir Gott nervös.

Dagegen hilft nur die erneute Flucht, der erneute Aufbruch: „Wer Ruhe hat, lasse sie und ergreife den engen Weg." (686, I 250) In diesem Sinn gibt es also nie Ruhe für die Mönche, denn sie dürfen mit ihrem Bemühen, mit ihrem inneren Weg „nicht aufhören" (842, I 295), und Aufhören heißt eben auch Anapauein.

Die irritierende gegensätzliche Semantik von Anapausis führt tiefer in die Sache hinein, wenn man sie nicht einfach nur als eine breite Wortbedeutung interpretiert. Die Mönche suchen die Ruhe – indem sie die (falsche) Ruhe fliehen. Aber was macht den Unterschied zwischen gesuchter und falscher Ruhe aus? Sicher lassen sich, wie gerade gezeigt, Faulheit und spirituelle Ruhe unterscheiden – aber ist dieser Unterschied immer sichtbar, äußerlich, phänomenal zu beobachten?

„Viele nahmen sich jetzt schon die Gelegenheit zur Ruhe, bevor Gott sie ihnen gewährte", sagt Abbas Theodoros von Pherme (283, I 116). Hier unterscheidet die Zeit zwischen richtiger und falscher Ruhe. Gelegenheit heißt im Original: Kairos – ein wichtiges Wort des Neuen Testaments. Kairos ist der gegebene, geschenkte, von Gott gewirkte richtige Augenblick, den es zu erkennen und zu erfassen gilt. Ihn eigenmächtig vorwegzunehmen, bedeutet, zu früh aufzuhören – eine Flucht vor der Berufung. Echte Ruhe ist nicht machbar: „Wenn wir der Ruhe nachjagen, flieht uns die Gnade Gottes, wenn wir (die Ruhe) fliehen, jagt sie uns nach." (Guy 10,80, III 45)

Dagegen zitiert Poimen einmal sicher mit bewusster Freude an der Paradoxie einen Ausspruch des Presbyters Isidoros, nach dem die Mönche „der Mühe wegen an diesen Ort gekommen" seien. Wenn das Leben in der Wüste aber zu bräsig geworden ist, wenn die Brüder zu versacken drohen, dann möchte Isidoros wieder aufbrechen, „um wegzugehen, wo Mühe ist und ich dort Ruhe finde" (618, I 233). Ruhe finden, wo Mühe ist: Das erinnert an den Vers aus dem (mittelalterlichen, klösterlichen) Pfingsthymnus „Veni Creator Spiritus", wo es vom Heiligen Geist heißt: „In der Unrast schenkst du Ruh'." Diese Ruhe wird also nicht nach oder zwischen der Unrast geschenkt, gerade nicht als Pause, sondern mitten darin, mitten in der Mühe. Und gerade darin wird sie erkennbar als Zustand, den wir nicht selbst herstellen, jedenfalls nicht eigenmächtig jederzeit herbeiführen können.

In diesem Sinne stehen bei Poimen zwei gegensätzliche Verwendungen von Anapausis betont in zwei Sprüchen gleich hintereinander: „Der (Eigen) wille, die Ruhe und die Gewöhnung daran werfen den Menschen nieder."

(657, I 242) Das ist die geistliche Bräsigkeit. „Wenn du verschwiegen bist, wirst du die Ruhe haben an jedem Ort, wo du wohnst." (658, I 242) Das ist die spirituelle Offenheit, die stille Erwartungshaltung für das Geschenk der Ruhe, die sich überall einstellen kann, also auch, wo die äußeren Bedingungen denkbar schlecht dafür zu sein scheinen.

Was diese Sprüche in paradoxer Verkürzung ausdrücken, bringt eine Geschichte um Abbas Rhomaios in eine narrative Logik. Dieser Rhomaios – ein Römer also – stammte aus wohlhabenden Verhältnissen; die Geschichte nennt dies ruhige, also Anapausis-Verhältnisse. Hier steht unser Begriff schlicht für die bürgerliche Welt. Nachdem Rhomaios schon 25 Jahre in der Wüste lebt und ein berühmter Altvater geworden ist, besucht ihn ein anderer ebensolcher, der aber ein einheimischer Ägypter ist. Er ist verwundert über die recht komfortable Lebensführung des Rhomaios: Er hat einen Knecht, weiche Kleidung, Fell und Kopfkissen auf dem Strohsack, Sandalen an den Füßen. Und dann lässt er dem Gast auch noch ein Festessen mit Gemüse und Wein bereiten. Der Ägypter ist befremdet, am nächsten Morgen will er wieder davongehen, enttäuscht, weil er keinen asketischen Heroen gefunden hat. Doch Rhomaios verwickelt ihn in ein Gespräch. Darin vergleichen sie ihre Herkunft: Der Ägypter kannte auch im weltlichen Leben nur Armut, schlief als einfacher Arbeiter auf dem Acker, kannte kein Bad und trank nie Wein. Rhomaios dagegen lebte lange im Palast des Kaisers in Konstantinopel. Die Geschichte bekommt hier geradezu märchenhafte Züge und schwelgt in der Beschreibung von goldenen Betten, reichhaltigem Essen und Tischmusik. Die Pointe: Rhomaios hat bei seinem Gang in die Wüste viel mehr aufgegeben, sein jetziges Leben unterscheidet sich viel radikaler von dem zuvor als bei dem armen Ägypter, der nie viel anders lebte als ein Wüstenmönch. Außerdem ist Rhomaios krank und braucht deshalb die kleinen Annehmlichkeiten.

Am Ende dieser langen Erzählung fällt dann das Wort Anapausis gleich drei Mal kurz hintereinander: Nach einer kurzen Pause lädt Rhomaios seinen Gast zu einer kleinen Liturgie, dem Psalmengebet ein. Der bekennt nun: „Du kamst aus einer großen Ruhe … von viel Ehre und Reichtum in diese Niedrigkeit und Armut." (799, I 282) Aber Rhomaios selbst sagt von sich gerade umgekehrt: „Von der großen Bedrängnis der Welt kam ich zur Ruhe." (Ebd.) Hier ist Anapausis in dreifacher Bedeutung durchgespielt: Es bedeutet die schlichte Pause, die wir nötig haben. Es bedeutet die falsche weltliche Beruhigtheit. Und es bedeutet schließlich jene Ruhe, in welche die Mönche eingehen möchten.

Erlöst sein

> „Kommt alle zu mir, die ihr mühselig und beladen seid. Ich will euch beruhigen". (Matthäus 11,28; zitiert in 933, I 324)[28]

Schulz und Ziemer unterscheiden in ihrer Untersuchung drei Dimensionen der Ruhe in den Apophtegmata:[29] 1. Die Ruhe als geistlicher Zustand, 2. als geistliche Praxis, als spirituelle Übung und 3. als allgemeine Erfahrung. Darin ist einiges von dem enthalten, was ich bisher analysiert habe. Die paradox-gegensätzliche Zuspitzung des Begriffs, die ich zu zeigen versuchte, wird so jedoch kaum erfasst. Vor allem aber geht das Bedeutungsfeld von Anapausis noch darüber hinaus. Die Ruhe als eigentliches Ziel und größtes Geschenk für die Mönche ist m. E. ein hoch aufgeladener Begriff – analog etwa zu dem der Erleuchtung in der buddhistischen Tradition und nah dem biblischen Schalom bzw. dem Sabbat.

Dies lässt sich an den Texten beobachten. Ruhe ist, wie schon im ersten Abschnitt gezeigt, ein Wort für das Ziel, um dessen willen man in die Wüste geht. Ruhe ist oft der Inbegriff für die Verheißung, die auf dem mönchischen Weg liegt: „Habe die Gesinnung eines Fremdlings", sagt Poimen, „und du wirst Ruhe haben." (970 Poimen, II,21) Ruhe ist dann in der Wüste ein Wort für die Lösung, die man in inneren Kämpfen und in Auseinandersetzung mit den Mitmenschen erreicht. „Und er hatte Ruhe" wirkt geradezu wie eine Formel für das Erreichen solch einer Lösung.[30] Die kleinen Geschichten der Apophtegmata schnüren ja oft in großer Verknappung einen Konflikt-Knoten; löst er sich, bedeutet dies Anapausis. Das deutsche Wort Lösung ist deshalb für diesen Wortgebrauch sehr passend:[31] Die Anapausis bedeutet Gelöstheit, Loslassen – also vielleicht gar Er-lösung?

Ist das zu viel gesagt? Die evangelischen Theologen Schulz und Ziemer diskutieren darüber, inwieweit die Wüstenväter der christlichen Lehre von Rechtfertigung und Gnade gerecht werden, oder nicht doch eine Art Methodik der Selbsterlösung, der spirituellen „Anthropotechnik" betreiben.[32] Zweifellos sind die Wüstenväter in den Augen des Dogmatikers überwiegend „Pelagianer": Sie glauben wohl an die Vergebung Gottes, aber dafür muss der Mensch erst einmal einen Anfang der Buße setzen und dann den guten Weg weiter gehen. Ich vermute jedoch, dass das theologische Problem hier nicht in einer falschen Theologie liegt, sondern in der Verweigerung gegenüber jeder nur theoretisch und spekulativ erscheinenden Theologie.[33] Die Wüstenväter sind Praktiker, sind geradezu Empiriker der Selbsterfahrung. Sie können mit der Verkündigung einer bedingungslosen und einer zuvorkommenden Gnade nichts anfangen, wenn es um die berühmte Grundfrage der Apophtegmata geht: „Was soll ich tun?" Denn auch wenn ich theologisch davon ausgehe, dass schon diese Frage eine Frage der Gnade ist, ändert das ja nichts daran, dass ich sie praktisch beantworten muss.

Das bedeutet aber keineswegs, dass die Wüstenväter nicht um die Gnade wissen, und damit auch um die Erlösung, die man nicht selbst erwirken kann. Schließlich bedeutet „die Suche nach αναπαυσισ im Grunde nichts anderes als die Suche nach Gott selbst"[34], also nach dem schlechthin Unverfügbaren. In einer ungewöhnlich langen Gesprächseinheit mit Abbas Moses wird das regelrecht durchgespielt: Gottes Unverfügbarkeit und die menschliche Bereitung für sie. Auf die Frage eines Bruders: „Was hilft dem Menschen in jeder Plage?", lautet dessen Antwort: „Gott ist die Hilfe." (512, I 196) Dann wird ausführlich angeführt, welche Haltung nötig ist, um diese Hilfe zu erfahren: Demut, Beweinen der eigenen Sünde, Gebet – und dann „hat er schnell Ruhe" (ebd.). D. h. doch: Dieser unserer Öffnung zu ihm antwortet Gott mit seiner Hilfe, das Ergebnis ist dann die Anapausis. – Doch das Gespräch nimmt noch eine zweite Schleife, denn der Bruder fragt nun über den Umgang mit den Fehlern untereinander. Die Antwort des Moses schärft das Evangelium ein: Nicht richten, niemand verachten, um dann in großer Feierlichkeit zu schließen: „Denn das ist der Friede. Tröste dich damit: Nur kurze Zeit ist die Mühe, ewig aber die Ruhe, durch die Gnade des Wortes Gottes. Amen." (Ebd., I 197)

Hier kommt mit der Gnade, dem Frieden und der Ruhe eine wirklich eschatologische Qualität ins Spiel – es ist ja sogar von „ewiger" Ruhe die Rede, obwohl hier nicht ausdrücklich über das Jenseits des Todes gesprochen wird. Aber tatsächlich steht in der gelungenen mönchischen Existenz, zumindest im Ideal, die Zeit gleichsam still: Jahre und Jahrzehnte vergehen ohne äußerliche Veränderung, wie still-gestellt. Die Erfahrung der Ruhe ist „mit einem neuen Verhältnis zur Zeit verbunden"[35].

Wie dieses neue Verhältnis zur Zeit aussieht, hat Virginia Burrus näher untersucht: Die Zeit der Einsiedler steht nicht unbedingt still, aber sie ist gewissermaßen leer. Sie folgt nicht den teleologischen Rhythmen des geschäftigen gesellschaftlichen Lebens, in dem wir uns ständig Ziele setzten und Zeitpunkte für deren Erreichung. Die historische Zeitmessung folgt solchem Projektieren; sie setzt Zäsuren nach Siegen und Niederlagen. Sie unterwirft die Zeit menschlichen Zugriffen. Dagegen gleicht die Zeitverschwendung der Mönche gewissermaßen der Zeit der Tiere: Es wird einfach gleichförmig gelebt, wohl in täglichen und nächtlichen Rhythmen, aber ohne Ziele, ohne Zeitdruck, ohne Geschichtsschreibung. "Thus, saintly time is animal time. It is not historical; it is not teleological. Rather, it is open time – a time of waiting."[36]

Merkwürdig animalisch hat auch der Historiker Peter Brown die Lebensweise der Wüstenväter empfunden: Das Ziel des Asketen sei es, „frei und gedankenlos wie ein wildes Tier zu wandern".[37] Deshalb hat der Asket durchaus eine Geschichte, ist er doch – trotz und in aller *stabilitas loci* in seiner Einsiedelei, oft aber auch im realen immer neuen Verlegen seines Wohnortes – ständig unterwegs, auf einem Weg. Doch dieser Weg gleicht nicht dem des üblichen menschlichen Fort-schreitens, des Fortschritts (wie erst die Neuzeit sagen wird). Er gleicht eher „der langen Rückkehr des Menschen, der Gemeinschaft von Leib und Seele, zu einem ursprünglichen, natürlichen und unverdorbenen Zustand".[38]

Die merkwürdige animalische Zeitwahrnehmung der Einsiedler hat sich auch in ihren frühen Biografien, etwa der berühmten Modellbiografie des Antonius durch Athanasius eingeschrieben. Denn wie soll man eine Biografie schreiben über eine Biografie, in der nach der Berufung zum Wüstenmönch äußerlich so wenig geschieht? Die Biografen versuchen das, was die Apophtegmata punktuell, anekdotisch berichten, in ihre andere, an Chronologie orientierte literarische Form zu bringen. (Hier stehen wir am Ursprung der Gattung „Legende"!) Dadurch infiziert sich die Biografie aber mit dem seltsamen Rhythmus von leerer Zeit und erfülltem Augenblick, mit einem „queeren" Zeitempfinden:

> „The life of the saint does not, then, run a smooth course from youth to adulthood, much less to marriage and children. Its time is not the time of reproduction or of maturation. Its time is not productive at all. It is the time of old men and women: frequently nothing much happens. Long periods of waiting – of prayers, silence and solitude – are interrupted by brief intervals of connection and joy. Finally, there is only the ‚time at hand', the moment of searing bliss; … Then death. And after death, what remains? The disciple remains. The text remains, for as long as there is a reader."[39]

In dieser Dekonstruktion der linearen und teleologischen Zeit wird so etwas wie Erlösung wirklich erfahren – viel konkreter als in der abstrakten Gegenübersetzung von Zeit und Ewigkeit. Darin besteht wohl die Bestseller-Qualität, welche diese merkwürdigen Biografien seinerzeit hatten: Sie machen ein Angebot zum Ausstieg. Es geht im Weg der Wüstenmönche um die „Hoffnung, an den Punkt zu gelangen, an dem nichts mehr stört und nichts mehr aussteht. Die ersehnte ‚Ruhe' ist das Ende aller Anstrengungen, Mühen und Kämpfe des Lebens."[40]

Gewiss: Die Anapausis steht unter eschatologischem Vorbehalt. Im Glauben der Wüstenväter wird sie endgültig erst in der Vollendung, jenseits des Todes realisiert. Die Wüstenväter glauben nicht an ein endgültiges Ende von Mühe und Versuchung in diesem Leben. Dennoch ist das, was sich letztlich erst im Reich Gottes realisiert, eine Erfahrung, die man in der Anapausis schon im Leben machen kann.

In diesem Willen zur Erfahrung steckt etwas, dass ich das utopische Moment bei den Wüstenvätern nennen möchte. Es ist die Utopie des biblischen Sabbats. Der Philosoph Giorgio Agamben hat herausgearbeitet, dass die christliche Theologie diesen Sabbat, diese Ruhe Gottes nach Genesis 1, stets als letztes Ziel der Schöpfung festgehalten hat, obwohl sie in ihrer Vorsehungslehre und Heilsgeschichtstheologie Gott als tätig in der Welt, ja geradezu als Regenten einer großen Heils-Maschine darstellt. Dennoch hat sie den Menschen letztlich als kontemplativ, als zur Ruhe bestimmt dargestellt. Er sei das „sabbatische Tier par excellence"[41]. Diese sabbatliche Existenz ist das „messianische Leben", auf das die biblischen Verheißungen deuten, und somit ist „Untätigkeit … die messianische Tätigkeit per excellence".[42] In diesem Paradox der höchst tätigen, der kontemplativen Untätigkeit sieht Agamben ein utopisches Erbe des Abendlandes, indem hier der Mensch jenseits seiner Werke, seiner Arbeit, seiner Funktionen und Ergebnisse gedacht wird: „Die eigentliche menschliche Praxis ist die Sabbatruhe … Insofern sind Kontemplation und Untätigkeit metaphysische Operatoren der Anthropogenese."[43]

Gewiss hat die christliche Tradition den vollendeten Sabbat und damit auch die vollendete Kontemplation des Menschen – seine „beseligende Gottesschau" – stets ins Jenseits verlegt. Aber dieser Anthropologie – zumal sie gespeist blieb von den messianischen biblischen Verheißungen, die keineswegs nur jenseitig reden – hat doch eine utopische Kraft für diese Welt: Sie begründet die Würde des Menschen – und letztlich nicht nur des Menschen, sondern gerade auch des animalischen Lebens als Zweck an sich selbst – jenseits seiner Nützlichkeit. Sie macht die Selbst-Erfahrung gelungenen Menschseins fest in einer Kontemplation, einer Ruhe, die nichts mehr will, als zu sein. Ist es nicht genau dies, wonach die Wüstenväter in ihrer radikalen Kur der Vereinfachung des Lebens streben?

So kommen diesseitige und jenseitige Ruhe in der wunderschönen Erzählung über das Sterben eines anonymen Wüstenvaters zum Ausdruck. Die Brüder stehen um sein Sterbebett, ziehen ihm schon das Leichenhemd an und beweinen ihn. Da öffnet der Sterbende noch einmal seine Augen und – beginnt zu lachen. Drei Mal lacht er auf. „Warum weinen wir und du lachst?", fragen die Brüder verwundert. (1279, II 136) Und der Bruder erklärt geduldig seine Symbolhandlung: Das erste Lachen gilt ihrer falschen Furcht vor dem Tod, das zweite ihrer mangelnden Bereitschaft für ihn und das dritte entfährt ihm, „weil ich von der Mühe zur Ruhe gehe. Und sofort entschlief der Alte." (Ebd.) Hier ist beides zugleich enthalten: Die letzte Ruhe nach aller Mühe gibt es nicht in diesem irdischen Leben. Aber um das wirklich glauben, um es „realisieren" zu können, muss man eben diese Erfahrung der Ruhe schon gemacht haben; der Sterbende hat dies, die Trauernden um ihn noch nicht.

Sich auf diese Erfahrung der Ruhe hinzubewegen, gilt alle asketische und spirituelle Mühe der Mönche, was ihrem Weg tatsächlich eine große Angestrengtheit, einen mitunter fast verzweifelten Ernst verleiht. So erzählt Abbas Petros eine Gegengeschichte zu der eben erwähnten: Als er den kranken Abbas Hesaias besucht, findet er diesen von Mühe gequält, er findet ihn in Todesangst. „Die Furcht vor jener sehr dunklen Stunde hält mich fest", bekennt ihm Hesaias: „wenn ich (vielleicht) vom Angesicht Gottes weggerissen werde. Dann gibt es niemanden mehr, der mich erhört, und auch keine Aussicht auf Ruhe." (Guy 3,8; III 21) Solche Höllenangst ist die große Schattenseite einer Spiritualität der Mühe um Vollkommenheit, so wie die Verzweiflung schon immer als Schatten der Utopie folgte. Denn Hesaias' Angst entsteht nicht abstrakt aus der Drohung des Jüngsten Gerichts; sie entsteht vielmehr aus Angst vor jener (Todes-)Stunde, in der der Asket sich nicht mehr um die Erfahrung der Ruhe mühen kann, in der er sich Gott ganz überlassen muss – könnte da nicht die letzte Gottverlassenheit drohen?

Ich ahne, dass diese dunkle Seite die Geschichte aller asketischen und mystischen Spiritualität, jedenfalls im Christentum, begleitet. Sie entspringt gerade der utopischen Kraft, etwas von Erlösung realisieren, erfahren zu wollen, etwas vom „engelgleichen Leben" schon auf die Erde zu holen. Doch andererseits: Wäre ein Glaube ohne solche utopische Kraft nicht erstarrt zu einem reinen Bewusstseinsinhalt, einem „glauben, dass" und „glauben an"? Hat diese Art des Glaubens nicht den christlichen Erlösungs-Komplex so abstrakt, am Ende gar verzichtbar werden lassen?

Positiv gewendet: Bezieht der christliche Erlösungs-Komplex seine Kraft nicht gerade aus der Verbindung des utopischen mit dem eschatologischen Moment? Konkret: aus der Verbindung der tätigen Sehnsucht nach Erfahrbarkeit und dem Glauben, ja Wissen um das Jenseits aller Erfahrung? Ausgerechnet von jenem Abbas Hesaias, den wir gerade in seiner Todesangst erlebt haben, ist auch dieses umfassende Wort überliefert: „Die Liebe ist das Flüstern zu Gott verbunden mit unablässigen Danksagungen. Gott freut sich über die Dankbarkeit. Sie ist ein Zeichen der Ruhe.“ (Guy 17,9, III 70)

Anmerkungen

ZUVOR: DER ERLÖSUNGS-KOMPLEX

1 „Über den Begriff der Geschichte", I, in: Walter Benjamin: Illuminationen, 251.
2 Adorno, Theodor W.: Minima Moralia, 401.
3 Nietzsche, Friedrich Wilhelm: Also sprach Zarathustra, 118.

IDEOLOGIE

1 Brecht, Berthold: Da das Instrument verstimmt ist.
2 Vgl. dazu Lüthi, Max: Märchen, 51–55.
3 So Richard Benz, zitiert bei: Häuptli, Bruno W.: Legenda aurea, 13.
4 Zu den biografischen Angaben vgl. Häuptli, Bruno W.: Legenda aurea, 14–23.
5 Zur Frühgeschichte der Inquisition vgl. Vauchez, André: Häresie, 890–900.
6 Dies die Datierung von Bruno W. Häuptli. Der genaue zeitliche Ansatz hängt an schwierigen Entscheidungen zum ursprünglichen Textbestand der LA. Barbara Fleith [Studien] und Reglinde Rhein [Legenda] plädieren für einen etwas früheren Ansatz zwischen 1251 und 1260.
7 So die Genre-Einordnung von Barth, Ferdinand: Legenden, 66.
8 Dazu ebd., 64 f.
9 Dazu Rhein, Reglinde: Legenda, 21–34.
10 So Fleith, Barbara: Studien, 22 f.
11 Ebd. 41 f.
12 So ebd., 429.
13 Häuptli, Bruno W.: Legenda aurea, 60.
14 Rhein, Reglinde: Legenda, 19 f.
15 Häuptli, Bruno W., Legenda aurea, 40.
16 So Häuptlis Urteil in ders.: Legenda aurea, 33 f.
17 Zu Voragines Ansätzen, den Lesern die kritische Quellenlage transparent zu machen, vgl. auch Rhein, Reglinde: Legenda, 34–43.
18 Fleith, Barbara: Studien, 27.
19 Ebd., 1.
20 Ebd., 372 f.
21 Vgl. ebd., 387–398.
22 Dazu ebd., 31.

23 Dazu Gatland, Emma: Women, 1–4. Ihre große Arbeit über die Frauen in der Legenda aurea bezieht sich auf die frühen spanischen Ausgaben. Ich zitiere sie hier und im Folgenden nur, wenn sich ihre Analyse auch am Text des Originals der LA nachvollziehen lässt.
24 Rhein, Reglinde: Legenda, 17.
25 Häuptli, Bruno W.: Legenda aurea, 57.
26 Vgl. Rhein, Reglinde: Legenda, 18.
27 Vgl. Fleith, Barbara: Studien, 426.
28 Häuptli, Bruno W.: Legenda aurea, 60.
29 Gatland, Emma: Women, 9.
30 Hier wie im Folgenden (in Klammern im Haupttext) wird die LA stets nach der Ausgabe von Bruno W. Häuptli zitiert, und zwar unter Angabe der Legendennummer plus der Seitenzahl (also: Nummer/Seitenzahlen).
31 So der Kommentar von Häuptli ebd., 868.
32 Dazu meine Analyse des entstehenden Reichskirchentums in: Taxacher, Gregor: Bruchlinien, 166–172.
33 „Gleich zu Beginn wurde die Stadt Béziers eingeäschert und die ganze Bevölkerung massakriert." (So Häuptli im Kommentar zu 113/1402). Der von Innozenz III. ausgerufene „Kreuzzug" zog sich von 1209 bis 1229.
34 Vgl. 120/1571, Fußnote 4. Ausgespart wird aber überhaupt Bernhards öffentliche, kirchenpolitische, ordensreformerische und sogar theologische Wirksamkeit. Reglinde Rhein deutet dies als eine bewusste Enthistorisierung Bernhards (vgl. die Analyse bei Rhein, Reglinde: Legenda, 217–235); Voragine schildere Bernhard „ganz bewusst als einen Heiligen im traditionellen Schema" (ebd., 234) – vermutlich um das Neue, die Reform, umso strahlender erst bei Franziskus und Dominikus, bei den Bettelorden, zu schildern (so ebd., 237–272).
35 Ausführlicher zu dieser Szene: Horstmann, Simone/Ruster, Thomas/Taxacher, Gregor: Alles, was atmet, 226–228.
36 Gegen diese Vermutung ließe sich einwenden, dass es Exkommunikationen gegen „Ungeziefer" im Mittelalter tatsächlich gab. Jedoch haben genauere Untersuchungen gezeigt, dass diese kirchenrechtlichen Verfahren zur Abwehr von Plagen erst im Jahrhundert nach der Entstehung der LA dokumentiert und eher ein Phänomen des Spätmittelalters und der frühen Neuzeit sind. Bernhards Mücken-Exkommunikation steht eher noch in der älteren Tradition einer quasi-magischen religiösen, speziell priesterlichen Macht. Vgl. zum Hintergrund: Dinzelbacher, Peter: Das fremde Mittelalter, 166–178.
37 Rhein, Reglinde: Legenda, 102.
38 So ebd., 3.
39 Vgl. zu diesen häufigen Unverwundbarkeitsmotiven: Rhein, Reglinde: Legenda, 122–127.
40 Zu 174/2290, Anm. 1.
41 So Hammer, Franziska: Grausamkeit, 127.
42 Reglinde Rheins Deutung der Stelle [dies: Legenda, 38] hebt nur auf Jacobus' Zweifel an der Geschichte ab, unterschlägt aber verharmlosend diese Pointe.
43 Brown, Peter: Keuschheit, 170.

44 Karl Marx, Zur Kritik der Hegel'schen Rechtsphilosophie, zitiert nach: ders.: Texte – Schriften, 58.

45 Bezeichnenderweise ein Ausspruch, der dem heiligen Augustinus in den Mund gelegt wird.

46 Wobei ich mir erlaubt habe, nur Ursula und nicht ihre 11 000 namenlosen Jungfrauen zu zählen, welche die Statistik verfälschen würden. Vielleicht könnte man sagen, diese 11 000 stehen für die namenlose Masse der frommen Frauen, die schon immer die Kirche ausmachten, ohne in ihr etwas zu sagen zu haben.

47 Vgl. dazu Barth, Ferdinand: Legenden, 68–72.

48 Vgl. Häuptli zu 9/223, Anm. 3.

49 Ebd.

50 Vgl. dazu Rhein, Reglinde: Legenda, 198–207, die jedoch den Gender-Aspekt in diesem Motiv nicht reflektiert. Genau zu diesem Aspekt dagegen: Gatland, Emma: Women, 121.

51 Zu diesem von Mustafa Emirbayer und Ann Mische entwickelten soziologischen Konzept vgl. Gatland, Emma: Women, 22 sowie 65–67.

52 Denn: "The goal of (...) contemplating saints' lives was salvation, and it was this that gave hagiographic texts (...) their ultimate, lifesaving significance." (Gatland, Emma: Women, 133).

STRUKTUR

1 Vgl. dazu: Scheffczyk, Leo: Engel, 648 f., sowie Suchla, Beate Regina: Dionysios Areopagites, 242 f.

2 So die Überschrift des 16. Kapitels in: Anselm von Canterbury, Cur Deus homo (51). Ebenso das Fazit der Beweisführung zu Beginn des 19. Kapitels: „Es steht fest, dass Gott beschlossen hat, aus den Menschen die gefallenen Engel zu ersetzen." (Ebd., 67)

3 Anselm, Cur Deus homo, Kapitel 18 (57).

4 Ebd. – Zur erstaunlichen Bedeutung der Würmer schon für die antike christliche „Mythologie" vgl. Burrus, Virginia: Ecopoetics, 219–231.

5 So Brown, Peter: Keuschheit, 41.

6 Vgl. 25/504 f., Anm. 12.

7 Lévi-Strauss, Claude: Denken, 21.

8 Ebd.

9 Die folgenden Zitate aus dieser Geschichte.

10 Die Zitate aus Benjamin, Walter: Illuminationen, 253–259 („Über den Begriff der Geschichte").

11 So überliefert bei Anselm von Laon, zitiert in 140/1830 f., Anm. 6.

12 Über die Problematik dieser „Ständelehre" habe ich nachgedacht in: Taxacher, Gregor: Über Natur und Übernatur.

13 Ringelnatz, Joachim: Überall.

14 Ebd.

15 Die folgenden Zitate aus dieser Geschichte bis 68/943. Zur Heiligkreuz-Legende der LA vgl. auch: Rhein, Reglinde: Legenda, 59 f.

16 Burrus, Virginia: Ecopoetics, 160, mit einem Ausdruck von P. C. Miller.

17 Vgl. ebd., 159.
18 Vgl. ebd., 158.
19 Ebd., 163.
20 Den Begriff benutzt Burrus ebd., 212 und schon 85 in Anlehnung an Timothy Morton.
21 Ebd., 212.
22 Vgl. 162/2093, Anm. 43.
23 So 105/1334–1337.
24 182/2406–2435. Alle folgenden Zitate und Hinweise beziehen sich auf dieses Stück.
25 Zur Raum- und Bildsymbolik antiker Basiliken lese man parallel: Burrus, Virginia: Ecopoetics, 165–185, wo es vor allem um den Kirchenraum als Mikrokosmos der Schöpfungsvielfalt geht (was sich sicher auch von romanischen, insbesondere aber gotischen Kirchenbauten zeigen ließe).
26 Vgl. dazu auch zusammenfassend: Rhein, Reglinde: Legenda, 48–50.
27 Zu Voragines Bearbeitung der Weltzeitalter-Lehre vgl. auch Rhein, Reglinde: Legenda, 51–55. Laut Rhein hat Voragine mit Blick auf die Herrenfeste das traditionelle Schema stärker christozentrisch ausgerichtet.
28 Die Verteilung der Wochentage (Sonntage) auf die Daten und die Schaltjahre machen die Rechnung ein wenig ungenau.
29 Der Letzte, Julianus (30/466 ff.), wird zwischen dem 27. und dem 30. Januar begangen.
30 26. Dezember (8/206 ff.).
31 Beide 27. Dezember (9–10/223 –251). Heute hat man die beiden Gedenken entzerrt auf den 27. und 28. Dezember gelegt.
32 Zu diesen Terminen vgl. 35/502 Anm. 1.
33 S. o., S. 39 f.
34 Die übliche Eröffnung mit dem Aschermittwoch – in der LA nicht erwähnt – liegt also streng genommen noch in der Quinquagesima; ein „Übrigbleibsel" der Ergänzungstage, welche die Fastentage auf 40 auffüllen, weil sonntags nicht gefastet wird.
35 So auch 34/497: „die heilige Zahl von 40 Tagen (...), die der Heiland mit seinem Fasten geheiligt hat".
36 „propter redemptionem" (31/480 und 32/486), „propter suppletionem" (33/492).
37 Vgl. 86/1115, Anm. 64 und 65.
38 Löwith, Karl: Weltgeschichte, 180. Meine ausführlicheren Stellungnahmen zu dieser Debatte: Taxacher, Gregor: Vernunft, 207–217; ders.: Bruchlinien, 139–151, 157–162 sowie 423–431; schließlich ders.: Heiliger Geist und Geschichte, 138–147.
39 S. o., S. 17 f.
40 S. o., S. 20 f.
41 Rhein, Reglinde: Legenda, 172.
42 Dazu vgl. meine Einordnung in die Geschichtstheologie in: Taxacher, Gregor: Vernunft, 194 f. und 198.
43 Der „Zyklus" von Wüstenvätergeschichten am Ende der LA (175–179/2299–2321) gibt dem Mönchtum tatsächlich ein besonderes Gewicht. (Dazu das Abschlusskapitel dieses Buches, s. u. S. 149–163.) Aber die dort geschilderten Gestalten des 4. und 5. Jahrhunderts sind kirchengeschichtlich eben älter als z. B. der Papst Leo (88/1126–

1129), der Patriarch Johannes Chrysostomus (138/1794–1813) oder gar der Bischof Thomas Becket (11/254–263).

44 Rhein, Reglinde: Legenda, 172 f.

45 Ebd., 208.

46 Ebd., 274.

47 Völlig aus der Reihe tanzt hier insbesondere die sich an die Legende des Papstes Pelagius anknüpfende „Geschichte der Langobarden" (181/2349–2405), die Voragine als politische Geschichte der Kaiser bis in seine Gegenwart weiterführt. Hier wird er, sogar die Entstehung des Islam einbeziehend, tatsächlich zum Chronisten. Diese ausufernde Legende, die gar keine Legende im Genre-Sinne mehr ist, gehört zum Abspann der LA, der nicht mehr an Festdaten gebunden ist. Geschichtstheologie wird hier jedoch auch nicht getrieben.

48 Einen kurzen geschichtlichen Überblick gibt Demandt, Alexander: Zeit, 261–271.

49 Landwehr, Achim: Geburt der Gegenwart, 13.

50 Ebd., 14.

51 Demandt, Alexander: Zeit, 258 f.

52 Ebd., 255.

53 So Landwehr, Achim: Geburt der Gegenwart, 16 und 18.

54 Zu meiner bisherigen Rezeption des Strukturmodells Descolas für die Geschichtstheologie und in Bezug auf Franz von Assisi vgl. Taxacher, Gregor: Bruchlinien, 116 f., 322 f. und 343 f., sowie Taxacher, Gregor: Christlicher Animismus?, 296–305.

55 Descola, Philippe: Natur und Kultur, 301.

56 Vgl. ebd., 340, 403 und 440 f.

57 So ebd., 400 f.

58 Ebd., 302.

59 Ebd., 318.

60 Jaeggi, Rahel: Entfremdung, 60.

61 Ebd.

62 Ebd., 61.

63 Ebd., 67.

64 Ebd., 299.

65 Ebd., 301.

66 Descola, Philippe: Natur und Kultur, 404.

67 Blumenberg, Hans: Arbeit, 113 f.

68 Ebd., 114.

69 Ebd.

70 Descola, Philippe: Natur und Kultur, 404.

71 Blumenberg, Hans: Arbeit, 114.

72 Bieler, Andrea, Schottroff, Luise: Abendmahl, 70.

73 Ebd., 71.

GESTALTEN

1 Mitunter wird bezweifelt, ob die Elisabeth-Legende schon zur Urfassung der LA gehörte. Vgl. Fleith: Studien, 340. Der früheste Handschriftenbeleg einer LA-Ausgabe

mit ihrer Legende findet sich erst 1288 (ebd., 355). Häuptli (168/2172 Anm. 8) hält sie dennoch für original, d. h. noch von Jacobus de Voragine verfasst.

2 Dazu s. o., S. 17 f.

3 Zu Konrad vgl. die Anmerkungen und Verweise von Häuptli in 168/2176–2201, Anm. 27, 45 f. und 65.

4 S. o., S. 24–27.

5 "The virgin martyr narratives invariably begin with the young maiden being spied by a would-be suitor or being hidden from view. … They are stripped naked, tortured in view of townspeople, and paraded through town centers, their bodies offered to all to be ravaged". (Gatland, Emma: Women, 129)

6 In der sekundär in die LA eingefügten Legende der heiligen Sophia und ihrer Töchter lauten deren Namen noch systematischer Fides, Spes und Caritas (Glaube, Hoffnung und Liebe), was sie jedoch nicht vor Vergewaltigung und dem Abschneiden der Brüste schützt. (48/648 f.)

7 Vgl. Schüssler Fiorenza, Elisabeth: Kyriarchat/Herr-schaft und die ekklesia der Frauen, in: dies.: Grenzen überschreiten, 69–88.

8 Im Martyrium der Jungfrau Agatha „ließ Quintianus erbost ihre Brüste foltern und nach sehr langer Folterung abschneiden". (39/553) Agatha verliert dadurch nicht ihre Souveränität, sondern schimpft den Verfolger aus: „Abscheulicher, grausamer, harter Tyrann, bist du nicht wahnsinnig, einer Frau das abzuschneiden, woran du selbst von der Mutter gesäugt wurdest?" (Ebd.) Das Machtgefälle zwischen dem folternden Patriarchen und seinem weiblichen Opfer wird also dadurch innerlich umgekehrt, dass sie ihn an seine Herkunft und Abhängigkeit von einer Frau erinnert. Es ist eine typisch patriarchale Szene: Der Macho, der seine eigene Mutter vergisst, überzieht das Spiel, ist tatsächlich „wahnsinnig".

9 So Gatland, Emma: Women, 74.

10 LA 24/395.

11 Gatland, Emma: Women, 76.

12 Ebd., 79.

13 Zu diesem Konzept s. o., S. 166, Anm. 51.

14 Gatland, Emma: Women, 79.

15 Ebd., 80, 81.

16 Butler, Judith: Unbehagen, 213.

17 Ebd.

18 Ebd., 214.

19 Das Sprichwort „cerva pro virgine" bezieht sich auf Euripides' Tragödie „Iphigenie in Aulis", in dem die Göttin Artemis die zum Menschenopfer vorgesehene Tochter des Agamemnon entrückt und durch eine Hirschkuh ersetzt. (Vgl. 62/858 Anm. 17.)

20 Zur Auslegung im Kontext vgl. Schüssler Fiorenza, Elisabeth: Grenzen überschreiten, 167–184; sowie meine Kontextualisierung in: Taxacher, Gregor: Christus bis ans Ende der Welt, 50 f.

21 Emma Gatland spricht von „travestite saints" (Gatland, Emma: Women, 58).

22 Sogenannte Monachoparthenie – (Jung-)Frauen in Mönchsgewand – findet sich in der Ostkirche auch bei Gestalten über die in der LA präsentierten hinaus. Bei einem einsamen westlichen Beispiel, Hildegund von Schönau, handelt es sich gerade nicht

um eine heimliche Wahl (vgl. dazu Häuptli 136/1771, Anm. 7). Die legendäre Päpstin Johanna dürfte erst recht nicht in diesen Zusammenhang gehören.

23 Für einen ausführlichen Bericht zu den Burrneshas vgl. Eisenreich, Ruth: Männinnen. Von den albanischen „Schwurjungfrauen" handelt auch eine Erzählung von Alice Munro: Die albanische Jungfrau. Eine wissenschaftliche Untersuchung zum Thema bietet: Young, Antonia, Woman who become Men.

24 Die Legende gilt namentlich den beiden Gefährten, die in der Geschichte faktisch jedoch nur Nebenrollen spielen.

25 Wörtlich: „mortuo praeposito ipsa praeficitur" (136/1772); hier muss also nicht grammatisch zwischen Nachfolger und Nachfolgerin entschieden werden. – Häuptli erinnert diese Geschichte nun doch an die Päpstin Johanna (136/1773, Anm. 11), aber bei dieser geht es (natürlich im Rahmen der Geschlechterverhältnisse) um die Machtfrage und um Betrug, was in den älteren östlichen Monachoparthenien nicht das Thema ist. Zu Johanna: von der Brincken, Anna-Dorothee: Art. Johanna, Päpstin, in: LThK 5 (1996) 860.

26 So Gatland, Emma: Women, 86.

27 Vgl. Jean-Marie Salamito in: Pietri, Charles / Pietri, Luce (Hg.): Die Entstehung der einen Christenheit, 783 f.

28 So Gatland, Emma: Women, 87.

29 So ebd., 89, das dortige Urteil leicht verschiebend.

30 Vgl. Zander, Hans Conrad: Religion, 115–131. Zu Frauen als Asketinnen und frühen Frauenklöstern außerdem: Pierre Maraval, in: Pietri, Charles / Pietri, Luce (Hg.): Die Entstehung der einen Christenheit, 826 f.

31 Vgl. Gatland, Emma: Women, 83.

32 „verus dei servus esset" (150/1968).

33 So Gatland, Emma: Women, 44: "the tension (and decision to be made) between looking and turning away, between keeping hidden and making visible".

34 Ich folge der Übersetzung von Berges: Jesaja 49–54, 212. Zur Auslegung des „Vierten Gottesknechtsliedes" vgl. dort insgesamt 208–278, zu dessen Wirkungsgeschichte ebd., 335–377.

35 Alle letzten Zitate: 151/1972–1975. Sollte mein Lesen „zwischen den Zeilen" dieser Travestie-Geschichten sinnvoll sein, so zeigt es natürlich keine ausdrückliche Autorenintention an, weder die des Jacobus de Voragine noch die der anonymen Erzähler der überlieferten Legenden. Eher erzählt der Text etwas über die, welche hier erzählen – darüber, womit sie sich auseinandersetzen und wie sie dies tun –, was erst ausdrücklich entschlüsselbar wird in einer anderen Zeit, aus einer anderen Perspektive. In diesem Sinne geht es hier um eine Hermeneutik, die darum weiß, dass Texte mehr enthalten, als ihre Autorinnen oder Autoren wissen.

36 LA 96 in Kombination mit LA 9. Vgl. 96/1255 Anm. 47 mit 9/223 Anm. 3. (Weitere Angaben zur Gründungslegende des Christentums als Familiengeschichte in der sog. Trinubiumslegende vgl. 81/1063 Anm. 6, 119/1511 Anm. 10 und 131/1735 Anm. 11. Durch die Fiktion von drei Ehen Annas, der Großmutter Jesu, wird die Hälfte der Apostel zu Cousins Jesu und untereinander, und auch die in der Apostelgeschichte und bei Paulus erwähnten Missionare Barnabas und Markus gehören zur Verwandtschaft.) Zur komplexen Überlieferungsgeschichte auch: Art. „Maria Magdalena" in: LThK 6 (1997) 1340–1343.

37 „Μη μου απτου“ meint nicht, wie die berühmte lateinische Übersetzung „Noli me tangere“, das Berühren, sondern das „Festhalten“ (eben in der irdischen Existenz). So Radlbeck-Ossmann, Regina: Art. Maria Magdalena. Schrift und Überlieferung, in: LThK 6 (1997), 1340.

38 Nach dem Kommentar (96/1250, Anm. 33) verschleiert die LA an dieser Stelle die in den Quellen zu findende Tradition, dass die Einsiedlerin Maria Magdalena nackt gewesen sei – wiederum also eine Übernahme aus der Tradition über Maria von Ägypten. Vgl. auch die Bemerkung der LA selbst zu einer Alternativüberlieferung, nach welcher der sie entdeckende Priester ihr zunächst „auf ihre Bitte hin ein Kleid“ reichte (96/1252 f. mit Anm. 37).

39 Vgl. 96/1249 und 1250 f., Anm. 32 und 35.

40 Maier, Bernhard: Art. Synkretismus, in: LThK[3] 9 (2000), 1178.

41 Vgl. Waldenfels, Hans: Art. Synkretismus. Begriff, in: LThK[3] 9 (2000), 1181.

42 Vgl. Wagner, Harald: Art. Soteriologie, in: LThK[3] 9 (2000), 742–744.

43 „Die Quelle der anekdotenhaften Einlage ist nicht nachweisbar.“ (Häuptli, Bruno W., in 57/792 Anm. 57.)

44 Vgl. 57/792 f., Anm. 58 und 59.

45 Zu der Anekdote mit dem Evangelienbuch gibt es eine exakte Parallele im Verhalten des Franz von Assisi, berichtet in der „Sammlung von Perugia 93“ (Franziskus-Quellen 1170 f.) In der LA-Vita des Franziskus (LA 149) findet sich diese Geschichte jedoch nicht.

46 So 13/300 f. und 72/986 f.

47 Vgl. auch 54/758 f., wo Gamaliel mit anderen Gerechten des Judentums von Christus aus der Unterwelt befreit wird. Diese Überlieferungen gehen auf apokryphe Nikodemus- und Gamaliel-Evangelien zurück.

48 Vgl. 3/140–143. Nach Anm. 40 spielt diese Geschichte in den Quellen der Legenda in Afrika und wird nicht von einem Juden, sondern von einem Vandalen, also einem eingewanderten nichtchristlichen Germanen, erzählt. Möglicherweise hat erst Jacobus de Voragine aus dem Protagonisten einen Juden gemacht, um einen Stichwortanschluss in seiner Reihung posthumer Nikolaus-Wunder zu erreichen. Auch bei einem Vandalen bliebe die Spannung um das Verhalten eines Nichtchristen erhalten, so aber wird der Kommentar zum Verhältnis von Juden und Christen noch verstärkt.

49 S. o., S. 25–27.

50 Zum Folgenden: Ochsmann, Jonas: Nikolaus-Ikonen.

51 Zu beiden Darstellungen: Brinkmann, Ulrike / Lauer, Rolf: Judendarstellungen, 48–54.

52 Zum Folgenden: 45/590–595.

53 „historia apocrypha“ heißt es die Erzählung warnend rahmend in 45/590 und 594.

54 Vgl. 45/595, Anm. 14.

55 Oz, Amos: Judas.

56 Zur Überlieferungsdiskussion vgl. Toral-Niehoff, Isabel: Die Legende „Barlaam und Josaphat“; außerdem: Aerts, Willem J.: Überlegungen; Studer, Basil: Art. „Barlaam u. Joasaph“ in LThK[3] 2 (1994) 8.

57 So Häuptli, Bruno W. 180/2323, Anm. 3.

58 Ob hier Sina – China anklingen mag? Doch der Name bezeichnet eher eine Region im Sudan oder verweist auf die hebräische Bezeichnung für Mesopotamien. Barlaam

ist jedenfalls nach dem Vorbild der frühen christlichen Wüstenmönche gezeichnet (auf die ich im Schlusskapitel dieses Buches eingehen werde). Deshalb lässt die Legende in plötzlicher kühner Historisierung den heiligen Barlaam auch im Jahr 380 sterben (180/2347), eine für das östliche Mönchtum realistische Angabe.

59 So 180/2340, Anm. 6.

60 Vgl. Lévi-Strauss, Claude: Traurige Tropen, 404–406. Die Bemerkungen sind nicht frei von einem anti-islamischen Affekt. Zur Sehnsucht der Abendländer nach Erlösung im „östlichen Spiegel“ vgl. meinen Kommentar in: Taxacher, Gregor: Bruchlinien, 276–281.

61 So die Zusammenfassung von Bruno W. Häuptli 100/1294, Anm. 3.

62 Vgl. Taxacher, Gregor: Bruchlinien, 90–110 („Das Ende der Anderen“).

63 Vgl. 100/1295, Anm. 5.

64 Ebd., Anm. 3.

65 Wie dies auch Voragine zu Beginn der Legende tut: 100/1294 f.

66 Mich erinnert dies an eine Szene in dem wundervollen Kinderbuch von Helme Heine, Der Besuch (Weinheim 2019): Das Schafmädchen Wolke gesteht dort seine Angst vor dem Wolf, worauf der dicke Waldemar (das Schwein) antwortet: „Vor dem Wolf habe ich keine Angst. Aber vor dem Hunger fürchte ich mich sehr.“

67 So die Selbstcharakterisierung des Philosophen, die jedoch auf Max Weber zurückgeht. Vgl. Kaesler, Dirk: „Religiös unmusikalisch“.

68 „Aliquid quo nihil maius cogitari possit“, „quiddam maius quam cogitari possit“. (Anselm, Proslogion 2 und 15.)

69 Rahner, Karl: Die anonymen Christen, 545–555.

70 Bonhoeffer, Dietrich: Widerstand und Ergebung, 244, 258–260.

71 Dazu oben S. 46 f.

72 S.o., Anm. 36.

73 Als Zeugungspartner wird das sonst unbekannte „Tier Onachus“ (vgl. dazu 105/1333, Anm. 12) genannt.

74 Vgl. dazu Gradl, Felix: Das Buch Hiob, 328–335.

75 Vgl. Gamberoni, Johann: Art. Leviatan, in: LThK 6 (1997), 836.

76 S. o., S. 87.

77 So 12/284, Anm. 46 mit Bezug auf die Quelle Voragines, die Acta Silvestri.

78 So 46/611, Anm. 18.

79 Vgl. 113/1423, Anm. 72.

80 Dies und das Folgende: 58/812–817.

81 Vgl. Fiedler, Peter: Das Matthäusevangelium, 173 f.

82 Zu Tieren in der LA vgl. mein Kapitel: Den Drachen töten und die Spatzen füttern, in: Horstmann, Simone / Ruster, Thomas / Taxacher, Gregor: Alles, was atmet, 63–78. Ich habe dort das Tableau zu vermessen versucht, innerhalb dessen Tiere in der Legenda auftreten. Dies möchte ich hier nicht wiederholen. Vielmehr frage ich hier etwas eingehender und vertiefter nach dem Ort der Tiere im christlichen Erlösungskomplex.

83 Zu diesem Konzept Karl Barths wohl auch am Rande der Möglichkeiten von Theologie, das Übel zu verstehen, vgl. meinen Erklärungsversuch in: Horstmann, Simone/ Ruster, Thomas / Taxacher, Gregor: Alles, was atmet, 232–234.

84 Vgl. Horstmann, Simone / Ruster, Thomas / Taxacher, Gregor: Alles, was atmet, 205 f. Zu den beliebten Tierrettungsgeschichten in irischen Legenden auch ebd., 70 f.
85 Zu letzterem meinen kleinen Aufsatz: Taxacher, Gregor: Martin aus der Sicht der Gänse.
86 Zu ihm vgl. meine Deutung in: Horstmann, Simone/Ruster, Thomas/ Taxacher, Gregor: Alles was atmet, 292–306. Ich spare seine – gegenüber den franziskanischen Quellen auch eher blass bleibende Legende in der LA mit Verweis auf diese Darstellung hier aus.
87 Zur Kritik dieser allzu harmlosen Redeweise vgl.: Horstmann, Simone: Mehr als ‚Verantwortung'.
88 Dazu mein Kapitel „Tiereschatologie", in: Horstmann, Simone/Ruster, Thomas/ Taxacher, Gregor: Alles, was atmet, 261–272.
89 Zum Folgenden: 146/1912–1917.
90 S. o.
91 So wird von Franziskus' merkwürdigem Umgang mit den Tieren (der Vogelpredigt u. Ä.) fast entschuldigend formuliert, er sei mit ihnen umgegangen, „wie wenn sie Verstand hätten" („velut rationis"): 149/1956 f.
92 S. o., S. 135 zu 161/2068 f.
93 Die Episode zu Bileams Esel in Numeri hat tatsächlich auch literarisch Ähnlichkeiten zu unseren Legenden: Sie ist eine unterhaltsam-humorvolle Geschichte mit märchenhaften Zügen, die dennoch eine theologische Botschaft transportiert. Vgl.: Straubli, Thomas: Die Bücher Levitikus Numeri, 300 f.
94 6/181, Anm. 25, verweist auch auf die griechische Fassung von Habakuk 3,2: „Zwischen zwei Tieren wirst du erkannt."
95 „Sensu quodam occulto". Vgl. dazu: Herzog, Urs: Vorschein der ‚neuen Erde', 261.
96 So: Neureiter, Livia / Spittler, Janet E.: Tiere und Monster, 91.
97 Hier nach der Übersetzung Martin Bubers.
98 So auch neuere Exegesen; vgl. Schmid, Konrad: Jesaja 1–23, 123 f. und Höffken, Peter: Das Buch Jesaja 1–39, 120–125.
99 Vgl. Lutterbach, Hubertus: Das Paradies, 185–209.
100 So erzählen die Paulusakten (Kapitel 9–15); vgl. dazu: Merz, Anette: Bestialische Menschen, 453–475.
101 So ebd., 472.
102 Dazu: Matthews, Christopher: Wundererzählungen, 927–958.
103 S. o., S. 124–131.
104 Text: Matthews, Christopher: Wundererzählungen, 953. Diese Drachenfrau wiederum ist die „Mutter aller Schlangen". Auch hier geht es also um die Erlösung sogar der (oder zumindest in der) dämonisch-drachenhaft konnotierten Seite der Natur.
105 Ebd., 953 f.
106 Ebd., 955. Christopher Matthews weist darauf hin, dass eine Philippus-Ikone in der Kirche von Arsos auf Zypern Leopard und Ziege in den Mittelpunkt der Darstellung rücken – ein Zeugnis dafür, „wie populär diese Tierfiguren in der Vorstellung byzantinischer Christen blieben." (Ebd., 958)
107 Matthews, Christopher: Wundererzählungen, 932.
108 S. o., S. 118–121.
109 Dazu s. o., S. 53 f.

110 Zitate aus 175/2301; 177/2309; 178/2313.
111 Zu den Tieren der Wüstenväter vgl. mein Kapitel „Nackt unter Antilopen“ in: Horstmann, Simone/Ruster, Thomas/Taxacher, Gregor, Alles, was atmet, 168–183.
112 Er kennt die Apophtegmata nur durch ihre lateinische Übersetzung „Vitas Patrum“ und rezipiert hier auch vorwiegend nur einen Ausschnitt. (Vgl. 175/2298 Anm. 1.)
113 S. o., S. 134 f.
114 So hat es der heilige Blasius später nicht nur unter die 14 Nothelfer gebracht, sondern mit dem Blasiussegen ein sehr populäres eigenes Sakramentalien-Ritual bewirkt – wovon die LA noch nichts weiß.
115 56/776–779; dazu s. o., S. 96 f.
116 Bruno W. Häuptli merkt zwar Athanasius und Hieronymus als Quellen der LA an (15/332, Anm. 2), problematisiert die Historizität der letzteren jedoch nicht. („Mit Paulus beginnt die Bewegung der asketischen Mönche in der ägyptischen Wüste, der Thebais.“ 15/333, Anm. 6). Zum Einsiedler als einer Fiktion des Hieronymus vgl. jedoch: Zander, Hans Conrad: Religion, 108 f. und 139. Wissenschaftlicher: Frank, Karl Suso: Art. Paulos v. Theben, in: LThK 7 (1998), 1528 f.
117 15/333 und 335. Die weiteren Zitate ebd.
118 S. o., S. 121–124.
119 Burrus, Virginia: Ecopoetics, 108.

UTOPIE

1 Dieses Schlusskapitel ist die deutlich erweiterte Fassung eines schon veröffentlichten Aufsatzes: Taxacher, Gregor: Pause von der Entfremdung.
2 Die Zitate aus den Apophtegmata Patrum in diesem Kapitel sind sämtlich entnommen: Schweitzer, Erich (Hg.), Apophtegmata Patrum, Teil I bis Teil III. (Nachweise im Text jeweils mit Nummer, Band- und Seitenangabe).
3 Dazu s. o., S. 22.
4 S. o., S. 118–121.
5 So der Untertitel des Buches von Hans Conrad Zander über die Wüstenväter.
6 Und das, obwohl Geschichten einiger weniger – und historisch nur schwer greifbarer – Wüstenmütter durchaus überliefert sind.
7 Ich bin kein Philologe und kein Spezialist für die Alte Kirche, sondern systematischer Theologe mit einem systematischen Frageinteresse. Dankenswerterweise bietet die dreibändige Ausgabe der Apophtegmata Patrum von Erich Schweitzer in der deutschen Übersetzung stets den Hinweis auf den griechischen Originalbegriff bei uneindeutigen Zentral-Worten. So kam ich den hier entwickelten Thesen auf die Spur.
8 Erich Schweitzer übersetzt es stets so, mitunter mit einem näher erklärenden Adjektiv. Wo im Folgenden das Wort Ruhe auftaucht, ist es stets die Übersetzung von anapausis; nur wo im Griechischen ein anderes Wort steht, wird dies vermerkt.
9 Schulz, Günther/Ziemer, Jürgen: Wüstenväter, 132.
10 René Roux in: Sedmak, Clemens / Bogaczyk-Vormayr, Malgorzata: Patristik, 48.
11 Holze, Heinrich: Anapausis, 1.
12 So wohl auch der große Erz-Wüstenvater Antonius! Vgl. dazu Maraval, Pierre: Mönchtum, 819.

13 Insbesondere Makarios der Ägypter und Moses der Äthiopier. Dazu vgl. ebd., 819 und 823 sowie Zanders, Hans Conrad: Religion, 54 und 62–80 sowie Schulz, Günther/Ziemer, Jürgen: Wüstenväter, 70 und 80.
14 Besonders herausgehoben schon beim Erz-Wüstenvater Antonius (11, I 23).
15 Schweitzer übersetzt hesychia in Ap. 801 (I 283) deshalb auch mit Stille. Vgl. dazu auch die Analyse von Müller Barbara in: Sedmak, Clemens / Bogaczyk-Vormayr, Malgorzata: Patristik, 57–60.
16 Wenn Schweitzer in seinem Glossar zu den Apophtegmata die Anapausis als „die gewöhnliche Ruhe, die Erholung nach Anstrengung" bezeichnet und von der Hesychia als „innere Ruhe, die Stille, die Herzensruhe" unterscheidet (III 550), dann bezieht er sich damit schon auf den späteren Sprachgebrauch, auf die Wirkungsgeschichte von Hesychia. Seine eigene Übersetzung der Apophtegmata bestätigt diese Systematisierung nicht – im Gegenteil. Dass sich die Hesychasten auf die Wüstenväter als ihre Traditionsquelle beriefen (dazu Dodel, Franz: Sitzen, 149–152), heißt noch nicht, dass man ihre Aufladung des Begriffs in die frühen Texte hineinlesen darf. (In diesem Sinn zu Recht kritisch auch Schulz, Günther/Ziemer, Jürgen: Wüstenväter, 55).
17 So auch Dodel, Franz: Sitzen, 45, Anm. 5.
18 Vgl. ebd., 134–136 und ähnlich Schulz, Günther / Ziemer, Jürgen: Wüstenväter, 51–57.
19 Ebd., 45. Ob der Begriff „gegenstandslos" mit seinen Konnotationen aus der fernöstlichen Mystik bezüglich der Apophtegmata wirklich angemessen ist, scheint mir trotz der ausführlichen Argumentation von Dodel zweifelhaft – da sie doch viel mit einer Methode des Hineinlesens und mit Argumenten ex silentio arbeitet.
20 Vgl. Ebner, Martin: Philemon 64.
21 So Schulz, Günther/Ziemer, Jürgen: Wüstenväter, 52.
22 Vgl. ebd., 164. Poimens Verheißung an einen Bruder: „Und du wirst anapausis haben" (717, I 256) übersetzen Schulz und Ziemer in Wüstenväter, 67 denn auch mit „Frieden", einem hoch aufgeladenem Ziel-Begriff (wie Schalom!).
23 Übrigens wehrt sich Franz von Assisi auf ganz ähnliche Weise gegen diese Anfechtung. Er verwendet dabei Schnee. (So berichtet in der zweiten Lebensbeschreibung von Thomas Celano, Nr. 117; in: Franziskus-Quellen 365.) Ob Franziskus selbst oder der Erzähler dieser Geschichte die Apophtegmata kannte?
24 So Bogaczyk-Vormayr, Malgorzata: Patristik, 189 f.
25 So die schöne Erklärung bei Schweitzer, Erich: Apophtegmata Partum II, 471.
26 Vgl. dazu: Jaeggi, Rahel: Entfremdung, 32–38.
27 Holze, Heinrich: Anapausis, 5.
28 Im neutestamentlichen Urtext steht dort, wo die meisten Bibelübersetzungen „erquicken" schreiben, tatsächlich „anapauso".
29 Vgl. Schulz, Günther/Ziemer, Jürgen: Wüstenväter, 164–168.
30 Etwa bei Abbas Zenon (236, I 102), als er sein Problem mit dem Geben und Nehmen von Besuchern gelöst hat; oder bei des Vätern Paulos und Timotheos: Als die streitbaren Brüder es schaffen, sich gegenseitig zu ertragen, „hatten sie Ruhe ihre restlichen Tage" (792, I 277).
31 Nicht zufällig kann anapauo mitunter auch als „befreien" übersetzt werden; so Schweitzer in Guy 11,33, III 52: David befreite (anapauo!) Saul vom bösen Geist.
32 Schulz, Günther/Ziemer, Jürgen: Wüstenväter, 296 f.

33 Deshalb hat auch Heinrich Holzes These vom gnostischen Ursprung der Rede von der Anapausis nur begrenzte Aussagekraft. Zwar mögen „die geistlichen Wurzeln des Mönchtums offensichtlich mit denen der gnostischen Bewegung in Verbindung stehen" (Holze, Heinrich: Anapausis, 11), doch interessieren sich die Mönche nirgendwo für die Äonen- und Gottes- bzw. Anti-Gottes-Lehre der Gnostiker. Die Wüstenväter verweigern sich der gnostischen Mythologie und Spekulation ebenso wie den zeitgenössischen dogmatischen Streitigkeiten um Trinität und Christologie. Die auffallende Zurückhaltung gegenüber exegetischer (und nicht praktisch-seelsorglicher) Bibelauslegung scheint mir in Zusammenhang zu stehen mit dem Versuch, nicht in diese Strudel gezogen zu werden, die ja gerade das nahe Alexandria in Atem hielten. Die Mönche verbinden „äußere Distanz zur Kirche" und ein „spürbares Desinteresse an allen Fragen einer ausformulierten Lehre" (Holze, Heinrich: Anapausis, 15). Gerade deshalb scheint mir die These, „daß [sic!] das frühe Mönchtum … von gnostischem Denken geprägt war" (ebd., 17) zu viel behauptet.
34 So Holze, Heinrich: Anapausis, 4.
35 Schulz, Günther/Ziemer, Jürgen: Wüstenväter, 148.
36 Burrus, Virginia: Ecopoetics, 95.
37 Brown, Peter: Keuschheit, 233.
38 Ebd., 237.
39 Burrus, Virginia: Ecopoetics, 99.
40 Schulz, Günther/Ziemer, Jürgen: Wüstenväter 79.
41 Agamben, Giorgio: Herrschaft, 293. Den Bezug zum Tier greift Agamben an anderer Stelle wieder auf, wenn er vom „Sabbat sowohl des Tieres als auch des Menschen" spricht, zu dem auch die Versöhnung des Menschen mit seiner eigenen Animalität gehört (Agamben, Giorgio: Offene, 100). Dies respondiert genau auf die vielen Wüstenvätergeschichten, in denen die Mönche einvernehmlich mit wilden Tieren zusammenleben.
42 Agamben, Giorgio: Herrschaft, 297.
43 Ebd., 299.

Literatur

Adorno, Theodor W.: Minima Moralia. Reflexionen aus dem beschädigten Leben. Frankfurt a.M 1951.

Aerts, Willem J.: Einige Überlegungen zur Sprache und Zeit der Abfassung des griechischen Romans „Barlaam und Ioasaph“, in: Odilo Engels/Peter Schreiner (Hg.): Die Begegnung des Westens mit dem Osten, Sigmaringen 1993, 357–364.

Agamben, Giorgio: Das Offene. Der Mensch und das Tier, Frankfurt a. M. 2003.

Agamben, Giorgio: Herrschaft und Herrlichkeit zur theologischen Genealogie von Ökonomie und Regierung. Homo Sacer, Frankfurt a. M. 2010.

Anselm von Canterbury, Cur deus homo – Warum Gott Mensch geworden ist. Darmstadt 1956.

Anselm von Canterburry, Proslogion In: F.S. Schmitt, S. Anselmi Cantuariensis Archiepiscopi Opera omnia ad fidem codicum recensuit, Band I (1938) 89–124.

Ballhorn, Egbert/Horstmann, Simone (Hg.): Theologie verstehen. Lernen mit dem Credo. Paderborn 2019.

Barth, Ferdinand: Legenden als Lehrdichtung. Beobachtungen zu den Märtyrerlegenden in der ‚Legenda aurea‘, in: Hans Gerd Rötzer/Herbert Walz (Hg.), Europäische Lehrdichtung, Darmstadt 1981

Benjamin, Walter: Illuminationen. Ausgewählte Schriften I, Frankfurt a. M. 1961.

Berges, Ulrich: Jesaja 49–54 (HThKAT), Freiburg 2015.

Bieler, Andrea/Schottroff, Luise: Das Abendmahl. Essen, um zu leben, Gütersloh 2007.

Blumenberg, Hans: Arbeit am Mythos, Frankfurt a. M. 1979.

Bonhoeffer, Dietrich: Widerstand und Ergebung. Briefe und Aufzeichnungen aus der Haft. München 1954.

Brecht, Berthold: Da das Instrument verstimmt ist, in: ders. Gesammelte Werke Bd. 14, Suhrkamp: Frankfurt a. M. 1993, 418.

Brinkmann, Ulrike/Lauer, Rolf: Judendarstellungen im Kölner Dom, in: Wacker, Bernd /Lauer, Rolf (Hg.): Der Kölner Dom und die Juden (Jahrbuch des Zentral-Dombau-Vereins), Köln 2008, 48–54.

Brown, Peter: Die Keuschheit der Engel. Sexuelle Entsagung, Askese und Körperlichkeit im frühen Christentum, München u. a. 1994.

Burger, Harald u. a. (Hg.): Verborum amor. Studien zur Geschichte der Kunst der deutschen Sprache (FS), Berlin – New York 1992.

Burrus, Virginia: Ancient Christian Ecopoetics. Cosmologies, Saints, Things, Philadelphia 2019.
Butler, Judith: Unbehagen der Geschlechter, Frankfurt a. M. 1991.
Demandt, Alexander: Zeit. Eine Kulturgeschichte, Berlin 2015.
Descola, Philippe: Jenseits von Natur und Kultur, Berlin 2013.
Dagron, Gilbert/Riché, Pierre/Vauchez, André (Hg.): Bischöfe, Mönche und Kaiser (642–1054). Die Geschichte des Christentums Bd. 4, Freiburg i. Br. 1994.
Peter Dinzelbacher, Das fremde Mittelalter. Gottesurteil und Tierprozess. Darmstadt 2020
Dodel, Franz: Das Sitzen der Wüstenväter. Eine Untersuchung anhand der Apophthegmata Patrum, Freiburg (Schweiz) 1997.
Ebner, Martin: Der Brief an Philemon (EKK XVIII), Ostfildern und Göttingen 2017.
Engels, Odilo/Schreiner, Peter (Hg.): Die Begegnung des Westens mit dem Osten, Sigmaringen 1993.
Eisenreich, Ruth / Reuin, Stefanie: Die Männinnen, in: Süddeutsche Zeitung Nr. 22 (27./28. Januar 2018) S. 11–13.
Fiedler, Peter: Das Matthäusevangelium (Theologischer Kommentar zum Neuen Testament 1), Stuttgart 2006
Fleith, Barbara: Studien zur Überlieferungsgeschichte der lateinischen „legenda aurea“, Brüssel 1991.
Frank, Karl Suso: Art. Paulos v. Theben, in: $LThK^3$ 7 (1998), 1528 f.
Franziskus-Quellen. Die Schriften des heiligen Franziskus, Lebensbeschreibungen, Chroniken und Zeugnisse über ihn und seinen Orden, hg. v. Berg, Dieter/Lehmann, Leonhard, Kevelaer 2009.
Gamberoni, Johann: Leviatan, in: $LThK^3$ 6 (1997), 836.
Gatland, Emma: Women from the Golden legend: female authority in a medieval Castilian sanctoral. Suffolk 2011.
Gradl, Felix: Das Buch Hiob (Neuer Stuttgarter Kommentar Altes Testament), Stuttgart 2001.
Hammer, Franziska: Grausamkeit als Modus der Unterhaltung. Zur Funktionalisierung von Grausamkeit in den Folterszenen spätmittelalterlicher Passionsspiele und Heiligenlegenden, in: Mirjam Schaub (Hg.) Grausamkeit und Metaphysik: Figuren der Überschreitung in der abendländischen Kultur. Bielefeld 2009, S. 117–140.
Häuptli, Bruno W. (Hg.): Jacobus de Voraginae, Legenda aurea – Goldene Legende, Freiburg i. B. 2014 (Sonderausgabe 2022).
Herzog, Urs: Vorschein der ‚neuen Erde‘. Die Heiligen und die Tiere in der mittelalterlichen Legende, in: Burger, Harald u. a. (Hg.): Verborum amor. Studien zur Geschichte der Kunst der deutschen Sprache, Berlin – New York 1992.
Holze, Heinrich: Anapausis im anachoretischen Mönchtum und in der Gnosis. Überlegungen zur frühen Geschichte des Christentums Ägyptens, in: Zeitschrift für Kirchengeschichte (ZKG) 106 (1995), 1–17.

Höffken, Peter: Das Buch Jesaja 1–39, Stuttgart 1993.
Horstmann, Simone/Ruster, Thomas/Taxacher, Gregor: Alles, was atmet. Eine Theologie der Tiere, Regensburg 2018.
Horstmann, Simone: Mehr als ‚Verantwortung' und ‚Mitgeschöpflichkeit'. Überlegungen zu den Tiefendimensionen einer theologischen Tierethik jenseits der schönen Phrasen, in: Loccumer Pelikan 4/2019, 4–9.
Jaeggi, Rahel: Entfremdung. Zur Aktualität eines sozialphilosophischen Problems, Berlin 2016.
Kaesler, Dirk: „Religiös unmusikalisch". Anmerkungen zum Verhältnis von Jürgen Habermas zu Max Weber, in: literaturkritik.de Nr. 6 (Juni 2009), online verfügbar unter: https://literaturkritik.de/id/13142.
Landwehr, Achim: Geburt der Gegenwart. Eine Geschichte der Zeit im 17. Jahrhundert, Frankfurt a. M. 2014.
Lévi-Strauss, Claude: Traurige Tropen, Berlin 2015.
Lévi-Strauss, Claude: Wildes Denken, Frankfurt a. M. 1973.
Löwith, Karl: Weltgeschichte und Heilsgeschehen: die theologischen Voraussetzungen der Geschichtsphilosophie, Stuttgart u. a. 1979.
Lutterbach, Hubertus: Das Paradies auf Erden den Menschen und Tieren, in: Zimmermann, Ruben (Hg.) Kompendium der frühchristlichen Wundererzählungen Band 2: Die Wunder der Apostel, Gütersloh 2017, 185–209.
Lüthi, Max: Märchen. Bearbeitet von Rölleke, Heinz. Stuttgart/Weimar [9]1996.
Maier, Bernhard: „Synkretismus" in: LThK 9 (2000), 1178.
Marx, Karl: Texte – Schriften. Ausgewählt, eingeleitet und kommentiert von Bruno Kern, Wiesbaden 2015.
Matthews, Christopher: Die Wundererzählungen in den Philippusakten, in: Zimmermann, Ruben (Hg.) Kompendium der frühchristlichen Wundererzählungen Band 2: Die Wunder der Apostel, Gütersloh 2017, 927–958.
Merz, Anette: Bestialische Menschen und ein frommes Tier (Löwentaufe und Löwenkampf) – ActPI 9,1–15.22–26, in: Zimmermann, Ruben (Hg.), Kompendium der frühchristlichen Wundererzählungen Band 2: Die Wunder der Apostel, Gütersloh 2017.
Munro Alice: Die albanische Jungfrau, in: dies.: Offene Geheimnisse, Frankfurt 2014, 98–153. (Original: The Albanian Virgin, in: dies.: Open Secrets.1994).
Nietzsche, Friedrich Wilhelm: Also sprach Zarathustra, in: G. Colli/M.Montinari (Hg.): Kritische Studienausgabe 4, dtv: München 1999.
Neureiter, Livia / Spittler, Janet E.: Tiere und Monster in apokryphen Apostelwundern, in: Zimmermann, Ruben (Hg.), Kompendium der frühchristlichen Wundererzählungen Band 2: Die Wunder der Apostel, Gütersloh 2017, 82–92.
Ochsmann, Jonas: Von geschlagenen Nikolaus-Ikonen und Schmähskulpturen. Antijudaismus in der christlichen Kunst; https://www.deutschlandfunkkultur.de/antijudaismus-in-der-christlichen-kunst-von-geschlagenen.1278.de.html?dram:article_id=483607

Oz, Amos: Judas. Roman. Dt. Berlin 2015.
Pietri, Charles/Pietri, Luce (Hg.): Die Entstehung der einen Christenheit (250–430). Geschichte des Christentums Bd. 2, Freiburg i. Br. 1996.
Pietri, Luce (Hg.), Der lateinische Westen und der byzantinische Osten (431–642). Geschichte des Christentums Bd. 3, Freiburg i. Br. 2001.
Radlbeck-Ossmann, Regina: Art. Maria Magdalena. Schrift und Überlieferung, in: LThK 6 (1997), 1340.
Rahner, Karl: Die anonymen Christen, in: Schriften zur Theologie VI, Einsiedeln 1965.
Rhein, Reglinde: Die Legenda aurea des Jacobus de Voragine: Die Entfaltung von Heiligkeit in „Historia“ und „Doctrina“, Köln 1995.
Ringelnatz, Joachim: Überall, in: Reisebriefe eines Artisten. Gedichte. Berlin 1927.
Rötzer, Hans Gerd/Walz, Herbert (Hg.): Europäische Lehrdichtung. Festschrift für Walter Neumann zum 70. Geburtstag, Darmstadt 1981.
Schaub, Mirjam (Hg.): Grausamkeit und Metaphysik: Figuren der Überschreitung in der abendländischen Kultur, Bielefeld 2009.
Scheffczyk, Leo: Engel. Hist.-theol. in: LTHK^3 3 (1995) 648 f.
Schmid, Konrad: Jesaja 1–23, Zürich 2011.
Schulz, Günther/Ziemer, Jürgen: Mit Wüstenvätern und Wüstenmütter im Gespräch. Zugänge zur frühen Welt des Mönchtums in Ägypten, Göttingen 2010.
Schüssler Fiorenza, Elisabeth: Grenzen überschreiten. Der theoretische Anspruch feministischer Theologie, Münster 2004.
Schweitzer, Erich (Hg.): Apophtegmata Patrum. Teil I: Das Alphabetikon – Die alphabetisch-anonyme Reihe, Beuron 2012.
Schweitzer, Erich (Hg.): Apophtegmata Patrum. Teil II: Die Anonyma, Beuron 2011.
Schweitzer, Erich (Hg.): Apophtegmata Patrum. Teil III: Aus frühen Sammlungen, Beuron 2013.
Sedmak, Clemens/Bogaczyk-Vormayr, Malgorzata: Patristik und Resilienz. Frühchristliche Einsichten in die Seelenkraft. Berlin 2012.
Straubli, Thomas: Die Bücher Levitikus, Numeri (Neuer Stuttgarter Kommentar Altes Testament), Stuttgart 1996.
Studer, Basil: Art. „Barlaam u. Joasaph“, in LThK^3 2 (1994), 8.
Suchla, Beate Regina: Art. Dionysios Areopagites, in: LThK 3 (1995) 242 f.
Taxacher, Gregor: Christus bis ans Ende der Welt. Die Mission des Paulus. Bergisch Gladbach 2009.
Taxacher, Gregor: Apokalyptische Vernunft. Das biblische Geschichtsdenken und seine Konsequenzen, Darmstadt 2010.
Taxacher, Gregor: Bruchlinien. Wie wir wurden, was wir sind. Eine theologische Dialektik der Geschichte. Gütersloh 2015.
Taxacher, Gregor: Christlicher Animismus? Zur Theologie franziskanischer Tierbeziehung, in: Horstmann, Simone/Ruster, Thomas/Taxacher, Gregor: Alles, was atmet. Eine Theologie der Tiere, Regensburg 2018, 292–306.

Taxacher, Gregor: Martin aus der Sicht der Gänse. Tier-Theologie in der Legende des Heiligen von Tours. feinschwarz 10. November 2020; https://www.feinschwarz.net/martin-aus-der-sicht-der-gaense-tier-theologie/.

Taxacher, Gregor: Pause von der Entfremdung. Anapausis und die Erlösungssehnsucht der Wüstenväter, in: Geist und Leben 93 (2/2020) 116–125.

Taxacher, Gregor: Über Natur und Übernatur. Mutmaßungen zur christlichen Kälte gegenüber Tieren, in: Horstmann, Simone (Hg.): Religiöse Gewalt an Tieren. Interdisziplinäre Diagnosen zum Verhältnis von Religion, Speziesismus und Gewalt, Bielefeld 2021.

Taxacher, Gregor: Heiliger Geist und Geschichte, in: Ballhorn, Egbert/Horstmann, Simone (Hg.): Theologie verstehen. Lernen mit dem Credo. Paderborn 2019, 138–147.

Toral-Niehoff, Isabel: Die Legende „Barlaam und Josaphat" in der arabisch-muslimischen Literatur: Ein arabistischer Beitrag zur „Barlaam-Frage", in: Die Welt des Orients 31 (2000/2001), 110–144.

Vauchez, André: Der Kampf gegen Häresie und Abweichungen von der Norm im Westen, in: Geschichte des Christentums 5, Freiburg 1994, 886–911.

von der Brincken, Anna-Dorothee: Johanna Päpstin, in: LThK 5 (1996), 860.

Young, Antonia: Women Who Become Men: Albanian Sworn Virgins, Oxford 2000.

Wagner, Harald: Art. Soteriologie, in: LThK 9 (2000), 742–744.

Waldenfels, Hans: „Synkretismus", in: LThK 9 (2000), 1178.

Zander, Hans Conrad: Als die Religion noch nicht langweilig war. Geschichte der Wüstenväter, Gütersloh 2011.

Zimmermann, Ruben (Hg.): Kompendium der frühchristlichen Wundererzählungen Band 2: Die Wunder der Apostel, Gütersloh 2017.

Bildnachweis

S. 11 Vertreibung der Katharer aus Carcassonne (https://commons.wikimedia.org/wiki/File:Cathars_expelled.JPG)

S. 35 Norwegischer Girdle-Kalender (Norwegen 1636)

S. 79 Die hl. Martha und der Drache (https://commons.wikimedia.org/w/index.php?curid=83809547)

S. 147 Der hl. Antonius und der Berg von Gold (https://commons.wikimedia.org/w/index.php?curid=3569566)